KB244880

新일본어능력시험

JLPT
실전모의고사
N2

JLPT 실전모의고사 N2

지은이 이종권
펴낸이 정규도
펴낸곳 (주)다락원

초판 1쇄 발행 2012년 11월 9일
초판 6쇄 발행 2025년 6월 24일

책임편집 송화록, 임혜련, 한누리, 손명숙
디자인 구수정, 오연주

 경기도 파주시 문발로 211
내용문의: (02)736-2031 내선 460~465
구입문의: (02)736-2031 내선 250~252
Fax: (02)732-2037
출판등록 1977년 9월 16일 제406-2008-000007호

ISBN 978-89-277-1083-7 18730
      978-89-277-1081-3 (set)

http://www.darakwon.co.kr

- 다락원 홈페이지를 방문하시면 상세한 출판정보와 함께 동영상강좌,
  MP3 자료 등 다양한 어학 정보를 얻으실 수 있습니다.
- 다락원 홈페이지 **학습자료실**에서 **MP3 파일(무료)**을 다운로드 받으
  실 수 있습니다.

新일본어 능력시험을 준비하시는 분들에게

"지피지기(知彼知己)면 백전백승(百戰百勝)이라……."

나를 알고 적을 알면 승리한다는 이순신 장군의 명언입니다.
저는 이것이 시험에서도 무척 중요한 것이라고 생각합니다. 시험도 어떤 유형인지 무엇을 요구하는지를 알면 어떻게 대비해야 하는지가 나옵니다. 新일본어 능력시험에는 과락 제도가 있고, 과락 발생의 위험성이 대단히 큰 시험입니다. 총점이 합격점을 넘어도, 한 개 영역에서라도 과락이 발생하면 불합격 처리되는 것이지요. 그래서 수험생 여러분은 모든 영역에서 일단 과락을 면하고 총점에서 합격점을 넘어야 과락으로 억울하게 불합격하는 상황을 면할 수 있습니다. 그래서 모의고사를 통해서 어느 영역이 약한지 진단을 하고 대비해야 합니다.

많은 문제만을 풀어 보는 것이 좋은 방법은 아닐 수도 있습니다. 풀어 본 문제에 대한 이해와 왜 틀렸는지를 파악하고 보충하는 것이 그 무엇보다 중요합니다. 혹자는 문제를 많이 풀어 보고 경험을 많이 쌓아야만 한다고 합니다. 그러나 그것은 골프에서 공의 방향이 어디로 날아가는지를 모르고 계속해서 스윙 연습만 하는 것과 같습니다. 공의 방향을 확인하고 방향과 힘을 조절하는 훈련을 계속해야만 합니다. 모의고사도 이와 마찬가지입니다. 문제를 계속 풀어 보고 채점만 하는 것보다 더 중요한 것은 틀린 문제를 얼마나 피드백(오답풀이)하느냐 입니다. 틀린 유형을 복습하고 해설을 통해서 자기 것으로 만들어 놓지 않으면, 많은 문제를 풀어도 실력 향상에는 도움이 되지 않습니다. 이것이 오답풀이의 중요성입니다.

혹시 공부하다가 모르는 것이나 궁금한 사항이 있으면 언제든지 제가 운영하는 다음카페(http://cafe.daum.net/jlpt)나 이종권 일본어학원 홈페이지(http://www.ejujlpt.com)로 문의 주세요. 일본어 능력시험뿐만 아니라 일본유학시험(EJU)과 일본 대학의 진학 자료들도 있습니다.

시험 문제의 출제와 자료 정리에 온 힘을 써준 이종권 일본어학원 Japanese R&D Center 연구원들에게 감사 드립니다. 또한 명쾌한 해설을 위해 힘을 써 주신 안혜원 선생님과 멋진 교재가 나올 수 있도록 모든 노력과 성원을 다해 주신 다락원 관계자 여러분께 감사 드립니다.

모의고사 3회분을 통해서 실전적인 감각을 키우고, 해설을 통해 실력을 향상시켜 新일본어 능력시험 N2 수험생들이 고득점 합격하기를 기원합니다.

저자 **이종권**

1 목적 및 주최

新일본어 능력시험은 일본 국내외에서 일본어를 모국어로 하지 않는 사람을 대상으로 한다. 일본어를 공부하거나 사용하는 사람들의 일본어 능력을 측정하고 인정하는 것이 목적이다. 일본 정부가 세계적으로 공인하는 유일한 일본어 시험이며 국제교류기금과 재단법인 일본국제교육지원협회가 주최한다.

2 실시 횟수

매년 7월 첫 번째 일요일과 12월 첫 번째 일요일 2회 실시한다. 하지만 주관 부서의 사정에 따라 변경될 여지도 있으므로 http://www.jlpt.or.kr/에서 확인하는 것이 좋다.

3 득점 방식 및 합격 여부

2010년 개정된 新일본어 능력시험에서는 '등화(等化)라는 상대평가 방식을 채택했다. 다른 시기에 실시된 시험에서는 출제되는 문제가 달라서 아무리 신중하게 작성해도 매회 시험의 난이도가 변동되기 쉬운 탓이다. 그런 까닭에 다른 시기에 실시된 시험의 득점을 상호 비교 가능한 공통적인 척도상에서 나타내도록 하였다. 그 결과 같은 레벨의 시험이라면 언제 시험을 보든 득점을 비교할 수 있다.

또한 新일본어 능력시험에서는 총점과 각 득점 구분의 기준점, 두 가지로 합격 여부를 판정한다. 즉 합격을 위해서는 총점과 각 과목의 기준점 모두 필요하다. 특히 이번 시험부터는 과락제도를 도입하여 과목 중 하나라도 기준점에 미달되는 경우에는 종합득점이 아무리 높아도 불합격이다.

레벨	합격점	기준점		
		언어지식 (문자 · 어휘 · 문법)	독해	청해
N2	90점 / 180점	19점 / 60점	19점 / 60점	19점 / 60점

4 **시험 내용** | 각 레벨의 인정 기준을【읽기】,【듣기】라는 언어행동으로 나타낸다. 각 레벨에는 이 언어행동을 실현하기 위한 언어지식이 필요하다.

레벨	과목별 시간		총점	인정 기준
	유형별	시간		
N1	언어지식 (문자·어휘·문법) 독해	110분	60점 60점	기존 시험 1급보다 다소 높은 레벨까지 측정 : 폭넓은 장면에서 사용되는 일본어를 이해할 수 있다. 【읽기】● 논리적으로 약간 복잡하고 추상도가 높은 문장 등을 읽고, 문장의 구성과 내용을 이해할 수 있다. ● 다양한 화재의 글을 읽고, 이야기의 흐름이나 상세한 표현의 도를 이해할 수 있다
	청해	60분	60점	【듣기】● 폭넓은 장면에 있어 자연스러운 속도의 정리된 회화나 뉴스, 강의를 듣고 이야기의 흐름이나 내용, 등장인물의 관계나 내용의 논리 구성 등을 상세하게 이해하거나 요지를 파악할 수 있다.
	계	170분	180점	
N2	언어지식 (문자·어휘·문법) 독해	105분	60점 60점	기존 시험의 2급과 거의 같은 레벨 : 일상적인 장면에서 사용되는 일본어의 이해에 더해, 더욱 폭넓은 장면에서 사용되는 일본어를 어느 정도 이해할 수 있다. 【읽기】● 신문이나 잡지의 기사나 해설 평이한 평론 등 논지가 명쾌한 문장을 읽고 문장의 내용을 이해할 수 있다. ● 일반적인 화제에 관한 글을 읽고, 이야기의 흐름이나 표현의 도를 이해할 수 있다.
	청해	50분	60점	【듣기】● 자연스러운 속도의 체계적 내용의 대화나 뉴스를 듣고, 내용의 흐름 및 등장인물의 관계를 이해하거나, 요지를 파악할 수 있다.
	계	155분	180점	
N3	언어지식(문자·어휘)	105분	60점	기존 시험의 2급과 3급 사이에 해당하는 레벨(신설) : 일상적인 장면에서 사용되는 일본어를 어느 정도 이해할 수 있다. 【읽기】● 일상적인 화제에 구체적인 내용을 나타내는 문장을 읽고 이해할 수 있다. ● 신문의 기사제목 등에서 정보의 개요를 파악할 수 있다.
	언어지식(문법)·독해		60점	● 일상적인 장면에서 눈으로 보는 범위의 난이도가 약간 높은 문장은 대체표현이 주어지면 요지를 이해할 수 있다.
	청해	40분	60점	【듣기】● 자연스러운 속도의 정리된 대화를 듣고, 이야기의 구체적인 내용을 등장인물의 관계 등과 맞춰서 거의 이해할 수 있다.
	계	145분	180점	
N4	언어지식(문자·어휘)	95분	120점	기존 시험 3급과 거의 같은 레벨 : 기본적인 일본어를 이해할 수 있다. 【읽기】● 기본적인 어휘나 한자로 쓰여진, 일상생활에서 흔하게 일어나는 화제의 문장을 읽고 이해할 수 있다.
	언어지식(문법)·독해			
	청해	35분	60점	【듣기】● 일상적인 장면에서 다소 느린 속도로 나누는 대화라면 거의 내용을 이해할 수 있다.
	계	130분	180점	
N5	언어지식(문자·어휘)	80분	120점	기존 시험 4급과 거의 같은 레벨 : 기본적인 일본어를 어느 정도 이해할 수 있다. 【읽기】● 히라가나나 가타카나, 일상생활에서 사용되는 기본적인 한자로 쓰여진 정형화된 어구나, 문장을 읽고 이해할 수 있다.
	언어지식(문법)·독해			
	청해	30분	60점	【듣기】● 일상생활에서 자주 접하는 장면에서 천천히 나누는 대화라면 필요한 정보를 얻어낼 수 있다.
	계	105분	180점	

5. 新일본어 능력시험 N2 문제 유형과 적정 예상 풀이 시간

시험과목			시험내용	소문항	적정 예상 풀이 시간	TIP!
언어지식 · 독해 (105분)	문자 · 어휘	1	한자 읽기	5	약 2분	문자 · 어휘는 전반부가 한자이고, 후반부가 어휘의 쓰임을 묻는 문제다. 한자는 오래 들여다 보고 있는다고 알 수 있는 문제가 아니므로 재빨리 풀고 어휘의 쓰임을 파악하는 문제에 집중하는 편이 좋다. 문자 · 어휘와 문법을 빨리 풀수록 독해를 푸는 시간이 늘어나므로, 되도록 빨리 문자 · 어휘와 문법을 해결하고 독해에 집중해야 한다. 새로운 문제 유형은 모의고사를 풀어보고 오답 체크를 통해 확실하게 이해한다면 쉬이 적응할 수 있을 것이다.
		2	한자 표기	5	약 2분	
		3	어형성	5	약 2분	
		4	문맥 규정	7	약 3분	
		5	교체 유의어	5	약 3분	
		6	용법	5	약 5분	
	문법	7	문법 형식	12	약 6분	
		8	문맥 배열	5	약 6분	
		9	문장 흐름	5	약 6분	
	독해	10	내용 이해 – 단문	5	약 10분	
		11	내용 이해 – 중문	9	약 15분	
		12	종합 이해	2	약 10분	
		13	주장 이해 – 장문	3	약 10분	
		14	정보 검색	2	약 10분	
청해 (50분)		1	과제 이해	5	약 8분	문제가 다 끝나면 마킹할 시간이 따로 주어지지 않는다. 이 점을 염두에 두고 문제를 푸는 즉시, 혹은 질문을 읽는 시간이나 문제를 설명하는 시간을 이용하여 마킹해야 한다. 난이도는 그다지 높지 않을 것으로 보인다.
		2	포인트 이해	6	약 12분	
		3	개요 이해	5	약 10분	
		4	즉시 응답	12	약 7분	
		5	종합 이해	4	약 8분	

※ 적정 예상 풀이 시간은 실제 문제를 푸는 시간입니다. 남은 시간 동안에는 답안지에 마킹을 하고 제대로 풀었는지, 혹은 밀려 쓰지 않았는지 점검하시기 바랍니다.

이 책은 2010년부터 새로 시행되는 新일본어 능력시험 N2에 완벽하게 대응할 수 있도록 마련한 실전 모의고사 문제집입니다. 출제 경향 및 문제 유형을 철저히 분석·반영하였고, 新일본어 능력시험을 공부하는 학습자가 시험을 앞두고 실제 시험과 같은 형태로 구성한 문제를 직접 풀어 보며 시험에 익숙해질 수 있도록 하였습니다. 전체 구성은 〈실전모의고사 3회분〉과 〈해설〉, 〈ANSWER SHEET〉로 이루어져 있습니다.

실전모의고사

실제 시험과 같은 형태의 실전모의고사를 총 3회분 수록하였습니다. 각 모의고사마다 임의적으로 만든 채점표를 실어 자신의 실력을 파악할 수 있게 하였습니다.

정답 및 해설

정확한 해석과 자세한 해설을 실었으며 따로 사전을 찾아보지 않아도 학습이 가능하도록 많은 단어를 정리하였습니다.

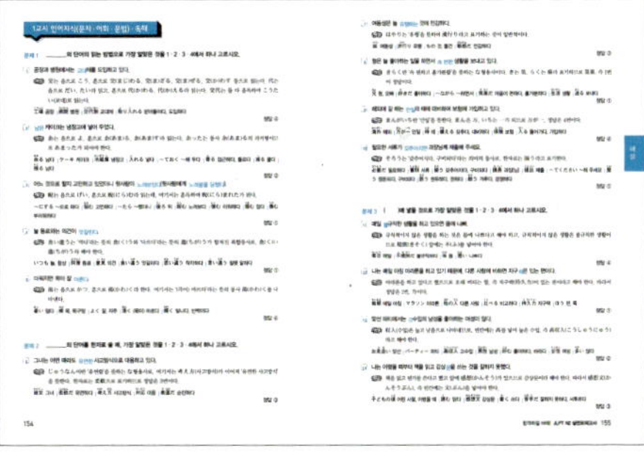

ANSWER SHEET

실전모의고사를 풀 때 필요한 답안용지입니다. 실제 시험처럼 활용하여 실전에 대비합시다.

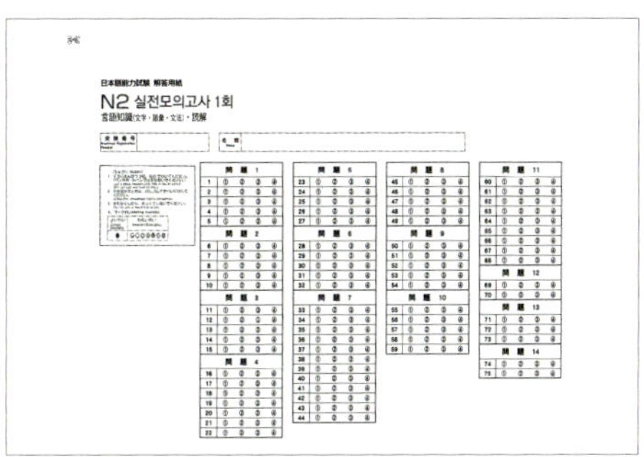

목차

JLPT
실전모의고사
N2

1회

자신의 실력이 어느 정도인지 확인할 수 있도록 임의적으로 만든 채점표입니다. 실제 시험은 상대 평가 방식이므로 약간의 오차가 발생할 수 있습니다.

언어지식 (문자 · 어휘 · 문법)

		배점	만점	1회	
				정답 문항 수	점수
문자 · 어휘 · 문법	문제 1	1점×5문항	5		
	문제 2	1점×5문항	5		
	문제 3	1점×5문항	5		
	문제 4	1점×7문항	7		
	문제 5	1점×5문항	5		
	문제 6	1점×5문항	5		
	문제 7	1점×12문항	12		
	문제 8	1점×5문항	5		
	문제 9	2점×5문항	10		
합계			59점		

* 점수 계산법 : 언어지식(문자 · 어휘 · 문법) [   ]점÷59×60 = [   ]점

독해

		배점	만점	1회	
				정답 문항 수	점수
독해	문제 10	2점×5문항	10		
	문제 11	3점×9문항	27		
	문제 12	3점×2문항	6		
	문제 13	3점×3문항	9		
	문제 14	3점×2문항	6		
합계			58점		

* 점수 계산법 : 독해 [   ]점÷58×60 = [   ]점

청해

		배점	만점	1회	
				정답 문항 수	점수
청해	문제 1	2점×5문항	10		
	문제 2	2점×6문항	12		
	문제 3	2점×5문항	10		
	문제 4	1점×12문항	12		
	문제 5	3점×4문항	12		
합계			56점		

* 점수 계산법 : 청해 [   ]점÷56×60 = [   ]점

N2

言語知識（文字・語彙・文法）・読解

（105分）

注　意
Notes

1.　試験が始まるまで、この問題用紙を開けないでください。
Do not open this question booklet until the test begins.

2.　この問題用紙を持って帰ることはできません。
Do not take this question booklet with you after the test.

3.　受験番号と名前を下の欄に、受験票と同じように書いて
ください。
Write your examinee registration number and name clearly in each box below as written on your test voucher.

4.　この問題用紙は、全部で31ページあります。
This question booklet has 31 pages.

5.　問題には解答番号の 1 、 2 、 3 … が付いています。
解答は、解答用紙にある同じ番号のところにマークして
ください。
One of the row numbers 1 , 2 , 3 … is given for each question. Mark your answer in the same row of the answer sheet.

受験番号　Examinee Registration Number	

名　前　Name	

問題 1　＿＿＿＿＿の言葉の読み方として最もよいものを、1・2・3・4から一つ選びなさい。

1　工場や病院では交代制を取り入れている。

  1 こうてい　　　2 こうでい　　　3 こうだい　　　4 こうたい

2　余ったケーキは冷蔵庫に入れておいた。

  1 よった　　　　2 あまった　　　3 へった　　　　4 のこった

3　どれにしようか悩んでいたら後ろの人に睨まれた。

  1 にらまれた　　2 にくまれた　　3 つかまれた　　4 うらやまれた

4　いつも同僚とは意見が食い違う。

  1 くいちがう　　2 おもいちがう　　3 いいちがう　　4 あいちがう

5　暑くなると喉がよく渇く。

  1 かく　　　　　2 べたつく　　　3 かがやく　　　4 かわく

問題 2　＿＿＿＿＿＿の言葉を漢字で書くとき、最もよいものを 1・2・3・4 から
　　　　　一つ選びなさい。

6　彼女はどんな時でもじゅうなんな考え方で対応している。

1 十南　　　　　2 素直　　　　　3 柔軟　　　　　4 揉軌

7　妹はいつもはやりものに敏感だ。

1 硫行り　　　　2 派行り　　　　3 流行り　　　　4 疏件り

8　兄はいつも好きなことをしながらきらくな生活を送っている。

1 気楽　　　　　2 汽楽　　　　　3 気薬　　　　　4 奇樂

9　海外に行く時は、まんがいちの時に備えて保険に入っている。

1 方が一　　　　2 慢が一　　　　3 満が一　　　　4 万が一

10　必要な書類がそろったら課長に提出してください。

1 揃ったら　　　2 整ったら　　　3 誘ったら　　　4 　競ったら

問題3　（　　　　）に入れるのに最もよいものを、1・2・3・4から一つ選び
　　　　なさい。

11　毎日（　　　　）規則な生活をしていると体に悪いよ。

　　1 無　　　　　　2 未　　　　　　3 正　　　　　　4 不

12　私は毎朝マラソンをしているので、他の人に比べると持久（　　　　）はある
　　ほうだ。

　　1 力　　　　　　2 走　　　　　　3 的　　　　　　4 戦

13　お見合いパーティーでは（　　　　）収入の男性を好む女性が多い。

　　1 長　　　　　　2 高　　　　　　3 副　　　　　　4 雑

14　私は子どもの頃から本を読んで感想（　　　　）を書くのが苦手だった。

　　1 書　　　　　　2 詞　　　　　　3 文　　　　　　4 歌

15　台風並みに発達した（　　　　）気圧の影響で全国的に大きな被害が出た。

　　1 低　　　　　　2 小　　　　　　3 内　　　　　　4 外

問題4 （　　　）に入れるのに最もよいものを、1・2・3・4から一つ選び
なさい。

16 貯金箱にいくら入っているか（　　　）みる。

　　1 教わって　　　　　2 数えて　　　　　3 稼いで　　　　　4 乾かして

17 寝る前に（　　　）コーヒーを飲むと眠れなくなる。

　　1 温い　　　　　　　2 薄い　　　　　　3 濃い　　　　　　4 鈍い

18 あの2人は顔がそっくりで（　　　）のようだ。

　　1 双子　　　　　　　2 里子　　　　　　3 息子　　　　　　4 迷子

19 外国の夏は（　　　）が強いのでサングラスが必要だ。

　　1 見出し　　　　　　2 見晴らし　　　　3 陽射し　　　　　4 根回し

20 中国ではとても（　　　）豆腐が人気だそうだ。

　　1 悔しい　　　　　　2 険しい　　　　　3 眠たい　　　　　4 臭い

21 どんなに仕事が忙しくても（　　　）と正月ぐらいは実家に帰ろうと思う。

　　1 先日　　　　　　　2 三日月　　　　　3 明後日　　　　　4 盆

22 彼は私の誕生日にハートの（　　　）をプレゼントしてくれた。

　　1 マスター　　　　　2 ネックレス　　　3 トンネル　　　　4 パターン

問題5　________の言葉に意味が最も近いものを、１・２・３・４から一つ選び
なさい。

23 彼女に逆らうと怖いので多少の不満は我慢した方がいい。

　　１ たてつく　　　　２ 訴える　　　　３ 起こる　　　　４ 威張る

24 彼と彼女は付き合ってまだ１ヶ月も経っていない。

　　１ 出会って　　　　２ 働いて　　　　３ 通勤して　　　　４ 交際して

25 家主が突然、家賃を上げたいと言ってきた。

　　１ 父　　　　　　　２ 大家　　　　　３ 隣人　　　　　４ 住人

26 次の四つ角を左に曲がってください。

　　１ 信号　　　　　　２ 大通り　　　　３ 十字路　　　　４ 道

27 すぐに誰かとぶつかるその性格は変えたほうがいい。

　　１ 衝突する　　　　２ 隠れる　　　　３ どなる　　　　４ 譲る

問題6　次の言葉の使い方として最もよいものを、１・２・３・４から一つ選び
なさい。

28　干す

1　うまく作れるまで何度も干してみる。

2　ダイエット中なので食べる量を干した。

3　最近は自宅で野菜を干すのが流行っているそうだ。

4　シャワーをして髪の毛を干してから家を出る。

29　パターン

1　新しく出来た家の近くのパターン屋はバケットがおいしい。

2　両親と私は生活パターンが違いすぎる。

3　いつも親から栄養パターンのとれた食事をしなさいと言われる。

4　カラオケで歌えるパターンの速い曲を探しています。

30　取り除く

1　申し訳ございませんが、この機種は当店では取り除いи ておりません。

2　今日は天気がいいのであちこちで交通違反を取り除いている。

3　失った信頼を取り除くには時間がかかる。

4　母はスイカの種を１つ１つ取り除いて食べる。

31 手頃

1 百貨店で迷子になった<u>手頃</u>な子を助けてあげた。

2 このカードは<u>手頃</u>な年会費でゴールドカード並みの利便性があるらしい。

3 彼女はとても<u>手頃</u>な性格で周りの人が驚くぐらいだ。

4 この<u>手頃</u>な丘の向こうに牧場がある。

32 中旬

1 新しい携帯電話が７月<u>中旬</u>に発売される。

2 期末試験よりも<u>中旬</u>試験の方が英語の点数が悪かった。

3 友達と家の方向が逆なので<u>中旬</u>をとって山田駅で待ち合わせすることにした。

4 高い洋服は<u>中旬</u>洗剤で洗うようにと言われた。

問題7　　次の文の（　　　　）に入れるのに最もよいものを、1・2・3・4から
　　　　一つ選びなさい。

33　学内外の活動（　　　　）、学生時代に最も力を入れたことについて話してください。

　　　1　どころか　　　　　　2　にもかかわらず　　3　にかかわらず　　4　に応じて

34　同じチームの人の仕事がまだ終わっていないので、残業（　　　　）。

　　　1　せざるをえない　　　　　　　　2　しないほうがいい
　　　3　しないことはない　　　　　　　4　しないでいる

35　新しく開発したソフトは使いやすさ（　　　　）、機能も充実している。

　　　1　に先立って　　　　2　にしろ　　　　　3　に加えて　　　　4　に限って

36　姉にプレゼントをあげたのだから妹にもあげない（　　　　）。

　　　1　かのようだ　　　　　　　　　　2　わけにはいかない
　　　3　どころではない　　　　　　　　4　に違いない

37　来年の4月から新しく20代の女性（　　　　）雑誌が発売されるそうだ。

　　　1　にあたる　　　　　2　ばかりか　　　　3　はともかく　　　4　向けの

38　本人がどう思っているのか（　　　　）話を先に進めることはできない。

　　　1　聞かないことには　　　　　　　2　聞きつつ
　　　3　聞いただけあって　　　　　　　4　聞いたところ

39 （電話で）

三光商事の鈴木です。先日の見積書の件ですが、（　　　　）。

1　拝見しましたか　　　　　　　　　2　ご覧になりましたか

3　見ましたか　　　　　　　　　　　4　ご覧になられましたか

40 田中　「明日は何時頃（　　　　）か。」

山本　「7時半頃に伺います。」

1　参ります　　　　　　　　　　　　2　来ます

3　いらっしゃいます　　　　　　　　4　伺います

41 　23日間（　　　　）新人研修が終了した。

1　に基づいて　　　　2　のもとで　　　　3　ぬきでは　　　　4　にわたる

42 ホームレスの数は減っている（　　　　）生活保護受給者は増えていると言われている。

1　一方で　　　　　　2　次第で　　　　　3　うえに　　　　　4　どころか

43 試験に受かったのでうれしさの（　　　　）大声で騒いでしまった。

1　ことから　　　　　2　あまり　　　　　3　かぎり　　　　　4　ばかりか

44 何度も電話がかかってきたので、私に用がある（　　　　）。

1　わけがない　　　　　　　　　　　2　にならない

3　に違いない　　　　　　　　　　　4　しかない

問題8　次の文の　_★_　に入る最もよいものを、１・２・３・４から一つ選びな
さい。

（問題例）

あそこで　______　______　_★_　______　は山田さんです。

1　テレビ　　　　2　見ている　　　3　を　　　　　4　人

（解答のしかた）

1．正しい文はこうです。

あそこで　________　________　_★_　________　は山田さんです。

1　テレビ　　3　を　　2　見ている　　4　人

2．_★_　に入る番号を解答用紙にマークします。

（解答用紙）　　（例）　　①　●　③　④

45　道の駅弁当は、______　______　______　_★_　商品です。

1　使った　　　　　2　ふんだんに　　　3　地元の　　　　4　食材を

46　世の中には名前を呼ぶと　______　_★_　______　______　いるらしい。

1　手を　　　　　　2　返事する　　　　3　猫が　　　　　4　あげて

47　アンケートの結果から男性よりも　______　______　______　_★_　______　人の割合が
高かった。

1　気にしない　　　2　見た目を　　　　3　女性の　　　　4　方が

48　パスワードを ＿＿＿＿ ＿＿＿＿ ＿＿＿＿ ＿★＿ されにくい。

　　1 すれば　　　　　2 変更　　　　　3 不正利用　　　4 定期的に

49　ボランティア活動を ＿＿＿＿ ＿＿＿＿ ＿★＿ ＿＿＿＿ 見えるようになった。

　　1 今まで　　　　　2 見えなかった　　3 通じて　　　　4 ものが

問題9　次の文章を読んで、文章全体の内容を考えて、　50　から　54　中に
　　　　入る最もよいものを、1・2・3・4から一つ選びなさい。

習い事の必要性や本当の意味とは何か。

お父さんやお母さんの中には「周りのお友達が習い事を始めたので、うちの子も何か習い事を」と言って子どもに習い事をさせるケースがよく見られる。習い事はあまり深く考えずに始めてしまい　50　だが、意外とその後の子どもの人生に大きな影響を与え　51　。

よく言われる「できる子」「できない子」というのは放課後の体験量の豊富さに関係している。小学生の中でも、スポーツや勉強など何でもできる子はいる。だが、学校内で学ぶのは皆同じ量であり、このような「できる子」の体験量は、学校の　52-a　以外で培われたものだと言えるだろう。

特に　52-b　に学んだものは、子どもの体験量に最も差が出やすく、出発点から差がつきやすいものだ。したがって「できる子」「できない子」の違いは、家庭や放課後の体験量の差が大きく、小学校に入学したころにはすでに雲泥の差が^{（注）}ある　53　。

習い事というのは、子どもが将来花を咲かせるための土壌を提供するひとつの選択肢で、友達や先生との出会いによってどのような花を咲かせるかが大切である。その場合、経済的に余裕のある家庭なら　54　をさせることで土壌を提供できるだろう。しかし、経済的に余裕がない場合でも、外で思いっきり遊ばせたり、地域の大人と交流させたりすれば、土壌を提供できるかもしれない。

（注）雲泥の差：たいへんな差

50

1　やすい　　　　　2　がち　　　　　3　がけ　　　　　4　一方

51

1　るかのようだ　　　2　たがる　　　　3　かねる　　　　4　かねない

52

1　ａ　授業 / ｂ　放課後　　　　　2　ａ　放課後 / ｂ　授業

3　ａ　試験 / ｂ　授業　　　　　　4　ａ　習い事 / ｂ　放課後

53

1　わけがない　　　　　　　　　2　というわけだ

3　わけにもいかない　　　　　　4　ばかりだ

54

1　高価な習い事　　　　　　　　2　１つの習い事

3　たくさんの習い事　　　　　　4　大人の習い事

問題10　　次の（1）から（5）の文章を読んで、後の問いに対する答えとして最も
　　　　　よいものを、1・2・3・4から一つ選びなさい。

（1）

　若者が使う「やばい」の語源は、法律に触れたり、危険にさらされて具合が悪いの
を表わす「やば」からきているとも言われています。このような言葉は隠語と呼ば
れ、もともと仲間内や限られた範囲で使われていました。今の若い世代を中心に使
われる「このお菓子やばいよね」という言い方は、お菓子がまずかったり、問題があ
ったりするわけではなく、「食べ過ぎてしまうぐらいおいしい」といった意味で使わ
れているようです。

55　本文の内容と合っているものはどれか。

1　「やばい」という言葉は若者も身の危険を感じた時に使う。

2　若者が使う「このお菓子やばい」という言葉は本来の意味と違う。

3　お菓子の味がまずい時に若者は「このお菓子やばい」という。

4　最近は隠語を使う若者がどんどん増えてきている。

（2）

　新幹線には航空機のようなファーストクラスはない。そこでJR東日本は新しくデビューする「はやぶさ」に最上位シート「グランクラス」を導入することを決めた。グランクラスは先頭車両に設置し、定員はわずか18人。現行の「はやて」のグリーン車の定員は1車両当たり51人であり、単純比較はできないが、一人当たりの空間はグリーン車をはるかに上回る。最も力を入れたのはシートの開発でどんな体型の人が長時間座っても疲れないことが絶対条件である。シートサイズはゆったりめで、電動リクライニング機能を採用している。

56　グランクラスについて正しく書かれているものはどれか。

　1　グランクラスは先頭車両に設置され、誰でも自由に座ることができる。

　2　グランクラスのシートは長時間寝ても肩が凝らないほど快適である。

　3　グランクラスはシートの開発に一番力を注いでいる。

　4　グランクラスは「はやて」のグリーン車を改良したものである。

（3）

　エネルギー資源が少ない日本で、今、新たなエネルギーとして注目されているのが、太陽光やバイオマスなどを利用した再生可能エネルギーです。環境面においてCO$_2$をほとんど排出しないというメリットがあり、このエネルギーの普及・拡大を目的として、今年の７月から「再生可能エネルギーの固定価格買取制度」がスタートします。これは再生可能エネルギーによって発電された電気を一定の期間・価格で電気事業者が買い取ることを義務付けるものです。買い取った費用は、電気を利用する消費者が「電気代」として支払います。

（注１）排出：外へ出すこと

（注２）買取：お金を払って自分のものにすること

（注３）義務：人がそれぞれの立場に応じて、当然しなければならないもの

57　この文章はどんな内容か。

1　再生可能エネルギーの売買制度

2　電気事業者の固定価格買取制度

3　電気代の固定価格買取制度

4　再生可能エネルギーの固定価格買取制度

（４）

　掃除の基本について書かれた書籍はたくさんあるが、この冊子は少し違う。日めくりスタイルに掃除が楽しくなる裏技（注1）が掲載されているのが特徴だ。毎日めくって１箇所ずつ試していけば、２ヶ月ほどで家の中がピカピカになるという（注2）。この冊子は掃除を一度に全部するのではなく、キッチンやトイレ、居間など１箇所ずつ毎日掃除していくというやり方だ。読者からは「短時間で掃除のコツを学ぶことができた」「掃除って簡単なんだと思えるようになった」など喜びの声が寄せられ、売行きも好調のようだ。

（注１）日めくり：毎日１枚ずつはがし取ること
（注２）裏技：人に知られていない隠れた方法

58 　筆者の意見と合っているものはどれか。

1　一気に全部掃除するより毎日１箇所ずつすることを勧めている。

2　掃除は面倒なものだが、毎日すればいずれ慣れるので苦にならない。

3　短期間に掃除の基礎を学ぶことは難しいことである。

4　毎日利用すれば１ヶ月ちょっとで家の中がきれいになる。

（5）

　自分に合う靴とはどのような靴でしょうか。理想から言えば靴の中で足が全く

ぶれないことですが、実際にはオーダーメイドで仕上げてもぶれを防ぐことは不可
(注1)
能です。歩くことは運動であり、重力や摩擦が必ず存在します。靴を選ぶ上で一番

重要なのはデザインや見た目ではなく、土踏まずがしっかりと支えられているか、
(注2)
また、土踏まずの支えと同時にかかとがピッタリと合っているかどうかです。後ろ

に隙間があったり幅が広く横ぶれするものは選ばないようにしましょう。

　（注1）ぶれる：正しい位置からずれて動く
　（注2）土踏まず：足の裏のくぼんだところ

59　靴を選ぶ時のポイントとして正しいものはどれか。

　1　横幅が広めで少し大きいものを選ぶ。

　2　デザインの良いものを選ぶ。

　3　土踏まずの支えとかかとが合っているものを選ぶ。

　4　靴の中で足が少し動く程度のものを選ぶ。

問題11　次の（1）から（3）の文章を読んで、後の問いに対する答えとして最も
　　　　　　よいものを、1・2・3・4から一つ選びなさい。

（1）

　将来お金持ちになるためには、若い時からの努力が必要です。若い時はまだ時間
①
もたっぷり残されている素晴らしい時期です。この時期を有効に活用しなければお
金持ちになることは難しくなってしまうでしょう。

　大切なのは一つの物事を続けていくことです。若いうちから一つの物事に焦点を
定め、突き詰めていけば、その道のプロフェッショナルになることも可能です。そ
②　　　　　　（注）
ういう意味では、一つの分野に取り組み続けることも良い方法の一つでしょう。ま
た、目標を設定した後は努力し続けることも大切です。

　しかし、若い時は物事に惑わされやすい時期であり、何が正しくて何が間違ってい
るのか判断をくだすことが難しいこともあります。迷った時は自分を信じることが
大事です。自分の行動には、信念と誇りを持って努力していくのが良いでしょう。

　若さというのは財産であります。しかしこの財産はいつか失われてしまうのです。
ですから、若さという財産を有効に活用すれば、若いうちの努力が後の人生に大き
な影響を与えるのです。努力を前向きに受け入れて日々を充実させていきましょう。

　（注）プロフェッショナル：プロ。専門家

60 ①将来お金持ちになるためには、若い時からの努力が必要ですとあるが、それはなぜか。

1 若い時は集中力が高く、脳が吸収しやすいから

2 若い時は時間がたくさんあり、有効に活用することができるから

3 若い時に財産があっても、いつか無くなってしまうから

4 若い時は誘惑が多く、努力しないとお金持ちになれないから

61 ②その道の「その」部分は何を指すか。

1 若い時の努力

2 一つの分野

3 有名な道

4 お金持ち

62 筆者の考える努力とは何か。

1 自信と誇りとで成り立つもの

2 若い時のみにすればいいもの

3 生きていくうえで嫌でもしなければならないもの

4 人生を大きく左右するもの

（2）

あなたは「スマホ症候群」になっていませんか。最近、電車の中でふと前に座っている人に目をやると、ほとんどの人がスマートフォンを使って真下をずっと見ているという光景がよく見られます。このようなスマートフォンの使用によって生じる身体のトラブルを「スマホ症候群」といい、長時間スマートフォンを使用して下を見ていると首が前傾し、首のカーブが失われてしまいます。そのような状態を「ストレートネック」と呼びますが、これは通常あるはずの前に向いたカーブがなくなり、まっすぐになってしまう状態をいいます。ひどくなると逆のカーブになってしまう場合もあるので注意が必要です。

特に女性はストレートネックになりやすいです。女性は首の骨が弱い上、日中のデスクワークや休憩時によるスマートフォンの使用がさらに体に負担をかけます。肩こりや首の痛み、頭痛やめまい、腕のしびれなどの症状があれば、すぐに病院で治療を受けましょう。

このようなストレートネックを予防するためには、できるだけ高い位置にスマートフォンを持ってくるようにし、肘は体にくっつけて固定しましょう。ほんの少しのことですが、毎日続けることで予防になるでしょう。

（注）前傾：前方に傾くこと

63 ①「スマホ症候群」とはどのようなものか。

1 スマートフォンの使用によって首のカーブが失われる状態

2 長時間同じ体勢で据わり続けることで首のカーブが逆になる症状

3 スマートフォンの使用によって身体のあちこちにトラブルが出る症状

4 スマートフォンの振動によって首の痛みや肩こりなどが身体に生じる症状

64 ②特に女性はストレートネックになりやすいとあるが、なぜか。

1 女性は男性に比べて疲れやすいから

2 女性はもともと首の骨が弱いから

3 女性は首の骨が柔らかく変形しやすいから

4 女性はデスクワークなどで肩が凝りやすいから

65 筆者はスマートフォンをどのようにとらえているか。

1 メリットが多く通勤時間も有効に使えるようになった。

2 病気になるデメリットが多く使うことをやめるべきだ。

3 使用方法や使用時間を改めて見直すべきだ。

4 女性のスマートフォン使用は危険が多い。

（3）

　田舎暮らしで３６５日天然温泉を楽しむこと―。これは誰もが一度は夢見る田舎暮らしの究極の贅沢です。自宅で温泉を楽しむためには「温泉権付き」や「温泉引き込み可」の物件を見つける必要があります。温泉権付きの場合は価格に管理金が含まれていますが、引き込み可の場合は別途支払わなければなりません。しかし、<u>家で温泉三昧を実現すること</u>①はそう簡単ではありません。温泉は浴槽（注1）の傷みが早く、メンテナンスが大変、しかも、温泉を利用しなくても月々の使用料は負担（注2）しなくてはならず…とデメリットも少なからずあります。では、そのような面倒な手続きをせずに田舎で温泉を楽しむには、どうすればいいでしょうか。

　そのような人には<u>公共温泉</u>②がおすすめです。公共温泉の魅力はなんていっても料金の安さです。まずは温泉に入り、その後は生ビールとつまみでノンビリ、酔いがさめた頃もう一度温泉を楽しんでスッキリ、といったパターンです。最近の旅行のトレンドでもある、安くて・近くて・短時間で行くことのできる気分転換ツアーといえます。無料で入れる源泉足湯、ワンコイン（５００円！）を払って入館すれば、地域の物販コーナー、手頃な露天風呂付きの大浴場と家族湯、広い休憩所とマッサージチェア、お食事処など全ての施設が利用でき、一日中楽しむことができます。

（注１）浴槽：湯をためる桶

（注２）メンテナンス：管理

66 ①家で温泉三昧を実現することはそう簡単ではありませんとあるが、それは
なぜか。

1 浴槽（よくそう）のメンテナンスが大変だったり、温泉を利用しなくても使用料がかかっ
てしまうから

2 田舎には公共の温泉が多くあり、安くて便利だから

3 引き込み可の物件は温泉使用料やメンテナンス費用を別途支払わないといけ
ないから

4 何度も温泉に入ったりすると温泉使用料が高くなるから

67 ②公共温泉を利用する利点は何か。

1 田舎を満喫（まんきつ）できる点

2 場所がよく、いつでも気分転換しやすい点

3 無料で入れる足湯（あしゆ）が必ずついている点

4 面倒な手続きがなく、安い料金で全ての施設が利用できる点

68 筆者によると「面倒な手続きをせず田舎で温泉を楽しむ」ためにはどうすれば
よいか。

1 天然温泉がついている家で暮らすべきだ。

2 メンテナンスは大変だが温泉を自宅に引くべきだ。

3 時間の制限はあるが安値で公共温泉を楽しむべきだ。

4 温泉の他にも多くの施設を楽しめる公共施設を利用するべきだ。

問題12　次の文章は、「相談者」からの相談と、それに対するＡとＢからの回答である。三つの文章を読んで、後の問いに対する答えとして最もよいものを、１・２・３・４から一つ選びなさい。

相談者：

　　私は非喫煙者ですが、喫煙者は一服と称して仕事をさぼりすぎではないですか。

　　私の職場の喫煙者は、たばこの一服を当然の権利のように主張して一服します。年間で考えると、たばこを吸う人と吸わない人では、実労働時間がずいぶん違うと思います。

　　喫煙者は一服を当然のこととして周りには文句を言わせず、一日に数回、一服しています。非喫煙者が喫煙者の一服時間に携帯電話を触っていると、仕事をさぼっている感じに周囲に映ります。同じ時間だけ休憩しただけですが、たばこの一服は周囲に「しょうがない」的に扱われています。納得いきません。

回答者：Ａ

　　携帯電話との比較については、その頻度などからまた少し比較の条件が難しくなってくるのですが、少なくとも喫煙によって仕事の効率が落ちることは確かです。たばこを吸っている時間が直接サボリになるというだけではなく、吸えない時間の禁断症状の苛立ちは確実に頭脳労働の妨げになります。

　　また、吸った直後の「落ち着いた気分」と称されるそれも、単に禁断症状が収まってマイナスがゼロに戻っているだけか、もしくはたばこの有害物質で脳の活動が低下しているかのどちらです。良い方向に作用することはまずありません。

　　「たばこを吸っていても、有能でちゃんと仕事ができる人もいる」という意見もあるでしょうが、それは、その人がたばこを吸っていなければもっと有能だった可能性がある、ということです。非常にもったいないと思います。

回答者：B

　なんか非常に矛盾している気がします。ただあなたが変に気にし過ぎているだけではないですか。喫煙イコール休憩のことですし、たばこは休憩するためにあるんですよ。例えば、コーヒーを飲むのも同じだったり……。

　あなたの職場で勤務中に喫煙が認められているのであれば、たばこ休憩が認められているということです。あなたも同じく休憩をとれば良いのです。

　失礼ですが、あなたの相談を読んでいると「たばこを吸う人だけが休憩できて羨ましい」という風にも聞こえます。あなたは周りを気にしすぎて自分のペースを作れていないのではないですか。それならあなたも吸えば(休憩すれば)良いと思います。コーヒーでも入れて飲みながら携帯（けいたい）を触ってみるのもいいと思います。

69　相談者は、なぜ「納得いかない」と言っているか。

1　喫煙者は仕事があまりできないのに優遇（ゆうぐう）されているから

2　喫煙者の仕事の効率があまりよくないのに、会社では評価されているから

3　喫煙者の一服（いっぷく）時間は実労働時間に含まれないから

4　喫煙者の一服（いっぷく）は認められているのに、携帯電話（けいたいでんわ）を触ることは認められていないから

70　相談者の相談に対するＡ、Ｂの回答について、正しいのはどれか。

1　ＡもＢも相談者を批判した回答であり、相談者の直接解決には繋がっていない。

2　Ａは相談者の悩みを理解し、喫煙者を批判しているが、Ｂは相談者を冷たく批判している。

3　Ａは喫煙者をかばって守っているが、Ｂは喫煙者を冷たく批判している。

4　ＡもＢも喫煙者を批判し、相談者の悩みを理解した回答をしている。

問題13　次の文を読んで、後の問いに対する答えとして、最もよいものを１・２・３・４から一つ選びなさい。

　近年、日本の雇用者全体に占める非正規雇用の職員（アルバイトやパート、派遣など）の割合が高まっています。

　総務省の『労働力調査』によると、非正社員が占める比率は２０１１年には３５.２％に達し、過去最高水準を記録したと言われています。すべての年齢階級で非正社員の比率が高まる傾向にありますが、とりわけ１５～３４歳までの若年層の非正社員が増加しています。この理由のひとつとして、０８年のリーマン・ショック以降、企業がコスト負担の増大につながる正社員の新規採用を絞り込み、コスト負担の小さい非正社員を積極的に活用していることが挙げられます。

　また、正社員と非正社員の年収の差は、勤続年数が長くなるほど開く傾向があり、５０～５４歳では２.１倍まで収入格差が広がります。

　そして、このような雇用形態の増加は、男性の婚活にも大きな影響を及ぼしています。

　２０１０年では男性の平均初婚年齢が３０.５歳と過去最高齢を記録するなど、日本では晩婚化や非婚化が進んでいます。その晩婚化・非婚化の要因のひとつとして、若年雇用者における非正社員比率の高まりが指摘されています。

　２０１１年に行われた『結婚・家族形成に関する調査』によると、２０代の男性のうち、正社員は２５.５％が既婚者であるのに対し、非正社員の既婚者はわずか４.１％にとどまっています。また３０代の男性では、正社員の２９.３％が既婚者ですが、非正社員の既婚率は２０代とほとんど変わらず、５.６％となっています。

　実際、先ほど紹介した調査でも男性の年収と既婚率との関係について調査をしていますが、男性の既婚率は、２０代や３０代では、年収が３００万円未満の階層で最も低くなっており、わずかに８～９％程度です。そして年収が３００万円を超えると、既婚率は一気に２５～４０％まで高まります。どうやら、年収がコンスタントに３００万円を超えているかどうかが、男性が結婚して家庭を持つかどうかのひとつの

1
回

分岐点になっているようです。

　一方、厚生労働省の最新の統計によると、男性の正社員の平均年収は25歳を超えると400万円台に到達しますが、非正社員の平均年収はどの年齢階級であっても300万円前後という結果になっています。

　やはり、男性が結婚するかどうかを決めるにあたっては、働き方の違いによる経済力の差が、少なからず影響を及ぼしているようです。

（注1）若年層：若者の世代
（注2）勤続年数：現在在職している会社に勤めている年数
（注3）婚活：結婚活動の略。結婚を望む人が自ら進んで活動すること
（注4）晩婚化・非婚化：平均初婚年齢が以前と比べて高くなる傾向・結婚しない人が増えている傾向

71　①日本では晩婚化や非婚化が進んでいますとあるが、それはなぜか。

1　正社員でも非正社員でも昔に比べて年収が減ってきているから

2　独身主義者が増えたから

3　若者の雇用における非正社員の比率が高くなっているから

4　男女ともに大学を卒業する人が増え、就職率が上がったから

72　②男性の年収と既婚率との関係で正しいものはどれか。

1　年収が400万円以下になると既婚率は5.6％まで下がる。

2　年収が300万円以下になると既婚率は20％程度である。

3　年収が300万円を超えると既婚率が25％〜40％まで上がる。

4　年収に関係なく30代男性の既婚率は25％程度である。

73 この文章で筆者が一番言いたいことはどれか。

1 非正社員が若年層で増加しており、その現象は男性の婚活にも影響を及ぼしている。

2 男性だけでなく女性の正社員の雇用が増加しており、晩婚化・非婚化が進んでいる。

3 ２０代男性も３０代男性も正社員と非正社員の既婚率は変わらない。

4 正社員と非正社員の年収を比べると、５０代で４倍の収入格差がある。

問題14　右のページは、みどり大公園バーベキュー場の利用案内である。下の問いに対する答えとして最もよいものを、1・2・3・4から一つ選びなさい。

74　みどり大公園バーベキュー場の利用規則に合わないものはどれか。

1　申込み時にバーベキュー場の使用申込書を記入し、利用日の前日までに管理事務所へ提出する。

2　未成年者のみでバーベキュー施設を利用することはできない。

3　バーベキュー場で出たごみは、ゴミ捨て場に設置されているごみ箱に分類して捨てる。

4　電気式バーベキュー設備以外は無料で使用できる。

75　2家族(10人)で11時～15時まで炭式バーベキュー設備2基と炭を借りる場合、いくら支払わなければならないか。

1　3,000円

2　4,400円

3　6,400円

4　2,400円

みどり大公園　バーベキュー場ご利用案内

【利用方法】

（1）予約・申込み方法
- ・申込みはホームページ内にある「バーベキュー場使用申込書」をダウンロードしてご記入いただき、使用日の前日までに使用申込書を管理事務所へ提出してください。
（予約は電話でも可。ただし、使用申込書は別途FAX、郵送で提出すること。前日までに提出しなかった場合は予約を取り消しいたしますので、ご注意願います。）
- ・受付時間　午前9時～午後5時30分（毎週月曜日は休み）
- ・受付場所　バーベキュー場管理事務所　TEL：06-〇〇〇〇-××××
　　　　　　　　　　　　　　　　　　　　FAX：06-〇〇〇〇-×××〇

（2）利用期間：3月1日～11月30日、毎週月曜日は休業日（月曜日が祝日の場合はその翌日が休業日）

（3）利用時間：午前11時～午後8時、2時間単位、連続使用の場合は最大4時間まで

（4）利用方法：バーベキューに必要な器具・食材は全て持ち込み式となっております。
　　　　　　　　火気類については、炭または薪をご利用ください。

【設備】

電気式バーベキュー設備　10基（※有料　1基　2時間　1,000円）網か鉄板を貸出しいたします。

炭式バーベキュー設備　30基（無料）炭、網はすべて持ち込み。貸出し可（有料）

（炭：1キロ300円　網：300円）

炊事棟（水道設備あり）2基（無料）共同利用になりますのできれいにお使いください。

テーブル・椅子（6～8人）40セット（無料）各設備1基につき1セットのご利用になります。

《参考》炭の必要量・・・1基あたり4時間使用で約4キロ

【注意事項】

※ 着火剤の取扱いにご注意ください。
　着火剤はご利用されるお客様の手で直接行っていただいております。また着火剤はこどもの手の届かないところに保管してください。

※ 未成年（18歳未満）のみでのご利用はできません。成人（20歳以上）の方の同伴が必要です。

※ 公園内で火を使える場所はバーベキュー場のみとなっております。

《ごみの減量化についてのお願い》

バーベキュー場で出たごみは、燃えがら以外、すべてご自宅までお持ち帰りください。

また、ごみの量を少なくするため、次のことをお勧めします。

1. 炭や食料は、余らないように必要な量だけお持込みください。
2. 不要な包装は事前に処分してお越しください。
3. 食材はあらかじめ皮をむき、カットしてお持ちになると、準備時間が短縮でき、すぐにバーベキューを楽しめます。

【お問い合わせ】

バーベキュー場管理事務所　TEL：06-〇〇〇〇-××××（午前9時～午後5時30分/月曜は定休）
　　　　　　　　　　　　　　FAX：06-〇〇〇〇-×××〇（午前9時～午後5時30分/月曜は定休）

N2

聴解

（50分）

注　意 Notes

1. 試験が始まるまで、この問題用紙を開けないでください。
   Do not open this question booklet until the test begins.

2. この問題用紙を持って帰ることはできません。
   Do not take this question booklet with you after the test.

3. 受験番号と名前を下の欄に、受験票と同じように書いてください。
   Write your examinee registration number and name clearly in each box below as written on your test voucher.

4. この問題用紙は、全部で13ページあります。
   This question booklet has 13 pages.

5. この問題用紙にメモをとってもかまいません。
   You may make notes in this question booklet.

受験番号　Examinee Registration Number	

名 前　Name	

問題1

問題1では、まず質問を聞いてください。それから話を聞いて、問題用紙の1から4の中から、最もよいものを一つ選んでください。

例

1 プリントを持っていく

2 プリントと教科書を持っていく

3 教科書を持っていく

4 教科書を配る

1番

1 自分の友達と会う予定を変更する

2 友達を連れて男性の飲み会に参加する

3 友達に会った後で男性の飲み会に参加する

4 男性の飲み会には参加しない

2番

1 福田駅にある本屋で男性と会う

2 取り寄せている本を取りに本屋に行く

3 カフェで男性が来るのを待つ

4 同僚とランチをする

3番

1　0821　　3　　4

2　0821　　0401　　4

3　0821　　0401　　3

4　0821　　3　　3

4番

1

2

3

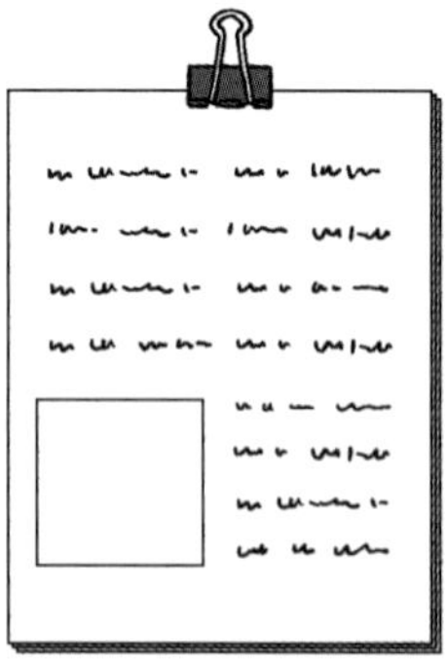

4

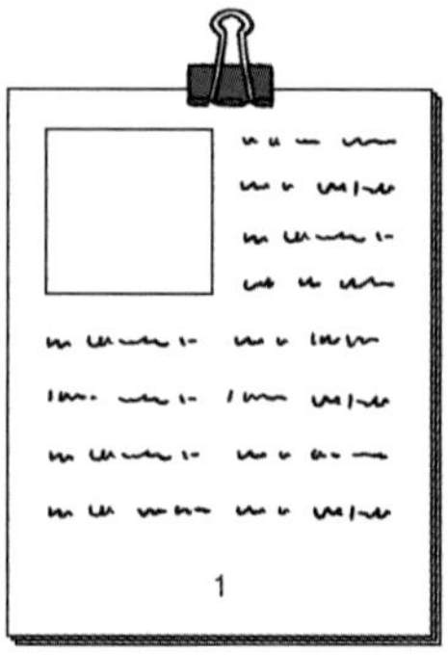

5 番

1　3月16日　17時

2　3月10日　17時

3　3月18日　19時

4　3月16日　19時

問題2

問題2では、まず質問を聞いてください。そのあと、問題用紙のせんたくしを読んでください。読む時間があります。それから話を聞いて、問題用紙の1から4の中から、最もよいものを一つ選んでください。

例

1　お腹がいっぱいで食欲がないから

2　彼女とけんかして連絡が取れないから

3　テスト勉強ができないから

4　明日はテストがあるから

1 番

1 部屋が狭かったから

2 駅から遠かったから

3 上の階の人が騒いでうるさかったから

4 エレベーターがたばこ臭いから

2 番

1 きれいな音が出ないから

2 指の力が弱いから

3 練習時間があまりないから

4 手が小さいから

3番

1 景色が見やすいから

2 バス酔いするから

3 安全だから

4 揺れにくいから

4番

1 1階級下げた方が試合が楽だから

2 忍耐力をつけることができるから

3 減量した方が筋肉がつきやすいから

4 パンチ力で有利になるから

5番

1　充電スポットが少ないから

2　まだタクシーにしか使われていないから

3　充電に時間がかかるから

4　販売価格が高いから

6番

1　生地が薄くて履き心地がいいから

2　お洒落ステテコが流行ってるから

3　値段が安かったから

4　近所に行く時、履き替えしなくていいから

<ruby>問題<rt>もんだい</rt></ruby>3

　問題3では、問題用紙に何もいんさつされていません。この問題は、全体としてどんな内容かを聞く問題です。話の前に質問はありません。まず話を聞いてください。それから、質問とせんたくしを聞いて、1から4の中から、最もよいものを一つ選んでください。

－メモ－

もんだい
問題 4

問題 4 では、問題用紙に何もいんさつされていません。まず文を聞いてください。
それから、それに対する返事を聞いて、１から３の中から、最もよいものを一つ選ん
でください。

－メモ－

問題5

問題5では、長めの話を聞きます。この問題には練習はありません。メモをとってもかまいません。

1番、2番

問題用紙に何もいんさつされていません。まず話を聞いてください。それから、質問とせんたくしを聞いて、1から4の中から、最もよいものを一つ選んでください。

－メモ－

3番

まず話を聞いてください。それから、二つの質問を聞いて、それぞれ問題用紙の
1から4の中から、最もよいものを一つ選んでください。

質問1

1　足らくコース

2　チャレンジコース

3　お手軽コース

4　なだらかコース

質問2

1　足らくコース

2　チャレンジコース

3　お手軽コース

4　なだらかコース

JLPT
실전모의고사
N2

2회

실전모의고사 채점표

자신의 실력이 어느 정도인지 확인할 수 있도록 임의적으로 만든 채점표입니다. 실제 시험은 상대 평가 방식이므로 약간의 오차가 발생할 수 있습니다.

언어지식 (문자 · 어휘 · 문법)

		배점	만점	2회	
				정답 문항 수	점수
문자 · 어휘 · 문법	문제 1	1점×5문항	5		
	문제 2	1점×5문항	5		
	문제 3	1점×5문항	5		
	문제 4	1점×7문항	7		
	문제 5	1점×5문항	5		
	문제 6	1점×5문항	5		
	문제 7	1점×12문항	12		
	문제 8	1점×5문항	5		
	문제 9	2점×5문항	10		
	합계		59점		

* 점수 계산법 : 언어지식(문자 · 어휘 · 문법) [　　　　]점÷59×60 = [　　　　]점

독해

		배점	만점	2회	
				정답 문항 수	점수
독해	문제 10	2점×5문항	10		
	문제 11	3점×9문항	27		
	문제 12	3점×2문항	6		
	문제 13	3점×3문항	9		
	문제 14	3점×2문항	6		
	합계		58점		

* 점수 계산법 : 독해 [　　　　]점÷58×60 = [　　　　]점

청해

		배점	만점	2회	
				정답 문항 수	점수
청해	문제 1	2점×5문항	10		
	문제 2	2점×6문항	12		
	문제 3	2점×5문항	10		
	문제 4	1점×12문항	12		
	문제 5	3점×4문항	12		
	합계		56점		

* 점수 계산법 : 청해 [　　　　]점÷56×60 = [　　　　]점

N2

言語知識（文字・語彙・文法）・読解

（105分）

注 Notes 意

1. 試験が始まるまで、この問題用紙を開けないでください。
   Do not open this question booklet until the test begins.

2. この問題用紙を持って帰ることはできません。
   Do not take this question booklet with you after the test.

3. 受験番号と名前を下の欄に、受験票と同じように書いてください。
   Write your examinee registration number and name clearly in each box below as written on your test voucher.

4. この問題用紙は、全部で31ページあります。
   This question booklet has 31 pages.

5. 問題には解答番号の 1 、 2 、 3 … が付いています。
   解答は、解答用紙にある同じ番号のところにマークしてください。
   One of the row numbers 1 , 2 , 3 … is given for each question. Mark your answer in the same row of the answer sheet.

受験番号　Examinee Registration Number	

名 前　Name	

問題1 ________の言葉の読み方として最もよいものを、1・2・3・4から
一つ選びなさい。

1 東の<u>方面</u>に行くと遊ぶところがたくさんある。

　　1 ばんめん　　　　2 ほうめん　　　　3 ぼうめん　　　　4 かためん

2 おやつは<u>戸棚</u>の中に入っているよ。

　　1 こだな　　　　　2 とども　　　　　3 とだな　　　　　4 たな

3 今朝起きたらバケツの水が<u>凍って</u>いた。

　　1 とどこおって　　2 こおって　　　　3 かたまって　　　4 はって

4 彼女は自分の話を<u>自慢</u>げに語る癖がある。

　　1 しまん　　　　　2 ごうまん　　　　3 とくい　　　　　4 じまん

5 妹は果物の中で<u>梨</u>が一番好きだと言った。

　　1 なし　　　　　　2 りんご　　　　　3 かき　　　　　　4 もも

問題2　＿＿＿＿＿の言葉を漢字で書くとき、最もよいものを１・２・３・４から一つ選びなさい。

6　こちらのおうせつ室でお待ちください。

1 王説　　　　2 忘接　　　　3 痣　　　　4 応接

7　食べる前にテーブルをきれいにふいておいて。

1 拭いて　　　2 伩いて　　　3 式いて　　　4 吹いて

8　一つ一つ手で書いていたらてまがかかる。

1 手問　　　　2 手関　　　　3 手間　　　　4 手真

9　よけいなことは言わないようにしてください。

1 予形　　　　2 与系　　　　3 舎計　　　　4 余計

10　小学生の小遣いは５００円ぐらいがだとうである。

1 打当　　　　2 妥当　　　　3 駄等　　　　4 打倒

問題3 （　　　）に入れるのに最もよいものを、1・2・3・4から一つ選びなさい。

11　日本には（　　　）解決の事件がまだまだたくさんある。

1 未　　　　　　2 無　　　　　　3 非　　　　　　4 奇

12　世の中が（　　　）景気だと言っても、儲かっている会社もある。

1 無　　　　　　2 否　　　　　　3 副　　　　　　4 不

13　相手チームの応援（　　　）の人数がとても多くてびっくりした。

1 歌　　　　　　2 長　　　　　　3 団　　　　　　4 国

14　コンビニで（　　　）商品を見つけるとつい買ってしまう。

1 新　　　　　　2 欠　　　　　　3 低　　　　　　4 重

15　あなたの思い出に残る（　　　）場面を1つ教えてください。

1 不　　　　　　2 力　　　　　　3 無　　　　　　4 名

問題4 （　　　）に入れるのに最もよいものを、1・2・3・4から一つ選びなさい。

16 今日会う約束を（　　　）忘れてしまい、後で友達に怒られた。

1 すっきり　　　　2 うっかり　　　　3 ちゃっかり　　　4 きっかり

17 4月に入ってきた（　　　）社員の中にとてもかわいい子がいた。

1 新入　　　　　　2 窓際　　　　　　3 卒業　　　　　　4 格別

18 新しくできたレストランは行列ができるほど（　　　）らしい。

1 安心　　　　　　2 心配　　　　　　3 満足　　　　　　4 人気

19 お茶の先生から正しい（　　　）を学んだ。

1 放送　　　　　　2 戦略　　　　　　3 作法　　　　　　4 手口

20 隣の家は1年以上（　　　）を支払っていない。

1 家賃　　　　　　2 工事　　　　　　3 食品　　　　　　4 虫歯

21 こんな狭い道で車を（　　　）のは危険だ。

1 裏切る　　　　　2 追い越す　　　　3 覆う　　　　　　4 怒る

22 今日は健康のために1つ手前のバス（　　　）で降りて歩いて帰ろう。

1 停留所　　　　　2 待合所　　　　　3 合流所　　　　　4 広場

問題5　　　＿＿＿＿＿の言葉に意味が最も近いものを、1・2・3・4から一つ選び
　　　　　なさい。

23　お風呂のお湯が<u>溢れて</u>いるのに気付いた。

　　1 閉まって　　　　　2 はみ出て　　　　　3 詰まって　　　　4 こぼれて

24　1ヶ月かけて作った作品が<u>ついに</u>完成した。

　　1 とうとう　　　　　2 じわじわ　　　　　3 次々に　　　　　4 ますます

25　新しく出来た<u>オフィス</u>は喫煙ルームが別にある。

　　1 社会　　　　　　　2 家　　　　　　　　3 会社　　　　　　4 売店

26　家を新しく買うには、<u>莫大な</u>資金が必要になる。

　　1 積極的な　　　　　2 派手な　　　　　　3 豪華な　　　　　4 多大な

27　そろそろプリンターのインクを<u>取替え</u>しなければならない頃だ。

　　1 取り置き　　　　　2 取引　　　　　　　3 交換　　　　　　4 取扱い

問題6　次の言葉の使い方として最もよいものを、１・２・３・４から一つ選び
なさい。

28　ぶつぶつ

1　昨日買ったオレンジジュースはぶつぶつ入りでとてもおいしい。

2　彼は一人で住むようになってからぶつぶつ言う回数が増えた。

3　鍋がぶつぶつしたら火を止めてください。

4　私はぶつぶついちごの入ったジェラートが大好きだ。

29　独立

1　会社を辞めて独立するのは簡単なことではない。

2　日本では独立男性が増えていると言われている。

3　彼はカラオケでいつも独立な歌い方をする。

4　隣の席の派遣社員は独立が多くてうるさい。

30　ずうずうしい

1　先生は毎日ずうずうしい生徒を静かにさせるのに苦労している。

2　安くしてもらったのにおまけもしてほしいとはなんてずうずうしい人だ。

3　梅雨になるとずうずうしい天気が続く。

4　私は昔からずうずうしいところがあり、よくミスをしてしまう。

31　検討

1　私は中学生の時、検討部に所属していた。

2　新しい家を買うかどうかまだ検討中だ。

3　日本語検討1級を取るために通信教育を受けることにした。

4　わからない言葉をインターネットで検討するとたくさんのサイトが出てきた。

32　見送る

1　友達が帰るからそこの角まで見送ってくるよ。

2　見送った格好の人が近づいてくると思ったら友達だった。

3　書類に間違いがないか、もう一度見送ってください。

4　高層マンションの最上階から見送る風景は絶景だ。

問題7　次の文の（　　　　）に入れるのに最もよいものを、1・2・3・4から
　　　　一つ選びなさい。

33　伝統や文化はそれぞれ国によって違う（　　　）。

1　ものだ　　　　　　2　ことだから　　　　3　ことか　　　　4　に違いない

34　友達が行けなくなったので一人で行く（　　　）。

1　にほかならない　2　はずがない　　　　3　しかない　　　　4　おかげだ

35　どうしようか迷った（　　　）、全部捨てることにした。

1　に先立って　　　2　きり　　　　　　　3　に加えて　　　4　あげく

36　あんな真面目な子が人を殴る（　　　）。

1　わけがない　　　　　　　　　　　　　2　に違いない

3　わけにはいかない　　　　　　　　　　4　に相違ない

37　隣のおばさんは何かある（　　　）うちの家に電話してくる。

1　ばかりか　　　　2　たびに　　　　　　3　を契機に　　　4　から言うと

38　今夜から明日の朝（　　　）各地で激しい雨が降るでしょう。

1　にかけて　　　　2　にわたって　　　　3　にとって　　　4　に通して

39 （贈り物をするとき）

こちら、私どもの近くでおいしいと評判の焼き菓子です。ぜひ、皆様で（　　　）。

1　味わってください

2　食べてください

3　お召し上がりください

4　いただいてください

40　橋本「出口さん、このコピーを会議室まで持ってきてくれるかな？」

出口「はい、（　　　）。」

1　承知いたしました

2　了解しました

3　受けました

4　分かりました

41　今回のプレゼンは予想（　　　）みんなの反応が良かった。

1　の末に　　　　　　2　に反して　　　　　　3　にわたって　　　4　にこたえて

42　その件についてはお茶でも（　　　）ゆっくり話しましょう。

1　したところ　　　　2　した以上は　　　　　3　することなく　　4　しつつ

43　あいつにだけは絶対負ける（　　　）。

1　ものか　　　　　　2　わけだ　　　　　　　3　べきだ　　　　　4　ことか

44　君の家って北海道だ（　　　）。

1　ということだ　　　2　かのようだ　　　　　3　っけ　　　　　　4　げ

問題8　次の文の　＿★＿　に入る最もよいものを、１・２・３・４から一つ選び
なさい。

（問題例）

あそこで　＿＿＿＿　＿＿＿＿　＿★＿　＿＿＿＿　は山田さんです。

1　テレビ　　　　　2　見ている　　　3　を　　　　　　4　人

（解答のしかた）

1. 正しい文はこうです。

あそこで　＿＿＿＿　＿＿＿＿　＿★＿　＿＿＿＿　は山田さんです。

　　　　1　テレビ　　3　を　　2　見ている　　4　人

---

2. ＿★＿ に入る番号を解答用紙にマークします。

（解答用紙）　　（例）　① ● ③ ④

45　リゾート地で ＿＿＿＿ ＿＿＿＿ ＿＿＿＿ ＿★＿ を教えてください。

1 いちばん　　　　2 いい　　　　　3 ところ　　　4 気候が

46　まほうのフライパンは ＿＿＿＿ ＿★＿ ＿＿＿＿ ＿＿＿＿ かかるそうです。

1 １年半から　　　2 注文してから　　3 ２年　　　　4 届くまで

47　この ＿★＿ ＿＿＿＿ ＿＿＿＿ ＿＿＿＿ もらったものだ。

1 お気に入りの　　2 10年前に　　　　3 ネックレスは　4 母から

48 自分が送った ＿＿＿＿ ＿＿＿＿ ＿＿＿＿ ＿★＿ したくなる。

   1 返事が   2 メールの   3 催促   4 来ないと

49 個人情報の ＿＿＿＿ ＿＿＿＿ ＿★＿ ＿＿＿＿ しなければならない。

   1 慎重に   2 大きいので   3 リスクも   4 公開は

問題9　次の文章を読んで、文章全体の内容を考えて、　50　から　54　中に
　　　　　入る最もよいものを、１・２・３・４から一つ選びなさい。

　最近は若い女性の間で目元を強調する「目ヂカラメイク」というのが流行ってい
ます。女子高校生や20代の若い世代は　50　、今では雑誌などの影響もあっ
て、30代や40代のミセス世代にも流行の波が　51　ように思います。

　女性は誰でもキレイになりたいと願いますし、私もその気持ちは十分にわか
りますが、メイクの悪影響によってコンタクトレンズを使用する女性の間で眼
（注1）
の障害が増えているのも事実です。

　この「目ヂカラメイク」は、メイク方法だけでなく、メイク落としにも注意が
必要です。中にはコンタクトレンズを付けたままメイク落としをしている人も
いますが、クレンジング剤が目に入るとレンズ　52　の原因になります。

　最近増えているシリコーンハイドロゲルレンズは、油となじみやすく、クレ
（注2）
ンジング剤の油成分と化学反応を起こして変形を起こすレンズであることが
判明しています。レンズの変形によって　53-a　が生じたり、レンズとしての
　52-b　を落とすことになりかねません。

　また、お風呂の中でマッサージをしながらのアイメイク落としは　54　気持
ちが良さそうですが、眼やコンタクトレンズにとってはあまりお勧めできませ
ん。冬場に使用するハンドクリームも、同じく油分を含んでいますのでレンズ
を扱う際は注意が必要です。

　（注１）メイク：化粧
　（注２）シリコーンハイドロゲルレンズ：ソフトコンタクトレンズの一種

50

1 ともかく　　　　2 もちろん　　　　3 とみえて　　　　4 というと

51

1 押し寄せている　　　　　　　　2 押し寄せているだけ

3 押し寄せているかいないか　　　4 押し寄せていたところの

52

1 変色　　　　　2 乱れ　　　　　3 くもり　　　　　4 汚れ

53

1 a フィット感 / b 性能　　　　2 a 異物感 / b 性能

3 a 異物感 / b 水分　　　　　　4 a フィット感 / b 質

54

1 一見すると　　　　　　　　2 一見はともかく

3 一見するものの　　　　　　4 一見ばかりか

問題10　次の（1）から（5）の文章を読んで、後の問いに対する答えとして最も
よいものを、1・2・3・4から一つ選びなさい。

（1）

　お腹を温めるということは、すなわち、内臓を温めるということです。内臓を温
めると血液の循環がよくなり、いろんなところの内臓の働きがよくなります。それ
はつまり、病気になりにくいということです。そのため、内臓の周りはもちろん、
特にお腹まわりは一年中、絶対に冷やしてはいけません。体温を下げてしまうとそ
の結果、代謝を悪くして体調をくずしてしまいます。そのときにお腹を温めていれ
ば、体全体の体温を守ることができ、体調が整えられるのです。

55　本文の内容と合っているものはどれか。

　1 病気になると体温が下がるので結果的に体調をくずしやすい。

　2 内臓の周りは血液が多いので冷やしてはいけない。

　3 お腹を温めると体の表面の温度を保つことができるので病気になりにくい。

　4 内臓を温めると病気になりにくい。

（2）

　仕事には苦労や厳しさ、ストレスなどがつきものだ。やりたい夢をかなえる仕事に就ける人は、少ないだろう。仕事は、生活を支えると同時に、社会の一員として社会とつながる大事な役割を持っている。しかし、中には「希望した通りではない」や「思ったよりしんどい」と現実逃避したり責任逃れしてすぐに離職する人もいるが、それはとても残念なことである。

　転職を焦らず、仕事の意義や楽しさを実感するには、「石の上にも三年」の辛抱が必要である。

　　（注１）つきもの：物事に必ずついてまわるとされる性質や状態

　　（注２）一員：団体を構成する一人

　　（注３）現実逃避：現実にある困難から逃げられようとする行為

　　（注４）辛抱：我慢

56　筆者の意見と合っているものはどれか。

　1　3年間我慢すれば必ず仕事の楽しさが実感できるようになる。

　2　焦って転職せずに3年ぐらいは我慢して同じ会社で働いた方がいい。

　3　夢をかなえる仕事に就ける人はわずかなので現実逃避しても仕方がない。

　4　仕事は社会とつながる大事な役割があるので、どんな仕事でもした方がいい。

（３）

　自分のことを知る方法の一つとして、「出会い」があります。「出会い」といえば、自分というより他人のことを知ることだと思う方もいるかもしれません。しかし、「出会い」というのは自分のことを知る絶好（ぜっこう）の機会でもあります。また、他人を知ることで自分自身について新たな発見をすることもあります。しかし、普段一緒にいるような人と出会ってもあまり効果はありません。できるだけ異なる価値観を持った人と出会う方がより効果的だと言えます。

57 筆者が述べる「出会い」とはどのようなものか。

1 他人についての新たな発見

2 他人のことを知る良い機会

3 自分のことを知る良い機会

4 友人を作るための良い機会

（4）

　夏に真っ黒に日焼けした子どもたちを見ると健康的で元気に見えますが、紫外線は「しみ・しわ」の原因になるだけでなく紫外線アレルギーや皮膚がん、目の病気などの発症率を高め、皮膚の免疫力を低下させる恐ろしいものです。特に、紫外線量の多い南の地域で暮らす人は紫外線を浴びる量が多いので、紫外線による悪影響を受けやすいので注意が必要です。また、若いうちに紫外線を浴びれば浴びるほど皮膚がんの発症率が高くなるだけでなく、発症する年齢も早くなることが分かっているため、こどもの頃から日焼け止めを塗るなどして紫外線を浴びさせないようにする事が大切です。

（注1）紫外線アレルギー：太陽の光によって皮膚に現われる病的な反応
（注2）発症率：発病者と感染者の百分率
（注3）免疫力：ウィルスや細菌などから自分自身の体を守る力

58　この文章は何について述べているか。

1　紫外線の影響

2　日焼けの種類

3　日焼け止めの種類

4　紫外線の強い地域

（５）

　２０１２年の４月から中学生の授業で「くすり教育」が義務化された。中学３年生の保健体育では１〜２時間を使って、医薬品の仕組みや薬局と薬店の違いなどを教育する。

　この「くすり教育」が追加された背景には、厚生労働省の改正薬事法施行がある。同法によってコンビニエンスストアなどで医薬品販売が可能になったが、便利になった半面、医薬品が手軽に入手できるようになったため、義務教育の段階から医薬品に対する教育を行うこととなった。

　各校の判断により、中学校では２０１２年度から、高校では２０１３年度から全面実施になる。

　（注）医薬品：病気の診断や治療、予防に用いる薬

59　「くすり教育」の義務化は誰を対象に行われるか。

　　1 大学生以上

　　2 高校生以上

　　3 小学生以上

　　4 中学生以上

問題11　次の（1）から（3）の文章を読んで、後の問いに対する答えとして最も
よいものを、1・2・3・4から一つ選びなさい。

（1）

　虫歯（むしば）は見える範囲だけではありません。歯の一番外側のエナメル質は、本来は半透明ですが、虫歯があるとエナメル質が白く濁ったように見えるのです。特に隠（かく）れ虫歯（むしば）の部分は、周りの部分よりも白く見えるため「ホワイトスポット」と呼ばれ①（注）ています。この隠（かく）れ虫歯（むしば）が白く見えるのは、氷の中に気泡（きほう）があると白く見えるのと同じように、本来、半透明のエナメル質の中に小さな穴がたくさんできていたからです。ここを電子顕微鏡で見てみると、表面下に小さな穴が無数にできて、スカスカになっているのがわかります。

　虫歯の原因となるのは、ミュータンス菌など、口の中にすむ細菌（さいきん）です。細菌（さいきん）は糖分を食べて「酸」を生み出します。この酸が歯を溶かしてしまうため、歯に穴があきます。当然"表面から少しずつ穴ができる……"というのがこれまでのイメージでしたが、それは誤解だったのです。②

　歯の表面のエナメル質は、小さな"柱"が集まった構造をしていますが、この柱と柱のスキマから酸がしみこみ、中が先に溶けていくのです。

　こうしてまず内部にスカスカ状態の部分が広がり、その後、何かのきっかけで表面が崩れ落ちて、いわゆる「虫歯の穴」ができます。

　私たちが食事をするたびに、細菌（さいきん）が酸を出し、歯の中が溶けていきます。そのように隠（かく）れ虫歯（むしば）は誰にでもできるものですが、表面下にできるためなかなか気付きに③くいのです。

　（注）隠（かく）れ虫歯（むしば）：歯の中の虫歯

60 ①「ホワイトスポット」とあるが、なぜ白く見えるのか。

1 口の中の細菌が糖分を食べて酸を生み出すため

2 エナメル質の中に小さな穴ができたため

3 歯に穴が開きスカスカ状態になっているため

4 細菌が酸を出して歯の中を溶かしたため

61 ②それは誤解だったのですとあるが、なぜ誤解だったと述べているか。

1 食事をするたびに歯の中が溶けやすくなるから

2 歯の表面の柱のすきまから酸がしみこみ、歯の中を先に溶かしてしまうから

3 細菌が出す酸は歯の中ではなく表面から溶かしていくから

4 表面に穴がたくさんあいて、そこからしみこんでいくから

62 ③隠れ虫歯は誰にでもできるものとあるが、それはなぜか。

1 歯の中はもともとスカスカで空洞になっているから

2 人間が食べるものは酸を生み出しやすいから

3 食事をするたびに細菌が酸を出し、歯を溶かすから

4 人間の歯は食事をすると穴が開きやすいから

（2）

「夢は五臓の煩い」ということわざがあります。それは悪い夢を見た人に「最近疲れ
ているんだね」となぐさめるために昔から使われてきた言葉ですが、このことわざが
必ずしも迷信ではないことが最近になって科学で証明されつつあります。

暴力的な夢は、レム睡眠行動障害と呼ばれる睡眠障害を患っている場合に見やす
いそうです。また、脳障害の初期症状としても知られています。

また、夜型人間は朝型人間と比べて悪い夢を見やすいといいます。ある研究で
は、２６４人の大学生を集めて、悪い夢を見る頻度を０から４で評価してもらった
結果、朝型人間が平均１.２３だったのに対して、夜型人間は平均２.１０と、１ポイン
ト近く上回りました。これは、ストレスに反応するホルモンの一種、ストレスホル
モンコルチゾールの分泌が、明け方にピークを向かえ、その時間帯にまだ眠りにつ
いていれば、コルチゾールが上昇して、鮮明な夢や悪い夢を見ることになると研究
者たちは述べています。

しかし、夢を見ることは悪いことばかりではありません。夢を見ることは日常の
悩みを解決する手助けにもなっています。視覚的で非論理的な夢は問題解決するた
めに必要となる独創的な思考を育むのにも役立っています。もちろん、夢を見る理
由には他にもありますが、脳を再起動させるという意味で夢は大切な役割を果たし
ているのです。

（注１）五臓：体の中にある５つの内臓
（注２）レム睡眠行動障害：睡眠中の夢の内容に反応して行動・言動が実際に
　　　　　　　　　　　　　出てくるもの
（注３）頻度：あることが繰り返される度合い

63 ①「夢は五臓の煩い」とあるが、それはどのような意味か。

1 悪い夢は疲労から生じるという意味

2 睡眠障害を患っている人は必ず悪い夢を見るという意味

3 ストレスが多い人は悪い夢を見やすいという意味

4 悪い夢は日常の悩みを解決するという意味

64 ②夜型人間は朝型人間と比べて悪い夢を見やすいとあるが、それはなぜか。

1 夜型人間の人はホルモンの分泌が多く、夢の内容を覚えている人が多いから

2 日常の悩みを夢の中で全て解決しようとするから

3 夜型人間は視覚的で非論理的な夢をたくさん見るから

4 ストレスに反応するホルモンが明け方に大量に分泌されるから

65 ③夢を見ることは悪いことばかりではありませんとあるが、それはなぜか。

1 ストレスによるホルモンの一種が減るから

2 脳障害を改善する働きがあるから

3 生活するうえでの悩み解決に役立つから

4 内臓機能の正常な働きにつながるから

（３）

　近頃、料理上手な俳優が人気を集めている。テレビで爽やかな笑顔で手際よく料理をする様子を見ていると「料理ができる男性って素敵！」と思ってしまうが、①身近な料理男子たちはモテとは無縁だという。

　都内で働くある男性は弟と二人暮しをしている。節約のために毎日交代でお弁当や夕食を作っているので、その腕前もなかなかのものである。しかし、その男性も弟もモテるということはないと言う。お昼は同僚の女性と一緒にお弁当を食べているが、男性が料理の話を始めると軽くスルーされるそうだ。身近な独身女性たちに聞いてみると「料理をする男性はうんちくが多いから、②話をスルーしたくなる気持ちは分かる」という。女性からしてみると、女性だからといって皆が料理に関心があるわけではなく、男性のちょっとした知識が女性たちには自慢に聞こえてしまうようだ。

　この男性は料理の腕前を自慢するようなタイプではないが、そもそも料理にこだわりを持っている男性は、料理の話をし始めるとこだわりを熱く語ってしまうタイプが多い。そのような話は男同士だと意外と意気投合したりするが、女性には確実にドン引きされるのである。

　「結婚するなら家事を分担できる男性がいい」という女性は多いが、料理については無意識に「妻の方が立場が上」であることを望んでしまう女性が多いのだろう。

（注１）手際：物事を処理する要領・腕前

（注２）無縁：縁が無いこと

（注３）スルー：受け流すこと。物事をうまくやり過ごすこと

（注４）うんちく：ある分野について蓄えた知識のこと

（注５）ドン引き：誰かの行動で、その場の雰囲気が急にしらけること

66 ①身近な料理男子たちはモテとは無縁だとあるが、それはなぜか。

1 料理ができる男性は素敵だけど近寄りがたいから

2 料理は女性がするものと考える女性が多いから

3 料理男子はうんちくが多く、自分の腕前を自慢するタイプが多いから

4 女性が皆、料理上手な男性に関心があるわけではないから

67 ②話をスルーしたくなる気持ちとあるが、どんな気持ちか。

1 関心のない話を聞くのがめんどうくさいという気持ち

2 自分の話をしたくてうずうずしている気持ち

3 男性の方が料理が上手で悔しいという気持ち

4 自分の方が負けたという悔しい気持ち

68 女性の求める男性とは、どのような男性か。

1 爽やかな笑顔で手際よく料理をする男性

2 料理にこだわりをもつ男性

3 家事などに一切口を挟まない男性

4 料理以外の家事をやってくれる男性

問題12　次のＡとＢはそれぞれアルバイトについて書かれた文章である。二つの
　　　　　　文章を読んで、後の問いに対する答えとして最もよいものを、１・２・
　　　　　　３・４から一つ選びなさい。

Ａ

最近の学生はアルバイトをしているかどうかに関わらず、親からお金をもらい、しかもそれをあたかも自分の金であるかのように考えている。というような論調がある。

確かにアルバイトもせずに親からのお金だけで生活することは問題がある。アルバイトを通じて様々な経験ができるだろうし、多くの人との出会いがあると思うので、何か事情がない限りはするべきだろう。しかし、もしもアルバイトに精を出し過ぎて、肝心の学業が疎かになるようであれば、むしろしない方 _{（注1）} _{（注2）} が良いのかもしれない。学生の本分はあくまでも学業であってアルバイトが<u>それ</u>を邪魔することは、あってはならないことだと考えるからだ。したがってアルバイトをしていない学生が必ずしもだらしがないとは言えないのではないか。

Ｂ

アルバイトが学業の邪魔になるかどうか、それは人それぞれの事情によって異なってくるだろう。しかしアルバイトをせずに大学と家との往復を繰り返す生活ならば、私の答えは否である。数多くの経験をするための手段として、アルバイトは最も手軽な手段だと私は考えている。家や大学とはまた違った社会経験といった意味から、アルバイトは自分の希望する経験もできるし、それは大学卒業後の社会人への道にもなるのではないか。またアルバイトでの仕事は現実的な問題を解決したり、自分自身で責任を持つといった点からも、少なからず実力をつけるための良い機会になると思う。このような理由から私はできる限りアルバイトはした方がいいと考えている。

（注１）精を出す：精いっぱい働く

（注２）肝心：最も重要なこと

69 本文に出ているそれとは何のことか。

1 一生懸命アルバイトをすること

2 アルバイトで良い経験をすること

3 親からお金をもらうこと

4 勉強すること

70 AとBに共通している考え方はどれか。

1 何か問題がない限り、アルバイトはした方が良い。

2 親からお金をもらうことは問題がない。

3 学業のためにもアルバイトをするべきである。

4 アルバイトをしていなくても、しっかりとした人はいる。

問題13　次の文章を読んで、後の問いに対する答えとして、最もよいものを１・２・３・４から一つ選びなさい。

　お金持ちの共通点は何だろうか。私は去年ぐらいから仕事柄、お金を持っている
①
人たちと仕事をすることが多くなった。お金を持っている基準としては、一生食べ
るには困らなそうな人たちである。具体的には、３億以上の資産を持っている人た
ちといえばいいだろうか。そして、お金持ちと友達になることで、気づいたことが
いろいろある。こういってしまっては何なのだが、お金持ちは非常にワンパターン
なのである。

　貧乏な人たちは多種多様である。すごくおもしろいやつ、変わったやつがいた
り、最高にいいやつから、最低に悪いやつまでいろいろいるが、お金持ちはほとん
②
どパターンがない。おそらく、お金持ちの行動や考え方のパターンが似通っている
のは、それなりの合理性があってのことなのだろう。

　お金持ちはとにかく親切である。異常と思える親切なことをしてくれる。金銭的
な面だけじゃなくて、「こんな大物がこんな手間をかけてくれるなんて」と驚くよう
なことまでしてくれたりする。

　それから、お金持ちはお金をよく使う。無駄遣いはしないが、必要なものにはお
金を使うのだ。うまくいえないが、お金を流すということを意識しているのではな
いだろうか。自分のところに貯めておかずに、流れをよくすることで、より自分に
お金が入るようにしているのだと思う。いわゆる投資もそうだが、若い人やこれか
らの人を支援したりすることには時間とお金を惜しまない。そのことでよりお金が
回ることを知っているからだ。しかし、お金は使うが決して無駄遣いはしないので
ある。

　お金持ちの人は周りを大切にする。無駄遣いは一切しない代わりに、友人に贈り
物をしたり、私のような一般人に高級なディナーをおごったりする。これは、その
行為を投資だと思ってるのかと思っていたが、そこまで合理的ではない。ただ周り
の好きな人たちを大切にしたいという気持ちのようだ。

　その他、とにかくたくさんの本を読んだり講演を聴いたり、人から教えてもらう
など、勉強が好きなこともお金持ちに共通する部分である。お金持ちになりたいと
思う人は真似してみるといいことがあるかもしれない。

　　（注１）ワンパターン：同じような行為を繰り返すこと
　　（注２）多種多様：種類が多く、さまざまであること
　　（注３）似通う：互いによく似ている
　　（注４）大物：器量の大きい、すぐれた人
　　（注５）支援：力を貸して助けること

71　①お金持ちの共通点の中で、本文の内容と違うものはどれか。

　　1　お金を貯めて自分の所にお金がたくさん入るようにする。

　　2　無駄遣いをせず、必要なものにお金を使う。

　　3　友達にプレゼントをしたりご馳走したりする。

　　4　人の話を聴いたり、本をたくさん読んで勉強する。

72　②お金持ちはほとんどパターンがないとあるが、なぜか。

　　1　お金持ちは仕事柄、面白い人に出会うことがないから

　　2　お金持ちはお金で何もかも解決するから

　　3　お金持ちの行動や考え方のパターンには合理性があるから

　　4　お金持ちはお金以外に興味がないから

[73] この文章で筆者が一番言いたいことはどれか。

1 お金持ちは多種多様な趣味があり、お金を増やすのがうまい。

2 お金持ちは人に親切にしてお金を増やすことが大切だと思っている。

3 お金持ちは貧乏には分からないオーラがある。

4 お金持ちには共通するパターンがいくつかある。

問題14　次のページは、外国語教育センターからのお知らせである。下の問いに
　　　　対する答えとして最もよいものを、１・２・３・４から一つ選びなさい。

74　無料で受験できるのは次のうちのどの学生か。

　　１　あやめ大学３年生で、ドイツに旅行に行ったことがある学生

　　２　あやめ大学２年生で、ドイツ語の授業は全て受講済みの学生

　　３　あやめ大学４年生で、週３回、駅前でドイツ語講座を受講している学生

　　４　あやめ大学３年生で、現在、ドイツ語Ａを受けている学生

75　お知らせの内容と合っていないものはどれですか。

　　１　応募者が少ない場合は試験日の前日でも申し込めば無料受験できる。

　　２　試験時間は全部で９０分で作文以外は全てマークシートに記入する。

　　３　申込みするには、外国語教育センターで申込書に記入しなければならない。

　　４　応募者が少ない場合は全ての回の模擬試験を受けることができる。

外国語教育センターからのお知らせ

あやめ大学外国語教育センターでは、10月、11月に学内でドイツ語検定模擬試験を実施します。今回は3・4年次生が無料受験の対象者となっており、意欲のある学生を募集します。皆さんの積極的な応募を期待しています。

【対象者】あやめ大学3・4年次生の全学部でドイツ語（ドイツ語A/B/C）を受講中または受講済みの方

【募集人数】先着70名（先着順ですので、早めにお申込みください。）

【募集締切日】各試験日の1週間前の土曜日12時半まで。

（締切日前でも、希望者が募集人数に達した場合は募集を締切ります。）

【試験日】①～③からお選びください。（応募者が少ない場合は、全ての回の受験が可能ですが、応募者が多数の場合はいずれか1回のみの受験となります。）

①第7回　2012年10月6日（土）2012教室　13：30～15：00（筆記70分/口頭20分）
②第8回　2012年10月20日（土）2012教室　13：30～15：00（筆記70分/口頭20分）
③第9回　2012年11月3日（土）2015教室　14：00～15：30（筆記70分/口頭20分）
（①と②は13時集合、③は13時30分集合。時間厳守）

筆記試験とは？

聞き取り、読解、作文の3部構成になっています。作文以外はマークシート方式です。

口頭試験とは？

試験は、二人一組で行われます。自己紹介や身近な話題に関する質問・返答など、ドイツ語での基礎的なコミュニケーションができるかどうかが試されます。

【申込み方法】募集締切日までに学生証を持参の上、必ず外国語教育センター（別館3階）へお越しください。外国語教育センター内で別途申込書（氏名、学部、学年、希望するレベル、日程）を記入していただきます。なお、Eメールでの申し込みは受け付けしておりませんのでご注意ください。

【費用】無料

【持参するもの】学生証、筆記用具（黒の鉛筆、消しゴム）

【お問い合わせ先】外国語教育センター
TEL：03-○○○○-××××（平日9：00～16：40）
E-mail：ayame-×××.ac.jp

N2

聴解

（50分）

注　意
Notes

1. 試験が始まるまで、この問題用紙を開けないでください。
   Do not open this question booklet until the test begins.

2. この問題用紙を持って帰ることはできません。
   Do not take this question booklet with you after the test.

3. 受験番号と名前を下の欄に、受験票と同じように書いてください。
   Write your examinee registration number and name clearly in each box below as written on your test voucher.

4. この問題用紙は、全部で13ページあります。
   This question booklet has 13 pages.

5. この問題用紙にメモをとってもかまいません。
   You may make notes in this question booklet.

受験番号　Examinee Registration Number

名　前　Name

問題 1

問題1では、まず質問を聞いてください。それから話を聞いて、問題用紙の1から4の中から、最もよいものを一つ選んでください。

例

1　プリントを持っていく

2　プリントと教科書を持っていく

3　教科書を持っていく

4　教科書を配る

1 番
^{ばん}

1 バスの回数券を女性に渡す

2 地下鉄の定期券を買いに行く

3 図書館に行く

4 ゼミのレポートをする

2 番
^{ばん}

1 ゴルフに行く前に洗車をする

2 会社の同僚と飲みに行く

3 運動会には行かずに同窓会に行く

4 運動会が終わってから同窓会に行く

3番

1　0870#　1　0603　1　1

2　0870#　3　0302　2　1

3　0870#　9　0603　1　1

4　0870#　1　0302　1　1

4番

1

株式会社○○　◇◇事業部　山田　太郎
TEL：03-1234-5678　　FAX：03-1234-5679
携帯：090-XXXX-XXXX
E-mail：xxxx@xxxx.com
URL：http://www.xxxx.△△.jp/

2

───○○株式会社───

山田　太郎　　　E-mail：xxxx@xxxx.com
〒150-XXXX　東京都○○区○○　○○ビルOF
TEL：03-1234-5678
FAX：03-1234-5679
URL：http://www.xxxx.△△.jp/

3

株式会社○○　◇◇事業部
〒150-XXXX　東京都○○区○○　○○ビルOF
山田　太郎　　　E-mail：xxxx@xxxx.com
TEL：03-1234-5678　　FAX：03-1234-5679
URL：http://www.xxxx.△△.jp/

4

御社のIT導入／活用を支援します。

株式会社○○　◇◇事業部
〒150-XXXX　東京都○○区○○　○○ビルOF
山田　太郎　　　E-mail：xxxx@xxxx.com
TEL：03-1234-5678　　FAX：03-1234-5679
URL：http://www.xxxx.△△.jp/

5 番

1 就職活動用のスーツ

2 ブラウスとスカート

3 Tシャツとジーンズ

4 会社の制服

もんだい
問題2

問題2では、まず質問を聞いてください。そのあと、問題用紙のせんたくしを読んでください。読む時間があります。それから話を聞いて、問題用紙の1から4の中から、最もよいものを一つ選んでください。

れい
例

1　お腹がいっぱいで食欲がないから

2　彼女とけんかして連絡が取れないから

3　テスト勉強ができないから

4　明日はテストがあるから

1番

1　彼氏がスマートフォンにしたから

2　営業の井上君に頼むと安く買えるから

3　会社で割引券が出たから

4　会社のみんながスマートフォンを使っているから

2番

1　ダイエットをしているから

2　口の中に出来物ができて痛いから

3　学校の帰りにみきちゃんの家に行くから

4　晩ご飯が好きなものではなかったから

3番

1 舞台が見やすいから

2 音が聞こえやすいから

3 視力が良くないから

4 俳優が舞台から降りてくるから

4番

1 パスポートを忘れたから

2 日本語の活動計画書を忘れたから

3 韓国語の活動計画書を忘れたから

4 申請時間を過ぎていたから

5番

1 大きな声で騒いだから

2 打ち上げ花火で遊んだから

3 子どもがゴミでケガをしたから

4 ゴミを片付けないから

6番

1 バスに乗り遅れたから

2 自転車がパンクしたから

3 寝坊したから

4 歩いてきたから

問題3

　問題3では、問題用紙に何もいんさつされていません。この問題は、全体としてどんな内容かを聞く問題です。話の前に質問はありません。まず話を聞いてください。それから、質問とせんたくしを聞いて、1から4の中から、最もよいものを一つ選んでください。

－メモ－

もんだい
問題 4

問題 4 では、問題用紙に何もいんさつされていません。まず文を聞いてください。それから、それに対する返事を聞いて、1 から 3 の中から、最もよいものを一つ選んでください。

－メモ－

もん だい
問題 5

問題 5 では長めの話を聞きます。この問題には練習はありません。メモをとってもかまいません。

1 番、 2 番

問題用紙に何もいんさつされていません。まず話を聞いてください。それから、質問とせんたくしを聞いて、1 から 4 の中から、最もよいものを一つ選んでください。

－メモ－

3 番

まず話を聞いてください。それから、二つの質問を聞いて、それぞれ問題用紙の
1 から 4 の中から、最もよいものを一つ選んでください。

質問 1

1 南部戦跡・聖地を巡るコース

2 世界遺産と沖縄の歴史コース

3 那覇で楽しむおいしいものとお買い物コース

4 やんばるアクティブコース

質問 2

1 南部戦跡・聖地を巡るコース

2 世界遺産と沖縄の歴史コース

3 那覇で楽しむおいしいものとお買い物コース

4 やんばるアクティブコース

JLPT
실전모의고사
N2

3회

자신의 실력이 어느 정도인지 확인할 수 있도록 임의적으로 만든 채점표입니다. 실제 시험은 상대 평가 방식이므로 약간의 오차가 발생할 수 있습니다.

언어지식 (문자 · 어휘 · 문법)

		배점	만점	3회	
				정답 문항 수	점수
문자 · 어휘 · 문법	문제 1	1점×5문항	5		
	문제 2	1점×5문항	5		
	문제 3	1점×5문항	5		
	문제 4	1점×7문항	7		
	문제 5	1점×5문항	5		
	문제 6	1점×5문항	5		
	문제 7	1점×12문항	12		
	문제 8	1점×5문항	5		
	문제 9	2점×5문항	10		
합계			59점		

* 점수 계산법 : 언어지식(문자 · 어휘 · 문법) [   ]점÷59×60 = [   ]점

독해

		배점	만점	3회	
				정답 문항 수	점수
독해	문제 10	2점×5문항	10		
	문제 11	3점×9문항	27		
	문제 12	3점×2문항	6		
	문제 13	3점×3문항	9		
	문제 14	3점×2문항	6		
합계			58점		

* 점수 계산법 : 독해 [   ]점÷58×60 = [   ]점

청해

		배점	만점	3회	
				정답 문항 수	점수
청해	문제 1	2점×5문항	10		
	문제 2	2점×6문항	12		
	문제 3	2점×5문항	10		
	문제 4	1점×12문항	12		
	문제 5	3점×4문항	12		
합계			56점		

* 점수 계산법 : 청해 [   ]점÷56×60 = [   ]점

N2

言語知識（文字・語彙・文法）・読解

（105分）

受験番号　Examinee Registration Number	

名 前　Name	

問題1　＿＿＿＿の言葉の読み方として最もよいものを、1・2・3・4から一つ選びなさい。

1　仕事で海外に<u>移住</u>することになった。

1 いちゅう　　　2 いじゅう　　　3 りゆう　　　4 いみん

2　明日の<u>明け方</u>出発します。

1 あけがた　　　2 あけかた　　　3 あけほう　　　4 あけぼう

3　今回のテストは難しいですが<u>お互い</u>頑張りましょう。

1 おかたい　　　2 おたがい　　　3 おたかい　　　4 おかわい

4　ここの体育館は土日のみ市民に<u>開放</u>されています。

1 かいぼう　　　2 ほうかい　　　3 あけほう　　　4 かいほう

5　地球の<u>環境</u>問題について各国で話し合う。

1 かんしゅう　　　2 かんきょう　　　3 かんじょう　　　4 かんぎょう

問題2　　　　　　の言葉を漢字で書くとき、最もよいものを１・２・３・４から一つ選びなさい。

6　この書類を<u>きじつ</u>までに提出するよう伝えてください。

1 期日　　　　　　2 期間　　　　　　3 期限　　　　　　4 期末

7　<u>てつや</u>で勉強したのでとても眠いです。

1 鉄屋　　　　　　2 一晩　　　　　　3 昼夜　　　　　　4 徹夜

8　先日借りた本は、来週中に<u>へんきゃく</u>しなければなりません。

1 変更　　　　　　2 返事　　　　　　3 返却　　　　　　4 偏見

9　突然<u>ゆうだち</u>が降ってきて、家まで走りました。

1 夕方　　　　　　2 夕立　　　　　　3 夕日　　　　　　4 夕焼

10　家の近所に<u>あやしい</u>行動をしている人がいた。

1 難しい　　　　　　2 忙しい　　　　　　3 怪しい　　　　　　4 親しい

問題 3　（　　　　）に入れるのに最もよいものを、1・2・3・4から一つ選び
なさい。

11　息子は歯磨きすることをとても（　　　　）がる。

1 嫌　　　　　　　　2 病　　　　　　　　3 寒　　　　　　　　4 泣

12　デパートの地下でお菓子の（　　　　）め放題をやっている。

1 埋　　　　　　　　2 詰　　　　　　　　3 食　　　　　　　　4 作

13　（　　　　）行りの服で彼氏とデートに行きます。

1 流　　　　　　　　2 高　　　　　　　　3 安　　　　　　　　4 美

14　頑張って練習したのであと少しで1位の選手に追い（　　　　）く。

1 越　　　　　　　　2 出　　　　　　　　3 付　　　　　　　　4 掛

15　今日の出来（　　　　）は二人だけの秘密にしよう。

1 日　　　　　　　　2 物　　　　　　　　3 事　　　　　　　　4 者

問題 4 　（　　　　）に入れるのに最もよいものを、1・2・3・4から一つ選び
　　　　　なさい。

16　（　　　　）こんなに良い点数が取れるなんて思っていなかった。

　　　1　どうも　　　　　　2　いずれ　　　　　　3　およそ　　　　　4　まさか

17　忙しい生活を送っているとたまにゆっくりと（　　　　）な生活に憧れる。

　　　1　派手　　　　　　　2　呑気　　　　　　　3　独特　　　　　　4　見事

18　この地図を（　　　　）コピーして使ってください。

　　　1　拡大　　　　　　　2　観測　　　　　　　3　景色　　　　　　4　関係

19　風邪をひいたのか（　　　　）が止まらない。

　　　1　わらい　　　　　　2　なみだ　　　　　　3　くしゃみ　　　　4　はくしゅ

20　疲れたでしょう、（　　　　）しましょう。

　　　1　一通り　　　　　　2　一段階　　　　　　3　一時間　　　　　4　一休み

21　昨日は仕事が忙しくて（　　　　）していました。

　　　1　うとうと　　　　　2　ばたばた　　　　　3　はらはら　　　　4　がたがた

22　明日の体育祭に向け、生徒は（　　　　）に満ち溢れている。

　　　1　勇気　　　　　　　2　覇気（はき）　　　3　意気　　　　　　4　やる気

問題5　　　　　　　の言葉に意味が最も近いものを、1・2・3・4から一つ選び
なさい。

23　夏になるとすぐに喉が渇く。

　　1 暑い　　　　　　　2 乾燥する　　　　　3 潤う　　　　　　　4 膨らむ

24　昨日運転していたら、前の車にぶつかった。

　　1 離れた　　　　　　2 抜かした　　　　　3 止まった　　　　　4 衝突した

25　クリスマスケーキを家族みんなでわけて食べました。

　　1 交ぜて　　　　　　2 分配して　　　　　3 増やして　　　　　4 切って

26　コンサート会場に人が続々と入ってくる。

　　1 たくさん　　　　　2 どんどん　　　　　3 ゆっくり　　　　　4 いっぱい

27　去年のボーナスより今年のボーナスはやや高かった。

　　1 少し　　　　　　　2 大体　　　　　　　3 たくさん　　　　　4 大変

問題6　　次の言葉の使い方として最もよいものを、１・２・３・４から一つ選び
　　　　なさい。

28　面倒くさい

　1　友達と楽しく遊ぶのが面倒くさい。

　2　たくさんおいしいものをもらって面倒くさい。

　3　食べた後に食器を洗うのが面倒くさい。

　4　手作りの料理を食べるのが面倒くさい。

29　力強い

　1　母が力強いかばんを持っていました。

　2　台風で力強い雨が降ってきました。

　3　父の力強い言葉に勇気をもらいました。

　4　このカメラは力強いのでうまく撮影できます。

30　緊張する

　1　好きな人に告白することは緊張します。

　2　緊張する結果が出てビックリしました。

　3　かたくなった体のために緊張します。

　4　みんなで緊張する誕生会をしました。

31 優勝

1 試験に向けて、宿題をしっかりやって<u>優勝</u>します。

2 喧嘩をしたら必ず謝って<u>優勝</u>しましょう。

3 ピアノの演奏会でうまく弾けるように<u>優勝</u>します。

4 今度のオリンピックでは<u>優勝</u>します。

32 やかましい

1 この地域は<u>やかましい</u>発展を見せている。

2 母がいつ結婚するのと<u>やかましい</u>。

3 彼は雨が入ってくるような<u>やかましい</u>ところに住んでいる。

4 あなたがいてくれて本当に<u>やかましい</u>。

問題7　次の文の（　　　　）に入れるのに最もよいものを、1・2・3・4から
　　　　一つ選びなさい。

33　私は社長の（　　　　）10年間働かせていただきました。

1　もとで　　　　　　2　すえに　　　　　3　ことで　　　　4　なかで

34　朝早く起きた（　　　　）のんびり準備して学校に遅刻した。

1　ので　　　　　　　2　にもかかわらず　3　からには　　　4　一方で

35　希望（　　　　）商品はありませんが、それに近い商品はあります。

1　に沿った　　　　　2　に比べた　　　　3　に向けた　　　4　に反した

36　貯金をしたいのに、毎日買い物をしていてはお金が減る（　　　　）。

1　限定だ　　　　　　2　一方だ　　　　　3　事情だ　　　　4　現象だ

37　いつもは傘を持っているのに、今日（　　　　）持っていなくて雨に濡れた。

1　にかかわらず　　　2　だけなら　　　　3　にかぎって　　4　にくわえて

38　掲示板情報によると明日の講義は休み（　　　　）。

1　というものだ　　　2　どころではない　3　ということだ　4　かのようだ

39　（メールで）

佐藤です。すみませんが、風邪のため今回の旅行は（　　　　）。

1　欠席するほかはありません。

2　欠席するわけがありません。

3　欠席するようなことはありません。

4　欠席するようすはありません。

40 山田　「山口さん会社を辞めるらしいんだ。」

　　　田中　「部長が何度（　　　　）、彼女の気持ちは変わらないと思いますよ。」

　　1　話し合いをされてまで

　　2　話し合いをされることで

　　3　話し合いをしてまで

　　4　話し合いをされたところで

41 妻が次々と新しいものを買う（　　　　）、家に物が溢れている。

　　1　ものの　　　　　　2　ものなら　　　　　3　ものだから　　　4　ものはともかく

42 彼女と電話をし（　　　　）明日の試験のことを考えていた。

　　1　ても　　　　　　　2　たところ　　　　　3　ようと　　　　　4　つつ

43 子供たち（　　　　）大人まで騒いで大変迷惑をお掛けしました。

　　1　はともかく　　　　2　だけなら　　　　　3　ばかりに　　　　4　に反して

44 この裁判は法律（　　　　）平等に行う。

　　1　に先立って　　　　2　にこたえて　　　　3　に際して　　　　4　にしたがって

問題8　次の文の　___★___　に入る最もよいものを、1・2・3・4から一つ選び
　　　　なさい。

（問題例）

あそこで　_____　_____　___★___　_____　は山田さんです。

1　テレビ　　　　　2　見ている　　　　3　を　　　　　　　4　人

（解答のしかた）

1．正しい文はこうです。

> あそこで　_______　_______　___★___　_______　は山田さんです。
>
> 　　　　　1　テレビ　　3　を　　2　見ている　　4　人

2．___★___　に入る番号を解答用紙にマークします。

（解答用紙）　　（例）　①　●　③　④

45　明日　_____　___★___　_____　_____　が中止になる可能性もあります。

1　大会　　　　　　2　次第では　　　　　3　の　　　　　　　4　天候

46　おまえがそこ　_____　_____　___★___　_____　の好きにしなさい。

1　言う　　　　　　2　まで　　　　　　　3　自分　　　　　　4　からには

47　A　「あの女性の美しさを　_____　_____　___★___　_____　思う？」

　　　B　「う〜ん、見当もつかないよ。君は相当あの女性に夢中だね。」

1　何だと　　　　　2　何かに　　　　　　3　例える　　　　　4　と

48 私がここまで続けることが ＿＿＿★＿＿ ＿＿＿＿ ＿＿＿＿ ＿＿＿＿ 良い同僚とともに働くことができたからです。

1 のもとで　　　　2 のは　　　　　　3 できた　　　4 社長

49 今回の出張はかなり ＿＿＿＿ ＿★＿ ＿＿＿＿ ＿＿＿＿ ご飯も食べずに寝てしまった。

1 とみえて　　　　2 から　　　　　　3 疲れた　　　4 帰って

問題9 次の文章を読んで、文章全体の内容を考えて、 50 から 54 中に
入る最もよいものを、１・２・３・４から一つ選びなさい。

3回

　近頃では、朝食を食べない人が 50 ようです。成長期の子どもでさえも、食べていなかったり、または食べてきてもお菓子のようなものであったりして栄養的にかたよりが目立ちます。

　51-a 本来朝食は一日のスタートの活力として、とても 51-b 。心も体も健康でいるために、なぜ朝食が大切なのかを考えてみましょう。

　朝食には脳の働きや健康に深い関係があり、朝食抜きの習慣が続くと体が疲れやすくなったり、勉強や仕事に集中できないといった 52 症状を招きやすくなります。また、朝食を食べることで脳も含めた全身の体温が上がるため、活動的に行動できると調査で明らかになっています。

　おいしく朝食を食べるためには、夜遅くや寝る前まで食べることを止めるようにすることや、生活リズムを改善し早く寝て早く起きる習慣をつけることが大切です。理想はわかっていてもすべてそろった朝食を食べるというのは 53 難しいことです。全く食べていない人は、まず少しでも、例えばバナナ１本でも何か口に入れてから出かけるようにしてみましょう。毎日ちょっとの早起きの習慣で、生活をより豊かで健康に過ごせるように、大人も子どももしっかりと朝食を 54 。

50

1　増えてきている　　　　　　　　2　伸びてきている

3　限られてきている　　　　　　　4　進んできている

51

1　a　そうすると / b　十分なものです

2　a　そうすると / b　大切なものです

3　a　けれども / b　十分なものです

4　a　けれども / b　大切なものです

52

1　一様な　　　　　2　様々な　　　　　3　一方的な　　　　　4　貴重な

53

1　どんどん　　　　2　だんだん　　　　3　なかなか　　　　　4　ぎりぎり

54

1　とってほしいものです　　　　　2　とるのでしょうか

3　とられるものです　　　　　　　4　とれないのです

問題10　次の（1）から（5）の文章を読んで、後の問いに対する答えとして最も
よいものを、1・2・3・4から一つ選びなさい。

（1）

　マジックアワーとは太陽が沈んだ後に数十分ほど見られる薄い明かりの残る時間
帯である。

　太陽が姿を消しているため、自然環境として限りなく影のない状態が作られ、ま
だ辺りが残った光に照らされている夜とも昼ともいえないほんのわずかなこの時間
帯が、一日の中で自然の風景を最も美しく写真や映画を撮影することができると言
われている。光の色がソフトで暖かく、金色に輝いて見えることからゴールデンア
ワー（金色の時間）とも呼ばれる。

55　マジックアワーとはどのようなものか。

　1　太陽が沈んだ後に見られる光のない美しい時間帯

　2　太陽が姿を消した後、残った光に照らされているわずかな時間帯

　3　自然環境として限りなく影のない明るい時間帯

　4　一日の中で自然の風景を最も美しく撮影することができる暗い時間

（２）

　男性はスーツと縁があり、スーツなしではなかなか生きられないもの。毎日着て出勤しているという人もいれば、結婚式など特別な日にだけ着るという人もいるだろう。着る機会が多いものだからこそ、一度スーツを着た自分の姿や相手の姿を見直すことが大事なのだ。

　スーツの印象を左右するのは、サイズ感。バランスを一歩間違えると、一瞬でかっこ悪くなってしまう。着たときに、背中にしわが寄っていないかは最も先にチェックする項目。ここにしわが出ないことで、いいスーツかどうか、きちんと着れているかがわかる。

56 スーツを着るときに何に気をつければよいと述べているか。

　　1　一瞬でかっこ悪くなってしまうこと

　　2　いいスーツかどうか確認すること

　　3　スーツの印象を左右すること

　　4　背中にしわが出ないこと

（3）

　食料不足に苦しむケニアだが、スマートフォンが80ドルで販売されていて、1日2ドル未満で生活する人が人口の40％以上を占めるケニアにおいて既に35万台以上も売れていると報告されている。

　多くの人々が苦しい生活をしている状況の中でも、これだけスマートフォンの普及があることは貧富の差を感じざるをえない。貧富の差はアフリカ全体に言えることだ。1日2ドル未満で生活している人々もいずれ携帯電話を持つようになるときがくる。貧富の差がますます大きくならないためにも国際社会はアフリカに注目していく必要があるだろう。

　　（注）貧富の差：貧しいものと富めるものの経済格差

57　ケニアでスマートフォンが売れていることから何が言えるか。

　　1　スマートフォンがケニアの人々の生活を苦しめている。

　　2　ケニアを含めアフリカ全体に貧富の差が広がっている。

　　3　40％以上の人がスマートフォンを使っている。

　　4　貧富の差が原因でケニアの人々は食料不足に苦しんでいる。

（4）

　『星の王子様』は世界中の国で知られている有名な本です。本の中で星の王子様は「大切なものは目に見えないんだよ」と言いました。現代社会になって私たちは目に見えるものを確かなものとし、より豊かなものを手に入れることに重点をおいて生活しています。忙しい毎日の中ではふとした瞬間に感じる幸せ、小さな幸せを忘れてしまいがちです。本当の幸せ、本当に大切なものは何なのかを思い出すことのできる人気の一冊です。

　（注）ふとした：思いがけない。ちょっとした

58　　『星の王子様』はなぜ人気がある本なのか。

　1 世界中の国で知られている有名な本だから

　2 より豊かなものを手に入れる方法が書いてあるから

　3 本当に大切なものを思い出させてくれるから

　4 本当に大切なものは目に見えないから

（5）

　海外留学する日本人学生が減っている。景気が悪くて就職難などが重なり、「内向き」な考え方がすすんでいる。若者にとって、海外へ行かない理由になっているものは何か。産業能率大学が2010年に全国の新入社員400人に尋ねたところ、「海外勤務を希望しない」が49％で、理由は危険を伴う確率が高い、能力に自信がないなどが多かった。「海外勤務に積極的になる」と思う対策を尋ねると、語学研修(58％)が最も多く、言葉の壁にぶつかっている様子がうかがえる。

　（注）内向き：国際社会に出て行く意欲がなく、国内での生活に安住すること

59　本文の内容と合っていないものはどれか。

　1 若者が海外勤務を希望しない理由は海外が危険だからである。

　2 語学研修などをすることで海外勤務に積極的になると思う答えが多かった。

　3 海外勤務を希望しない若者が400人の中、半分近くであった。

　4 不景気や就職難が重なり、「内向き」な考え方が進んでいる。

問題11　次の（1）から（3）の文章を読んで、後の問いに対する答えとして最も
　　　　　よいものを、1・2・3・4から一つ選びなさい。

（1）

　世界では欧米の金融危機が原因で、ひどい「経済危機」が起こっています。当然経
営に不安を抱える経営者も少なくはないでしょう。

　しかし経済危機とはいえ、すべての企業が倒産するというものではありません。
もともと経済は生き物であり、良い時期・悪い時期を繰り返すものなのです。そこ
で忘れてはならないのが、今ある企業はどこも、様々な危機を乗り越えてきた過去
があるということです。社長を中心に、幹部社員から一般社員まで一つとなって、
これまでの経営環境の変化に対応してきたからこそ、今日があるわけです。

　経営が順調に伸びていたり、あるいは良いときには社員の働く意識は緩みがちに
なるようです。これが不況時になると、社員にも危機感が出てきて、不況克服のた
めに、自ら真剣に考え、働くようになってくるものです。このときこそが、「課題を
発見し、自分の能力を最大に発揮してそれを解決し、しかも自分の目標を自ら達成
しようとする社員」を育てることができるのです。

　不況を恐れてはいけない。不況から逃げずに、社内の緩みを引き締め、改善が必
要な点を全力で改善していくことが大事なのです。不況のときこそ、本当の勉強が
できるいい機会なのです。

　（注1）経済危機：経済が悪い状態、経済が危険な状態

　（注2）倒産：会社がつぶれること

　（注3）幹部社員：会社で中心となって社員をまとめる上の位の社員

　（注4）対応：状況に応じること

　（注5）不況：景気が悪いこと

60 経済とはどのようなものと述べているか。

1 すべての企業が倒産するというもの

2 良い、悪い時期を繰り返すもの

3 社長を中心に社員が一つになり、対応するもの

4 経済の危機を乗り越えるもの

61 このときこそとあるが、ここではどういう時のことか。

1 経営が順調で社員の働く意識が緩んでいるとき

2 不況で会社が倒産したとき

3 社員が様々な不況や様々な危機を乗り越えてきたとき

4 社員が危機を感じ自分から考え、仕事をするようになってきたとき

62 この文章で筆者が最も言いたいことは何か。

1 不況を恐れずに頑張って働くことが大切である。

2 不況のときは社員にも危機感が出て、真剣に考え働くので不況は良いものである。

3 不況のときこそ社員や会社が育ついい機会なのである。

4 不況から逃げずに改善が必要な点を改善すれば景気が良くなる。

（２）

　仕事に慣れてくると仕事の量も責任も増えて、毎日忙しくて定時に退社できない会社員がたくさんいる。仕事の手を抜かないことはもちろん大事なことだが、周りの上司や同僚がまだ仕事をしているため、なかなか先に帰れないでいるという人も少なくはないだろう。

　しかし、実は少しの工夫で仕事を早く正確に終わらせて、すっきりと定時に退社する方法がある。まず一つ目は絶対に帰りたくなる楽しい予定を入れることだ。「たまには早く帰りたい」というあいまいな理由ではなく、何週間も前から楽しみにしてそれに向けて努力できるような予定である。二つ目は朝早く出勤することである。朝早い通勤は電車も混んでいないし、会社の中は電話も鳴らず、周囲の人の動作も気にならないので集中して仕事ができる。最後に定時で退社する仲間を作ることである。自分だけが定時に退社するわけではないので周囲の批判も減り、定時に仕事が終わらないときは仕事を手伝ってあげたり、手伝ってもらったりと、定時に帰るために仲間と仕事を協力し合うこともできる。

　定時で退社する日を作ると体にも疲れがたまらず、精神的にも余裕ができるため仕事、私生活の両方に良い効果が出るだろう。

（注１）定時：一定の時間、決められた時間
（注２）退社：仕事を終えて帰ること

63 定時に退社できない理由は何か。

1 仕事が多く同僚が協力してくれないから

2 仕事の手を抜かないことが大事だから

3 仕事が増え、自分の仕事が終わっても一人で先に帰りにくいから

4 上司や同僚が仕事をしているので終わるのを待っているから

64 定時に退社する方法として正しい組み合わせはどれか。

1 楽しい予定を入れる、朝はゆっくり出勤、同僚の仕事を手伝う。

2 あいまいな予定を入れる、早朝に出勤、仲間の同僚と一緒に帰る。

3 素敵な予定を入れる、混んでいる電車で出勤、同僚の仕事を協力する。

4 楽しみな予定を入れる、早朝に出勤、仲間の同僚と仕事を協力する。

65 定時に退社する利点は何か。

1 定時に帰れるため、楽しい予定を入れることができる。

2 体力的にも精神的にも余裕ができ、生活に良い効果が出る。

3 早く出勤して定時に退社するため、生活のリズムが健康になる。

4 仕事が終わらないときも、同僚と協力し合うことができる。

（3）

　女性の中には「結婚すればなんとかなる！」と思っている人が少なくはありません。そして条件の良い男性と結婚しようと、表面的なものばかりに目を向けている人もいます。このような女性①は自分は何も持っていないと思い、少しでも条件の良い男性を探してしまうのです。

　しかし、結婚したからといって楽になるわけではなく、仕事と家事の両立（注）、育児の両立など、さらに大変になることもあるのです。

　誰でもいつかは必ず自分の人生と向き合わなくてはならない瞬間がくるものです。どんなに夫が良い会社に勤めていても、子どもが良い学校に入学しても自分の心の中に隙間②ができたような感じがするのです。この心の中の隙間を埋めるには自分は自分の人生を生きるしかありません。自分探し③は色々な経験をして自分を磨くことだと言われています。経験が自分を成長させ、自信が持てるきっかけにもなるのです。少しでも興味のあることを調べてみる、勇気を出してやってみるなど、何か始めてみることが大切です。

　結婚は人生において大切な経験です。でもそれを逃げ道にしたり、人生の全てだと思わずに自分の生き方、本当の幸せとは何かを探し見つけていきたいものです。

　（注）両立：二つの物事を同時に問題なくすることができること

66 次のうち、①このような女性に当てはまる人はどれか。

1 給料が年に２千万円以上ある男性と結婚したい女性

2 収入や顔よりも性格が優しい男性と結婚したい女性

3 自分は何も持っていないので、同じような男性と結婚したい女性

4 結婚したら精神的に頼りになる男性と結婚したい女性

67 ②心の中の隙間を埋めるためには、どうすればいいと述べているか。

1 夫や子どものために仕事をする。

2 色々な経験をして自分を磨き成長させる。

3 自分探しのため、興味のないこともやってみる。

4 夫や子どもを良い会社、良い学校に通わせる。

68 筆者が考える③自分探しとは何か。

1 少しでも条件のいい男性と結婚すること

2 勇気を出して興味にあることを始めてみること

3 心の隙間を埋めること

4 仕事と家事を両立させること

問題12 次のＡとＢはそれぞれ就職について書かれた文章である。二つの文章を
読んで、後の問いに対する答えとして最もよいものを、１・２・３・４
から一つ選びなさい。

A

　私が就職するときに考えるのは、会社の大きさや知名度、給料や休日の多さ
などです。もちろん自分がやりたい仕事、職業も重要ですが、就職はこれから
の人生の大部分を占めますし、とても大切なものです。景気の悪い世の中で、
一般的に有名で大きな会社は、給料や休日がしっかりとしていて、安定感のあ
るイメージがあります。そのような会社で様々な人と出会い、経験を積んでい
くということも一つの考え方だと思っています。そのため、私が就職するとき
には会社の名前で選びます。私はこれから就職活動に入りますが、このような
点からライバルも多く、大変かもしれません。しかし、大きくて有名な会社に
入るために頑張って準備をして、必ず合格したいと思います。この目標を達成
するまでは、諦めずに受け続けたいと考えています。

B

　私は自分のやりたい仕事であれば、どんな会社でも良いと考えています。会
社の大きさを問題にする人もいますが、私にとっては問題ではありません。現
代社会は経済の悪化など、決して良い環境ではありません。このため有名な会
社であっても決して大丈夫とは言えないでしょう。就職先を決めることは生き
ていく上でとても重要ですし、このような時代にこそ、自分に適した仕事を選
び、自分を生かしていくことが大切だと思います。私は就職するときに会社の
名前や大きさは考えません。もうすぐ就職活動の時期になりますが、ライバル
が多いかどうかはわかりません。私は会社の大小を考えずに受けようと考えて
いますので、自分の希望する会社、仕事に受かれば、その時点で就職活動を終
わらせようと考えています。

69 Aの考え方と最も近いのは、次のうちどれか。

1 大きな会社ではやりたいことができる。

2 大きな会社はすべてがしっかりしている。

3 就職する時に会社の名前は関係ない。

4 大きな会社では様々な経験ができる。

70 AとBの共通している考え方は次のうちどれか。

1 就職は人生の中でもとても重要である。

2 会社は大きければ大きいほどいい。

3 経済が悪くても有名な会社は問題ない。

4 自分のやりたいことができる会社に就職するべきだ。

問題13　次の文章を読んで、後の問いに対する答えとして、最もよいものを１・２・３・４から一つ選びなさい。

　最近テレビや新聞で目にするのがＴＰＰ(環太平洋戦略的経済連携協定)という言葉だ。「ＴＰＰに参加」、「ＴＰＰに反対！」といったニュースもよく流れている。ＴＰＰとは簡単に説明すると、太平洋周辺の国々が自由に貿易をしようというものである。ＴＰＰで自由貿易になれば、輸出や輸入すべてのものがＴＰＰに参加している国の間であれば関税(注1)が０円となる。聞いただけでは、とても良い対策のように聞こえるかもしれないが、問題点(注2)も多く残る。

　ＴＰＰの良い点は車などの輸出企業は、関税がなくなることでより安く質の良い商品を販売できるようになり、海外に進出(注3)しやすくなる。また、輸入にも関税が掛からなくなるため輸入品を安く国内へ持ってくることができること。例えば、米や豆、バター、小麦などは高い関税が掛けられているためＴＰＰに参加すると驚きの価格で買うことができ、牛肉で言えば牛丼チェーン店では牛丼が200円以下で食べることができるだろうと言われている。<u>消費者にとっては良いことが多いように感じる</u>①が、一方で、このように輸入品が安く手に入るようになると、国内で生産された商品を消費する人が急激に減ってしまう可能性が高くなる。日本の農家などは大損害を受け、価格ではもう輸入品に勝つことができなくなってしまう。

　このようにＴＰＰの悪い点は、参加すれば国内の農家の大半が経営の困難な状態になったり、日本の食料自給率(注4)が下がってしまうのではないかという問題があり、反対する人が多くいる。

　では、どのようにすればＴＰＰをうまく利用することができるのだろうか。国内の産業、農業は守りたいが海外進出(注3)に向けて攻めることもしていきたい。やはり政府や企業が農家を援助していく必要はあるが、一部の農家ではＴＰＰに参加することを<u>チャンスと考える人たちもいる</u>②。日本には世界のどこにも負けない質の高い農産物を作る技術がある。ブランド力と安心・安全が売りの日本の農産物を海外の富裕層(注6)に消費(注5)してもらいやすくなるという考え方もあるようだ。国によって全ての農家を守ろうとすることには限界があるが、企業や農家がお互いに助け合って積極的に日本の商品を国内、海外ともに売り出していく道もあるだろう。

（注１）太平洋周辺：アメリカからアジア、ヨーロッパに広がる世界最大の海の周り
（注２）関税：輸入、輸出の時にかかる税金のこと
（注３）進出：進むこと、前進すること
（注４）食料自給率：国内で消費される食料のうち、国内生産で供給される食料の割合
（注５）売り：セールスポイント
（注６）富裕層：大きな経済力があり、お金に困らない人たち

71 ①消費者にとっては良いことが多いように感じるとあるが、それはなぜか。

1 安く質の良い商品を海外に販売できるようになるから

2 海外の商品が驚きの価格で買うこと、食べることができるから

3 輸入品が安く販売されるため、国内の農産物も安く売り出されるから

4 ＴＰＰに参加すると自由に貿易ができるようになるから

72 ここでいう②チャンスとはどのようなことか。

1 政府や企業が農家を支えてくれること

2 車などの輸出企業が海外に進出しやすくなること

3 消費者が輸入品を安く買うことができること

4 安全で質の良い農産物を富裕層に消費してもらいやすくなること

73　この文章で筆者が一番言いたいことはどれか。

1　TPPの問題点ばかりに目をむけず、うまく利用する方法を企業、農家、国全体で考えていくことが必要である。

2　TPPへの参加は良い点が多いので、農家は国からの援助をもらい、耐えていくしかないのである。

3　TPPの悪い点を考え、農家を政府や企業はもっと守っていく必要がある。

4　TPPは良い点もあるが、悪い点もあるので参加しないほうがいい。

問題14　次のページは、Ｌ＆Ｍ子ども英会話の求人募集案内である。下の問いに
　　　　対する答えとして最もよいものを、１・２・３・４から一つ選びなさい。

74　次のうち採用条件に合っている人は誰か。

　1 オーストラリアに２年間留学したことがある２５歳の元英語講師

　2 高校で英語を１０年間教えていた４０歳のアメリカ人

　3 英語教育を大学で４年間専攻してきたパソコンのできる学生

　4 子どもが好きで幼稚園で３年間勤務していた英会話のできる主婦

75　求人広告と合っていないものはどれか。

　1 留学や海外で生活をしたことがなくても応募できる。

　2 休日は毎週２日あり、昇給は毎年１回ある。

　3 給料は初めから２０万円もらえると約束されている。

　4 応募するフォームは各自で用意してメールで担当者に送付する。

求人募集の案内

会社名：Ｌ＆Ｍ子ども英会話
応募職種：英会話講師
業務の内容：３歳から１２歳までの子どもへの英語指導、教室運営

《会社の理念》
創業以来変わらず、遊びながら学ぶ英語教育を続けて、「真の国際人」を育てることに力を注いできました。英語を通して新しい自分や夢を発見し、言葉を超えた異文化への理解、コミュニケーション能力を身につけてほしいと願っています。

《詳しい募集要項》
募集人員：若干名
雇用形態：正社員
勤務地域：東京都
勤務時間：１０：００〜２１：００のうち、実働８時間、週５日勤務
応募資格：１．子どもと英語が好きな方
　　　　　２．大学、短大、専門学校卒で２１〜３５歳ぐらいまでの方（学生不可）
　　　　　３．海外留学・生活経験者優遇
　　　　　４．英語講師経験者
給与：月給２０万円〜（経験・能力を考慮し、面談の上で決定）
　　　試用期間３ヶ月（試用期間中の給与は１８万円）
　　　交通費支給（当社規定による）
休日・休暇：週休２日制、年末年始、夏季、冬季　年間休日１１４日
あると望ましい能力：英語で日常会話以上できる、パソコンある程度使える
待遇・福利厚生：昇給年１回、賞与年２回、社会保険完備
応募方法：弊社ホームページに掲載している応募用紙に記入した上で、採用担当のタカハシまで
　　　　　メールでご応募ください。

会社名：Ｌ＆Ｍ子ども英会話
住所：東京都△△区○○○○１２−９−２
ホームページ：http://www.ＸＸＸＸ
事業内容：英語教育、留学、旅行
設立：２０１２年２月
資本金：３,０００万円

N2

聴解

（50分）

注　意
Notes

1. 試験が始まるまで、この問題用紙を開けないでください。
   Do not open this question booklet until the test begins.

2. この問題用紙を持って帰ることはできません。
   Do not take this question booklet with you after the test.

3. 受験番号と名前を下の欄に、受験票と同じように書いてください。
   Write your examinee registration number and name clearly in each box below as written on your test voucher.

4. この問題用紙は、全部で13ページあります。
   This question booklet has 13 pages.

5. この問題用紙にメモをとってもかまいません。
   You may make notes in this question booklet.

受験番号　Examinee Registration Number	

名　前　Name	

問題 1

問題 1 では、まず質問を聞いてください。それから話を聞いて、問題用紙の 1 から 4 の中から、最もよいものを一つ選んでください。

例

1　プリントを持っていく

2　プリントと教科書を持っていく

3　教科書を持っていく

4　教科書を配る

1番

1　オムライスセットとイチゴのロールケーキ

2　ハンバーグセットとバナナのロールケーキ

3　とんかつセットとイチゴのロールケーキ

4　ハンバーグセットとバナナのロールケーキ

2番

1　明日の会議の資料を確認する

2　帰る前に電話をする

3　ケーキ屋に電話する

4　同僚と飲みに行く

3 番

1 ア　カ

2 イ　ウ　オ

3 イ　カ

4 ア　イ　カ

4番

1　体験した後、一週間以内に入会すること

2　入会した後、友達を紹介すること

3　体験した後、一週間以降に友達が入会すること

4　入会した後、友達も体験に参加すること

5番

1　部長に電話する

2　書類を確認する

3　書類を部長の机の引き出しに入れる

4　企業側にメールする

<ruby>問<rt>もん</rt></ruby><ruby>題<rt>だい</rt></ruby>2

<ruby>問題<rt>もんだい</rt></ruby>2では、まず<ruby>質問<rt>しつもん</rt></ruby>を<ruby>聞<rt>き</rt></ruby>いてください。そのあと、<ruby>問題用紙<rt>もんだいようし</rt></ruby>のせんたくしを<ruby>読<rt>よ</rt></ruby>んでください。<ruby>読<rt>よ</rt></ruby>む<ruby>時間<rt>じかん</rt></ruby>があります。それから<ruby>話<rt>はなし</rt></ruby>を<ruby>聞<rt>き</rt></ruby>いて、<ruby>問題用紙<rt>もんだいようし</rt></ruby>の1から4の<ruby>中<rt>なか</rt></ruby>から、<ruby>最<rt>もっと</rt></ruby>もよいものを<ruby>一<rt>ひと</rt></ruby>つ<ruby>選<rt>えら</rt></ruby>んでください。

<ruby>例<rt>れい</rt></ruby>

1　お<ruby>腹<rt>なか</rt></ruby>がいっぱいで<ruby>食欲<rt>しょくよく</rt></ruby>がないから

2　<ruby>彼女<rt>かのじょ</rt></ruby>とけんかして<ruby>連絡<rt>れんらく</rt></ruby>が<ruby>取<rt>と</rt></ruby>れないから

3　テスト<ruby>勉強<rt>べんきょう</rt></ruby>ができないから

4　<ruby>明日<rt>あした</rt></ruby>はテストがあるから

1番

1 彼が誕生日プレゼントを忘れたから

2 彼が隠していることを教えてくれたから

3 彼が連絡をくれたから

4 彼がプロポーズしてくれたから

3회

2番

1 寝坊したから

2 忘れ物をしたから

3 朝ごはんを食べたから

4 一生懸命勉強したから

3番

1 禁煙していることを褒められること
2 体の調子が良くなったこと
3 若くなったと言われること
4 家族の笑顔が見られること

4番

1 面接に行かないで済んだから
2 迷子の子どもの母親が見つかったから
3 やりたい仕事が見つかったから
4 学校に行くことに決めたから

5番

1 大阪で友達の家

2 大阪で親戚の結婚式

3 京都で親戚の結婚式

4 京都で友達の家

3
회

6番

1 読みにくいから

2 読みたい本が売っていないから

3 データを読んでいるから

4 本を読んでいる感じがしないから

問題3

　問題3では、問題用紙に何もいんさつされていません。この問題は、全体としてどんな内容かを聞く問題です。話の前に質問はありません。まず話を聞いてください。それから、質問とせんたくしを聞いて、1から4の中から、最もよいものを一つ選んでください。

－メモ－

もんだい
問題 4

問題 4 では、問題用紙に何もいんさつされていません。まず文を聞いてください。それから、それに対する返事を聞いて、1 から 3 の中から、最もよいものを一つ選んでください。

－メモ－

問題5

問題5では長めの話を聞きます。この問題には練習はありません。メモをとってもかまいません。

1番、2番

問題用紙に何もいんさつされていません。まず話を聞いてください。それから、質問とせんたくしを聞いて、1から4の中から、最もよいものを一つ選んでください。

―メモ―

3番

　まず話を聞いてください。それから、二つの質問を聞いて、それぞれ問題用紙の
1から4の中から、最もよいものを一つ選んでください。

質問1

1　ドリームビーチ

2　もいわ山

3　ルスツ遊園地

4　定山渓温泉

質問2

1　ドリームビーチ

2　もいわ山

3　ルスツ遊園地

4　定山渓温泉

1교시 언어지식(문자 · 어휘 · 문법) · 독해

問題 1　**1** ④　**2** ②　**3** ①　**4** ①　**5** ④

問題 2　**6** ③　**7** ③　**8** ①　**9** ④　**10** ①

問題 3　**11** ④　**12** ①　**13** ②　**14** ③　**15** ①

問題 4　**16** ②　**17** ③　**18** ①　**19** ③　**20** ④　**21** ④　**22** ②

問題 5　**23** ①　**24** ④　**25** ②　**26** ③　**27** ①

問題 6　**28** ③　**29** ②　**30** ④　**31** ②　**32** ①

問題 7　**33** ③　**34** ①　**35** ③　**36** ②　**37** ④　**38** ①　**39** ②　**40** ③　**41** ④　**42** ①　**43** ②　**44** ③

問題 8　**45** ① (3421)　**46** ④ (1423)　**47** ② (3421)　**48** ③ (4213)　**49** ② (3124)

問題 9　**50** ②　**51** ④　**52** ①　**53** ②　**54** ③

問題 10　**55** ②　**56** ③　**57** ④　**58** ①　**59** ③

問題 11　**60** ②　**61** ②　**62** ④　**63** ③　**64** ②　**65** ③　**66** ①　**67** ④　**68** ④

問題 12　**69** ④　**70** ②

問題 13　**71** ③　**72** ③　**73** ①

問題 14　**74** ③　**75** ④

2교시 청해

問題 1　**1** ③　**2** ④　**3** ④　**4** ①　**5** ④

問題 2　**1** ④　**2** ①　**3** ②　**4** ④　**5** ③　**6** ②

問題 3　**1** ②　**2** ③　**3** ④　**4** ③　**5** ①

問題 4　**1** ②　**2** ③　**3** ①　**4** ③　**5** ③　**6** ②　**7** ②　**8** ①　**9** ③　**10** ①　**11** ③　**12** ②

問題 5　**1** ③　**2** ③　**3-1** ④　**3-2** ③

문제 1 ______의 단어의 읽는 방법으로 가장 알맞은 것을 1 · 2 · 3 · 4에서 하나 고르시오.

1 공장과 병원에서는 **교대**제를 도입하고 있다.

> **해설** 交는 음으로 こう, 훈으로 交(まじ)わる, 交(ま)ざる, 交(ま)ぜる, 交(か)わす 등으로 읽는다. 代는 음으로 だい, たい라 읽고, 훈으로 代(か)わる, 代(か)える라 읽는다. 交代는 둘 다 음독하여 こうたい(교대)로 읽는다.

工場 공장 | 病院 병원 | 交代制 교대제 | 取り入れる 받아들이다, 도입하다

정답 ④

2 **남은** 케이크는 냉장고에 넣어 두었다.

> **해설** 余는 음으로 よ, 훈으로 余(あま)る, 余(あま)す라 읽는다. 余った는 동사 余(あま)る의 과거형이므로 あまった가 되어야 한다.

余る 남다 | ケーキ 케이크 | 冷蔵庫 냉장고 | 入れる 넣다 | ～ておく ～해 두다 | 寄る 접근하다, 들르다 | 減る 줄다 | 残る 남다

정답 ②

3 어느 것으로 할지 고민하고 있었더니 뒷사람이 **노려보았다**(뒷사람에게 **노려봄을 당했다**).

> **해설** 睨는 음으로 げい, 훈으로 睨(にら)む라 읽는데, 여기서는 훈독하여 睨(にら)まれた가 된다.

～にする ～으로 하다 | 悩む 고민하다 | ～たら ～했더니 | 後ろ 뒤 | 睨む 노려보다 | 憎む 미워하다 | 掴む 잡다 | 羨む 부러워하다

정답 ①

4 늘 동료와는 의견이 **엇갈린다**.

> **해설** 食い違う는 '먹다'라는 뜻의 食(く)う와 '다르다'라는 뜻의 違(ちが)う가 합쳐진 복합동사로, 食(く)い違(ちが)う라 해야 한다.

いつも 늘, 항상 | 同僚 동료 | 意見 의견 | 食い違う 엇갈리다 | 思い違う 착각하다 | 言い違う 잘못 말하다

정답 ①

5 더워지면 목이 잘 **마른다**.

> **해설** 渇는 음으로 かつ, 훈으로 渇(かわ)く라 한다. 여기서는 '(목이) 마르다'라는 뜻의 동사 渇(かわ)く를 나타낸다.

暑い 덥다 | 喉 목, 목구멍 | よく 잘, 자주 | 渇く (목이) 마르다 | 輝く 빛나다, 반짝이다

정답 ④

문제 2 ______의 단어를 한자로 쓸 때, 가장 알맞은 것을 1 · 2 · 3 · 4에서 하나 고르시오.

6 그녀는 어떤 때라도 **유연한** 사고방식으로 대응하고 있다.

> **해설** じゅうなん이란 '유연함'을 뜻하는 な형용사로, 여기서는 考え方(사고방식)가 이어져 '유연한 사고방식'을 뜻한다. 한자로는 柔軟으로 표기하므로 정답은 3번이다.

彼女 그녀 | 柔軟だ 유연하다 | 考え方 사고방식 | 対応 대응 | 素直だ 순진하다

정답 ③

7 여동생은 늘 **유행하는** 것에 민감하다.

> **해설** はやり는 '유행'을 뜻하며 流行り라고 표기하는 것이 일반적이다.

妹 여동생 | 流行り 유행 | もの 것, 물건 | 敏感だ 민감하다

정답 ③

8 형은 늘 좋아하는 일을 하면서 **속 편한** 생활을 보내고 있다.

> **해설** きらく란 '속 편하고 홀가분함'을 뜻하는 な형용사이다. き는 気, らく는 楽라 표기하므로 気楽, 즉 1번이 정답이다.

兄 형, 오빠 | 好きだ 좋아하다 | ～ながら ～하면서 | 気楽だ 마음이 편하다, 홀가분하다 | 生活 생활 | 送る 보내다

정답 ①

9 해외에 갈 때는 **만일**의 때에 대비하여 보험에 가입하고 있다.

> **해설** まんがいち란 '만일'을 뜻한다. まん은 万, いち는 一가 되므로 万が一, 정답은 4번이다.

海外 해외 | 万が一 만일 | 時 때 | 備える 갖추다, 대비하다 | 保険 보험 | 入る 들어가다, 가입하다

정답 ④

10 필요한 서류가 **갖추어지면** 과장님께 제출해 주세요.

> **해설** そろう는 '갖추어지다, 구비되다'라는 의미의 동사로, 한자로는 揃う라고 표기한다.

必要だ 필요하다 | 書類 서류 | 揃う 갖추어지다, 구비되다 | 課長 과장(님) | 提出 제출 | ～てください ～해 주세요 | 整う 정돈되다, 구비되다 | 誘う 권유하다, 권하다 | 競う 겨루다, 경쟁하다

정답 ①

해설

문제 3 ( )에 넣을 것으로 가장 알맞은 것을 1·2·3·4에서 하나 고르시오.

11 매일 **불**규칙한 생활을 하고 있으면 몸에 나빠.

> **해설** 규칙적이지 않은 생활을 하는 것은 몸에 나쁘다고 해야 하고, 규칙적이지 않은 생활은 불규칙한 생활이므로 規則(きそく) 앞에는 不(ふ)를 넣어야 한다.

毎日 매일 | 不規則だ 불규칙하다 | 体 몸 | 悪い 나쁘다

정답 ④

12 나는 매일 아침 마라톤을 하고 있기 때문에, 다른 사람에 비하면 지구**력**은 있는 편이다.

> **해설** 마라톤을 하고 있다고 했으므로 오래 버티는 힘, 즉 지구력(持久力)이 있는 편이라고 해야 한다. 따라서 정답은 1번, 力이다.

毎朝 매일 아침 | マラソン 마라톤 | 他の人 다른 사람 | 比べる 비교하다 | 持久力 지구력 | ほう 편, 쪽

정답 ①

13 맞선 파티에서는 **고**수입의 남성을 좋아하는 여성이 많다.

> **해설** 収入(수입)은 높고 낮음으로 나타내므로, 빈칸에는 高를 넣어 높은 수입, 즉 高収入(こうしゅうにゅう)라고 해야 한다.

お見合い 맞선 | パーティー 파티 | 高収入 고수입 | 男性 남성 | 好む 좋아하다, 바라다 | 女性 여성 | 多い 많다

정답 ②

14 나는 어렸을 때부터 책을 읽고 감상**문**을 쓰는 것을 잘하지 못했다.

> **해설** 책을 읽고 뭔가를 쓴다고 했고 앞에 感想(かんそう)가 있으므로 감상문이라 해야 한다. 따라서 感想文(かんそうぶん), 즉 빈칸에는 文(ぶん)을 넣어야 한다.

子どもの頃 어린 시절, 어렸을 때 | 読む 읽다 | 感想文 감상문 | 書く 쓰다 | 苦手だ 잘하지 못하다, 서투르다

정답 ③

15 태풍 수준으로 발달한 **저**기압의 영향으로 전국적으로 큰 피해가 났다.

> **해설** 気圧(기압)은 높고 낮음으로 나타내며, 날씨가 나빠져 큰 피해가 났으므로 低気圧(저기압)임을 알 수 있다. 따라서 정답은 低(てい)이다.

台風(たいふう) 태풍 | ～並(なみ) ～와 같은 수준 | 発達(はったつ) 발달 | 低気圧(ていきあつ) 저기압 | 影響(えいきょう) 영향 | 全国的(ぜんこくてき) 전국적 | 大(おお)きな 큰, 커다란 | 被害(ひがい) 피해 | 出(で)る 나다

정답 ①

문제 4 (   )에 넣을 것으로 가장 알맞은 것을 1 · 2 · 3 · 4에서 하나 고르시오.

16 저금통에 얼마 들어 있는지 **세어** 본다.

> **해설** 저금통에 얼마가 들어있는지를 알기 위해서는 들어 있는 금액을 세어 보아야 할 것이다. 따라서 동사 数(かぞ)える(수를 세다)에서 온 数(かぞ)えて를 넣어야 한다.

貯金箱(ちょきんばこ) 저금통 | いくら 얼마 | 入(はい)る 들어가다 | 数(かぞ)える (수를) 세다 | 教(おそ)わる 배우다 | 稼(かせ)ぐ (일하여) 수입을 벌다 | 乾(かわ)かす 말리다

정답 ②

17 자기 전에 **진한** 커피를 마시면 잠이 오지 않게 된다.

> **해설** 잠이 안 온다고 했으므로 농도가 진한 커피를 마신다고 해야 할 것이다. 따라서 농도가 진하다는 의미의 い형용사 濃(こ)い를 넣어야 한다.

寝(ね)る 자다, 눕다 | 前(まえ) 전, 앞 | 濃(こ)い 짙다, 진하다 | コーヒー 커피 | 飲(の)む 마시다 | 眠(ねむ)る 자다, 잠자다 | 温(ぬる)い 미지근하다 | 薄(うす)い 얇다, 연하다, 희박하다 | 鈍(にぶ)い 무디다, 둔하다

정답 ③

18 저 두 사람은 얼굴이 꼭 닮아서 **쌍둥이** 같다.

> **해설** 두 사람의 얼굴이 꼭 닮았다면 마치 쌍둥이 같을 것이다. 따라서 정답은 1번 双子(ふたご)이다.

顔(かお) 얼굴 | そっくりだ 꼭 닮다 | 双子(ふたご) 쌍둥이 | ～のようだ ～와 같다 | 息子(むすこ) 아들 | 迷子(まいご) 미아

정답 ①

19 외국의 여름은 **햇볕**이 강하기 때문에 선글라스가 필요하다.

> **해설** 선글라스가 필요하다고 했으므로 햇볕이 강하다는 것을 알 수 있다. 따라서 정답은 3번 陽射(ひざ)し이다.

外国(がいこく) 외국 | 夏(なつ) 여름 | 陽射(ひざ)し 햇살, 햇볕 | 強(つよ)い 강하다, 세다 | サングラス 선글라스 | 必要(ひつよう)だ 필요하다 | 見出(みだ)し 표제, 표제어 | 見晴(みは)らし 전망, 조망 | 根回(ねまわ)し (교섭, 회의 등의 원활한 타결을 위한) 사전 공작

정답 ③

20 중국에서는 아주 **역한 냄새가 나는** 두부가 인기라고 한다.

> **해설** 빈칸 바로 뒤에 豆腐(とうふ)가 왔으므로 이것을 수식할 수 있는 말이 와야 한다. 따라서 4번, 역한 냄새가 난다는 뜻의 臭(くさ)い가 정답이다.

中国(ちゅうごく) 중국 | とても 매우, 아주 | 臭(くさ)い 역한 냄새가 나다, 수상쩍다 | 豆腐(とうふ) 두부 | 人気(にんき) 인기 | ～そうだ ～라고 한다(전문) | 悔(くや)しい 분하다, 억울하다 | 険(けわ)しい 험하다, 위태롭다 | 眠(ねむ)たい 졸리다

정답 ④

21 아무리 일이 바빠도 **봉**과 설 정도는 고향집에 돌아가려고 한다.

> **해설** 아무리 일이 바쁘더라도 큰 명절에는 고향집에 가려고 한다는 말이다. 따라서 빈칸에는 설처럼 큰 명절이 들어가야 하므로 정답은 4번 盆(ぼん)이다.

どんなに〜ても 아무리 〜해도 | 仕事 일, 직업 | 忙しい 바쁘다 | 盆 봉(일본의 추석) | 正月 설, 정월 | 〜ぐらい 〜정도 | 実家 생가, 친정 | 帰る 돌아가다, 돌아오다 | 先日 일전, 요전(날) | 三日月 초승달 | 明後日 모레

정답 ④

22 그는 내 생일에 하트 **목걸이**를 선물해 주었다.

> **해설** 생일에 선물한 것이라고 했으므로 하트 모양의 목걸이라고 하는 것이 자연스럽다. 따라서 정답은 2번이다.

誕生日 생일 | ハート 하트 | ネックレス 목걸이 | プレゼントする 선물하다 | 〜てくれる (남이 나에게) 〜해 주다 | マスター 주인, 숙달함 | トンネル 터널 | パターン 패턴, 유형

정답 ②

문제 5 ______의 단어에 의미가 가장 가까운 것을 1·2·3·4에서 하나 고르시오.

23 그녀에게 **반항하면** 무섭기 때문에 다소의 불만은 참는 편이 좋다.

> **해설** 그녀가 무서워서 불만은 참는 편이 낫다고 했으므로, 여기서 逆(さか)らう는 '거역하다, 반항하다'는 의미로 쓰였다. 그러므로 의미상 통하는 것은 1번 たてつく(대들다)이다.

逆らう 거역하다, 반항하다 | 怖い 무섭다, 두렵다 | 多少 다소 | 不満 불만 | 我慢 인내, 참음 | 〜た方がいい 〜하는 편이 좋다 | たてつく 대들다, 말대꾸하다 | 訴える 호소하다, 고소하다 | 起こる 일어나다, 발생하다 | 威張る 뽐내다, 으스대다

정답 ①

24 그와 그녀는 **사귄지** 아직 1달도 지나지 않았다.

> **해설** 그와 그녀가 아직 1달도 지나지 않았다고 했으므로 付(つ)き合(あ)う는 두 사람이 '사귄다'는 의미로 쓰인 것이다. 그러므로 비슷한 의미인 것은 4번 交際(こうさい)して(교제해서)이다.

付き合う 사귀다, 행동을 같이하다 | まだ 아직 | 〜ヶ月 〜개월 | 経つ (시간이) 경과하다, 지나다 | 出会う 우연히 만나다, 마주치다 | 働く 일하다 | 通勤する 통근하다 | 交際する 교제하다

정답 ④

25 **집주인**이 갑자기 집세를 올리고 싶다고 말해 왔다.

> **해설** 집세를 올린다고 말해 왔다고 했으므로 家主(やぬし)는 '집주인'을 뜻한다. 이와 비슷한 의미의 단어는 2번의 大家(おおや)이다.

家主 집주인 | 突然 돌연, 갑자기 | 家賃 집세 | 上げる 올리다 | 父 아버지 | 大家 집주인 | 隣人 이웃 사람 | 住人 거주자

정답 ②

26 다음 **네거리**를 왼쪽으로 돌아 주세요.

> **해설** 四(よ)つ角(かど)란 '네 모퉁이, 네거리'를 뜻하는 말인데, 여기서는 '네거리'로 사용되었다. 이것과 비슷한 의미의 단어는 3번 十字路(じゅうじろ), '십자로'이다.

次 다음 | 四つ角 네거리, 네 모퉁이 | 左 왼쪽 | 曲がる 돌다 | 信号 신호 | 大通り 큰길, 대로 | 十字路 십자로 | 道 길

정답 ③

27 바로 누군가와 **부딪치는** 그 성격은 바꾸는 편이 좋다.

> **해설** ぶつかる는 '부딪치다'라는 의미의 동사이므로 의미상 통하는 것은 1번 衝突(しょうとつ)する(충돌하다)이다.

すぐに 바로 | 誰か 누군가 | ぶつかる 부딪치다, 충돌하다 | 性格 성격 | 変える 바꾸다 | 衝突する 충돌하다 | 隠れる 숨다 | どなる 소리치다, 고함치다 | 譲る 양보하다

정답 ①

28　말리다

1　잘 만들 수 있을 때까지 몇 번이나 <u>말려</u> 본다. [干して → 練習して(연습해)]

2　다이어트 중이라서 먹는 양을 <u>말렸</u>다. [干した → 減らした(줄였다)]

3　최근에는 자택에서 채소를 <u>말리는</u> 것이 유행하고 있다고 한다.

4　샤워를 하고 머리카락을 <u>말리고</u> 나서 집을 나갔다. [干して → 乾かして(말리고)]

> **해설**　干(ほ)す는 '말리다'라는 뜻이므로, 자연스러운 문장은 3번, 채소를 말리는 것이 유행이라고 한 것이다.

干す 말리다 | うまく 잘, 솜씨 있게 | 作る 만들다 | 何度も 몇 번이나 | ダイエット中 다이어트 중 | 量 양 | 最近 최근, 요즘 | 自宅 자택 | 野菜 채소 | 流行る 유행하다 | シャワーをする 샤워를 하다 | 髪の毛 머리카락 | ～てから ～하고 나서 | 家を出る 집을 나가다

29　패턴, 유형

1　새롭게 생긴 집 근처의 <u>패턴</u>집은 바게트가 맛있다. [パターン → パン(빵)]

2　부모님과 나는 생활 <u>패턴</u>이 너무 다르다.

3　항상 부모님으로부터 영양 <u>패턴</u>이 잡힌 식사를 하라고 듣는다. [パターン → バランス(밸런스, 균형)]

4　노래방에서 부를 수 있는 <u>패턴</u>이 빠른 곡을 찾고 있습니다. [パターン → リズム(리듬)]

> **해설**　パターン이란 '패턴', 즉 '유형, 양식' 등을 뜻한다. 따라서 생활 양식이 다르다고 표현한 2번이 가장 자연스럽다.

パターン 패턴 | 新しい 새롭다 | 出来る 생기다 | 近く 근처, 가까운 곳 | ～屋 ～을 판매하는 사람이나 가게 | バゲット 바게트 | おいしい 맛있다 | 両親 양친 | 生活 생활 | 違う 다르다, 틀리다 | ～すぎる 너무 ～하다 | 親 부모 | 栄養 영양 | とれる 잡히다 | 食事 식사 | カラオケ 노래방, 가라오케 | 歌う 노래를 부르다 | 速い 빠르다 | 曲 곡 | 探す 찾다

30　제거하다

1　죄송합니다만, 이 기종은 당점에서는 <u>제거하고</u> 있지 않습니다. [取り除いて → 取り扱って(취급하고)]

2　오늘은 날씨가 좋아서 여기저기에서 교통 위반을 <u>제거하고</u> 있다. [取り除いて → 取り締まって(단속하고)]

3　잃어버린 신뢰를 <u>제거하기</u> 위해서는 시간이 걸린다. [取り除く → 取り戻す(되돌리다)]

4　어머니는 수박 씨를 하나하나 <u>제거해서</u> 먹는다.

> **해설**　取(と)り除(のぞ)く는 '제거하다'라는 뜻의 동사이므로, 알맞게 쓰인 것은 수박 씨를 하나하나 떼어내면서 먹는다고 한 4번이다.

取り除く 제거하다 | 申し訳ございません 죄송합니다 | 機種 기종 | 当店 당점, 이 가게 | 天気 날씨 | あちこち 여기저기 | 交通違反 교통 위반 | 失う 잃다 | 信頼 신뢰 | 時間がかかる 시간이 걸리다 | 母 어머니 | スイカ 수박 | 種 씨

31　알맞음, 적당함

1　백화점에서 미아가 된 <u>알맞은</u> 아이를 도와 주었다. [手頃な → 小さな(작은)]

2　이 카드는 <u>알맞은</u> 연회비로 골드카드 수준의 편리성이 있는 것 같다.

3　그녀는 매우 <u>알맞은</u> 성격으로 주위 사람이 놀랄 정도이다. [手頃な → 朗らかな(명랑한)]

4　이 <u>알맞은</u> 언덕 맞은편에 목장이 있다. [手頃な → なだらかな(완만한)]

해설 手頃(てごろ)는 '적당하고 알맞음'을 뜻하는 な형용사이다. 그러므로 알맞은 연회비라고 표현한 2번이
정답이다.

手頃(てごろ)だ 알맞다, 적당하다 | 百貨店(ひゃっかてん) 백화점 | 迷子(まいご) 미아 | 子(こ) 아이 | 助(たす)ける 돕다, 거들다 | ～てあげる (내가 남에게) ～해
주다 | カード 카드 | 年会費(ねんかいひ) 연회비 | ゴールドカード 골드카드 | ～並(な)み ～와 같은 수준 | 利便性(りべんせい) 편리성 | ～らしい
～인 것 같다 | 周(まわ)り 주위, 주변 | 驚(おどろ)く 놀라다 | 丘(おか) 언덕, 구릉 | 向(む)こう 맞은편, 건너편 | 牧場(ぼくじょう) 목장

32 중순

1 **새로운 휴대전화가 7월 중순에 발매된다.**
2 기말 시험보다도 중순 시험 쪽이 영어 점수가 나빴다. [中旬 → 中間(중간)]
3 친구와 집 방향이 반대여서 중순을 잡아서 야마다 역에서 만나기로 했다. [中旬 → 中間(중간)]
4 비싼 양복은 중순 세제로 빨아라고 들었다. [中旬 → 中性(중성)]

해설 中旬(ちゅうじゅん)은 '중순'이라는 뜻의 명사이다. 따라서 7월 뒤에 이어져 '7월 중순'이라고 표현한
1번이 알맞게 쓰인 것이다.

中旬(ちゅうじゅん) 중순 | 携帯電話(けいたいでんわ) 휴대전화 | 発売(はつばい) 발매 | 期末試験(きまつしけん) 기말 시험 | ～より ～보다 | 英語(えいご) 영어 | 点数(てんすう) 점수 | 悪(わる)い 나쁘
다 | 友達(ともだち) 친구 | 方向(ほうこう) 방향 | 逆(ぎゃく) 역, 반대 | とる 잡다 | 待(ま)ち合(あ)わせ (시간, 장소를 미리 정해 놓고) 만나기로 함 | 高(たか)い 비싸
다 | 洋服(ようふく) 양복 | 洗剤(せんざい) 세제 | 洗(あら)う 씻다, 빨다 | ～ように ～하도록

해
설

문제 7 다음 문장의 (   )에 넣을 것으로 가장 알맞은 것을 1·2·3·4에서 하나 고르시오.

33 학교 내외의 활동**에 관계없이** 학생 시절에 가장 힘을 쏟은 일에 대해 이야기해 주세요.

해설 빈칸 앞에 학교 내외(学内外)라는 말이 왔으므로 학교 내에서의 활동인지 학교 밖에서의 활동인지에 상
관없이 이야기해 달라는 말이 되어야 하므로, 빈칸에는 にかかわらず(～에 상관없이)를 넣어야 한다.

学内外(がくないがい) 학교 내외 | 活動(かつどう) 활동 | ～にかかわらず ～에 상관없이 | 学生時代(がくせいじだい) 학생 시절, 학창 시절 | 最(もっと)も 가장, 제일 | 力(ちから)
を入(い)れる 힘을 쏟다 | ～について ～에 대해서 | 話(はな)す 이야기하다 | ～どころか ～은커녕, ～에서는 물론 | ～にもかか
わらず ～에도 불구하고 | ～に応(おう)じて ～에 맞게, ～에 따라

정답 ③

34 같은 팀 사람의 일이 아직 끝나지 않고 있어서 잔업**하지 않을 수 없다.**

해설 같은 팀의 일이 끝나지 않았다면 잔업을 할 수밖에 없을 것이다. 따라서 '～하지 않을 수 없다'라는 뜻의
～ざるをえない를 넣어야 한다. 이 때 する(하다)는 せ에 접속하므로 정답은 1번, せざるをえない(하
지 않을 수 없다)가 된다.

同(おな)じだ 같다 | チーム 팀 | 仕事(しごと) 일 | 終(お)わる 끝나다 | 残業(ざんぎょう)する 잔업하다 | ～ざるをえない ～하지 않을 수 없다 | ～な
いほうがいい ～하지 않는 편이 좋다 | ～ことはない ～한 적은 없다 | ～ないで ～하지 않고, ～하지 말고

정답 ①

35 새로 개발한 소프트웨어는 사용하기 편함**에 더하여** 기능도 충실하다.

해설 새로 개발한 소프트웨어는 사용하기도 편하고 기능도 충실하다고 해야 하므로 앞의 내용에 더하여 뒤의
내용도 들어간다고 해야 할 것이다. 따라서 ～に加(くわ)えて(～에 더하여), 정답은 3번이다.

開発(かいはつ) 개발 | ソフト 소프트웨어 | 使(つか)う 사용하다 | ～やすさ ～하기 쉬움 | ～に加(くわ)えて ～에 더하여 | 機能(きのう) 기능 | 充実(じゅうじつ)す
る 충실하다 | ～に先立(さきだ)って ～에 앞서서 | ～にしろ ～하든 | ～に限(かぎ)って ～에 한해서

정답 ③

36 언니에게 선물을 주었기 때문에 여동생에게도 주지 않을 수 없다.

> **해설** 언니에게 선물을 주었으니 여동생에게도 선물을 안 줄 수 없다고 해야 한다. 따라서 ～わけにはいかない(～할 수는 없다)를 넣어 '주지 않을 수 없다'라는 의미가 되어야 한다.

姉 언니, 누나 | プレゼント 선물 | あげる (내가 남에게) 주다 | 妹 여동생 | ～わけにはいかない ～할 수는 없다 | ～かのようだ (마치) ～인 듯하다 | ～どころではない ～할 상황이 아니다 | ～に違いない 틀림없이 ～하다

정답 ②

37 내년 4월부터 새롭게 20대인 여성을 위한 잡지가 발매된다고 한다.

> **해설** 빈칸 앞에는 20대 여성이라고 했고, 뒤는 잡지가 발매된다고 했으므로 20대 여성을 위한 잡지가 발매된다고 해야 연결이 자연스럽다. 따라서 정답은 4번, ～向(む)けの(～을 위한)이다.

来年 내년 | ～代 ～대 | ～向けの ～을 위한, ～용의 | 雑誌 잡지 | 発売 발매 | ～そうだ ～라고 한다(전문) | ～にあたる ～에 해당하다 | ～ばかりか ～뿐만 아니라 | ～はともかく ～은 차치하고

정답 ④

38 본인이 어떻게 생각하고 있는지 듣지 않고는 이야기를 먼저 진행할 수는 없다.

> **해설** 본인이 어떻게 생각하고 있는지 듣지 않으면 이야기를 진행시킬 수 없다고 해야 하므로, ～ないことには(～하지 않고는)을 이용해 聞かないことには(듣지 않고는)를 넣어야 한다.

本人 본인 | ～ないことには ～하지 않고는 | 話 이야기 | 先に 먼저 | 進める 진행시키다 | ～ことができる ～할 수 있다 | ～つつ ～하면서 | ～だけあって (과연) ～한 만큼 | ～(た)ところ ～했더니

정답 ①

39 (전화로)

산코 상사의 스즈키입니다. 일전의 견적서 건인데, 보셨습니까?

> **해설** 거래처에 전화해서 견적서를 보았는지 묻고 있는 상황이다. 따라서 존경어를 사용하여 말해야 하므로 見(み)る의 존경어 ご覧(らん)になる(보시다)로 물어야 한다.

商事 상사 | 先日 요전, 일전 | 見積書 견적서 | 件 건, 사항 | ご覧になる 보시다 | 拝見 배견, 삼가 봄

정답 ②

40 다나카　　"내일은 몇 시쯤에 오십니까?"

야마모토　　"7시 반쯤에 찾아뵙겠습니다."

> **해설** 야마모토 씨가 7시 반쯤에 찾아 뵙겠다고 했으므로 다나카 씨는 몇 시쯤에 오는지를 물어야 한다. 상대방이 오는 것이므로 존경어 いらっしゃる(오시다)를 이용해 いらっしゃいます라고 해야 한다.

明日 내일 | ～頃 ～경, ～쯤 | いらっしゃる 오시다('오다, 가다, 있다'의 존경어) | 参る 오다('오다, 가다'의 겸양어) | 伺う 찾아뵙다('묻다, 듣다, 방문하다'의 겸양어)

정답 ③

41 23일간에 걸친 신인 연수가 종료했다.

> **해설** 빈칸 앞에 '23일간'이라는 기간이 왔고 뒤에는 '신인 연수'라는 말이 왔으므로 '23일간 계속된 신인 연수'라고 해야 한다. 기간을 나타내는 명사에 접속하여 그 기간 동안 어떠한 일이 이루어짐을 나타내는 말은 4번, ～にわたる(～에 걸치다)이다.

～にわたる ～에 걸치다 | 新人 신인 | 研修 연수 | 終了 종료 | ～に基づく ～에 근거하다 | ～のもとで ～하에서 | ～ぬきでは ～을 빼고는, ～없이는

정답 ④

42 노숙자의 수는 줄어들고 있는 한편으로 생활 보호 수급자는 늘고 있다고 한다.

해설 앞에서는 노숙자의 수가 줄고 있다고 했고, 뒤에서는 생활 보호 수급자는 늘고 있다고 했다. 두 가지의 대조적인 사항을 연결해야 하므로 정답은 1번 一方(いっぽう)で(한편으로)이다.

ホームレス 노숙자 | 数 수 | 減る 줄다, 감소하다 | 一方で 한편으로 | 生活保護 생활 보호 | 受給者 수급자 | 増える 늘다 | ~次第 ~에 따라서 | ~うえに ~인데다가

정답 ①

43 시험에 합격해서 기쁜 **나머지** 큰 소리로 떠들고 말았다.

해설 시험에 합격했으니 너무 기뻐 큰 소리로 떠들고 말았다는 것이다. うれしさ(기쁨) 뒤에 와서 매우 기쁘다는 의미를 나타내야 하므로 あまり(~나머지)가 정답이다.

試験 시험 | 受かる 합격하다 | うれしさ 기쁨 | ~あまり ~한 나머지, 너무 ~해서 | 大声 큰 목소리 | 騒ぐ 떠들다 | ~てしまう ~해 버리다, ~하고 말다 | ~ことから ~로 인해, ~때문에 | ~かぎり ~하는 한

정답 ②

44 몇 번이나 전화가 걸려 왔기 때문에 나에게 용건이 있음**에 틀림없다**.

해설 몇 번이나 전화가 걸려 온 것으로 보아 나에게 용건이 있다고 추측할 수 있을 것이다. 따라서 확실시되는 추측을 나타내는 표현이 와야 한다.

何度も 몇 번이나 | 電話がかかってくる 전화가 걸려 오다 | 用 용건, 용무 | ~に違いない 틀림없이 ~이다, ~가 틀림없다 | ~わけがない ~일 리가 없다 | ~にならない ~가 되지 않다 | ~しかない ~밖에 없다

정답 ③

문제 8 다음 문장의 ___★___ 에 들어갈 가장 알맞은 것을 1·2·3·4에서 하나 고르시오.

45 길의 역 도시락은, **그 지방의 식재료를 듬뿍 사용한** 상품입니다.

해설 역 도시락에 대한 설명인데, 우선 '그 고장의 식재료'라고 해야 하므로 地元(じもと)の/食材(しょくざい)を가 와야 한다. 또 식재료를 듬뿍 사용한 상품이라 해야 연결이 자연스러우므로 그 뒤에 ふんだんに/使(つか)った가 들어가므로 정답은 1번이다.

駅弁当 역 도시락 | 地元 그 고장, 그 지방 | 食材 식재료 | ふんだんに 듬뿍, 많이 | 使う 사용하다 | 商品 상품

정답 ① (3421)

46 세상에는 이름을 부르면 **손을 들고 대답하는 고양이가** 있는 것 같다.

해설 빈칸 바로 뒤에 いるらしい(있는 것 같다)가 왔으므로, 마지막 칸에는 猫(ねこ)が를 넣어 고양이가 있는 것 같다고 해야 하고, 그 앞에는 어떤 고양이인지를 말해 주어야 한다. 이름을 부르면 손을 들고 대답하는 고양이라고 해야 하므로 올바른 순서는 手(て)を/あげて/返事(へんじ)する/猫(ねこ)が이다. 따라서 정답은 4번이 된다.

世の中 세상 | 名前 이름 | 呼ぶ 부르다 | 手をあげる 손을 들다 | 返事する 대답하다, 응답하다 | 猫 고양이

정답 ④ (1423)

47 앙케트 결과로부터 남성보다도 **여성 쪽이 겉모습을 신경 쓰지 않는** 사람의 비율이 높았다.

해설 빈칸 바로 앞에 男性よりも(남성보다도)가 왔으므로, 처음에는 남성과 비교할 수 있는 대상인 여성이 와서 女性(じょせい)の/方(ほう)が의 순서가 되어야 한다. 또 겉모습을 신경 쓰지 않는 사람이라고 해야 하므로 見(み)た目(め)を/気(き)にしない가 되므로 정답은 2번이다.

アンケート 앙케트 | 結果 결과 | ~よりも ~보다도 | 見た目 겉보기, 외관 | 気にする 신경 쓰다 | 割合 비율 | 高い 높다

정답 ② (3421)

48 비밀번호를 **정기적으로 변경하면 부정 이용**되기 어렵다.

> **해설** パスワードを(비밀번호를)에 연결되어야 하므로 비밀번호를 정기적으로 변경한다고 해야 연결이 자연
> 스럽고, 변경하면 부정 이용되기 어렵다고 해야 한다. 따라서 올바른 순서는 定期的(ていきてき)に/変
> 更(へんこう)/すれば/不正利用(ふせいりよう)이므로 정답은 3번이다.

パスワード 패스워드, 비밀번호 | 定期的に 정기적으로 | 変更する 변경하다 | 不正利用 부정 이용 | ～にくい ～하기 어
렵다

정답 ③ (4213)

49 자원 봉사 활동을 **통해 지금까지 보이지 않았던 것이** 보이게 되었다.

> **해설** ボランティア活動(かつどう)をに 연결되어야 하므로 첫 칸에는 通(つう)じて가 들어가 '자원 봉사
> 활동을 통해'라고 해야 한다. 지금까지 보이지 않던 것이 보이게 되었다고 해야 하므로, 今(いま)まで/見
> (み)えなかった/ものが(지금까지 보이지 않던 것이)의 순서로 이어지므로 정답은 2번이다.

ボランティア活動 자원 봉사 활동 | ～を通じて ～을 통해 | 見える 보이다 | ～ようになる ～하게 되다

정답 ② (3124)

문제 9 다음 글을 읽고 글 전체의 내용을 생각하여, **50** 부터 **54** 안에 들어갈 가장 알맞은 것을 1·2·3·4에서 하나 고르시오.

배우는 일의 필요성과 진정한 의미란 무엇인가?

아버지와 어머니 중에는「주위 친구가 배우는 일을 시작했으니까, 우리 아이도 무언가 배우는 일을」이라고 말하며 아이에게 배우는 일을 시키는 경우를 자주 볼 수 있다. 배우는 일은 그다지 깊게 생각하지 않고 시작해 버리는 **50** 경향이 있지만, 의외로 그 후의 아이의 인생에 큰 영향을 줄 **51** 수 있다.

자주 듣는「잘하는 아이」「못하는 아이」라는 것은 방과 후의 체험량의 풍부함에 관계하고 있다. 초등학생 중에서도 스포츠와 공부 등 뭐든지 잘하는 아이는 있다. 하지만 학교 안에서 배우는 것은 모두 같은 양이고, 이런「잘하는 아이」의 체험량은 학교의 **52-a** 수업 이외에서 길러진 것이라고 할 수 있을 것이다.

특히 **52-b** 방과 후에 배운 것은 아이의 체험량에서 가장 차이가 나기 쉽고, 출발점부터 차이가 생기기 쉬운 것이다. 따라서「잘하는 아이」「못하는 아이」의 차이는, 가정과 방과 후의 체험량의 차이가 크고, 초등학교에 입학했을 때에는 이미 큰 차이(注)가 있다 **53** 고 하는 것이다.

배우는 일이라는 것은 아이가 장래 꽃을 피우기 위한 토양을 제공하는 하나의 선택지로, 친구와 선생님과의 만남에 의해 어떠한 꽃을 피우게 할지가 중요하다. 그 경우 경제적으로 여유가 있는 가정이라면 **54** 많은 배우는 일을 시키는 것으로 토양을 제공할 수 있을 것이다. 그러나 경제적으로 여유가 없는 경우에서도 밖에서 마음껏 놀게 하거나 지역의 어른과 교류하게 하거나 하면 토양을 제공할 수 있을지도 모른다.

(注) 雲泥の差 : 천양지차, 매우 큰 차이

---

50 1 쉽지　　　　　　　　　**2 경향이 있지**
　　 3 하는 길이지　　　　　　 4 한편이지

> **해설** 배우는 일은 그다지 깊게 생각하지 않고 시작해 버리는 경향이 있다는 말이 되어야 한다. 〈동사의 ます
> 형+がち〉는 '～하는 경향이 있음, 자주 ～함'을 뜻하므로 알맞은 것은 2번이다.

51　1 것 같다　　　　　　　　　　2 고 싶다
　　　3 기 어렵다　　　　　　　　　　**4 수 있다**

　해설　배우는 일을 깊이 생각하지 않고 시작해 버리지만 의외로 그 후 아이의 인생에 큰 영향을 줄 수 있다고
　　　　해야 한다. 〈동사 ます형+かねない〉는 '~일 수도 있다, ~일지도 모른다'라는 뜻으로 주로 안 좋은 일
　　　　이 일어날 수 있는 가능성을 나타내므로, 影響(えいきょう)を与(あた)え에 かねない를 연결하여 '영
　　　　향을 줄 수 있다'는 의미가 된다.

52　**1 a 수업 / b 방과 후**　　　　　2 a 방과 후 / b 수업
　　　3 a 시험 / b 수업　　　　　　　4 a 배우는 것 / b 방과 후

　해설　잘하는 아이와 못하는 아이는 방과 후 체험량에 관계된다고 하고 있다. 그러므로 잘하는 아이의 체험량
　　　　은 학교 정규 수업 이외에서 길러진 것이라고 할 수 있으므로 a에는 수업, 授業(じゅぎょう)을 넣어야
　　　　한다. 또 아이의 체험량에 가장 큰 차이가 생기는 것은 방과 후에 배운 것이므로 b에는 방과 후, 放課後(ほ
　　　　うかご)를 넣어 정답은 1번이 된다.

53　1 할 리가 없다　　　　　　　　　**2 고 하는 것이다**
　　　3 할 수도 없다　　　　　　　　　4 뿐이다

　해설　잘하는 아이와 못하는 아이는 가정과 방과 후의 체험량의 차이가 커서 초등학교에 입학했을 때에는 이미
　　　　큰 차이가 있다고 하며 문장을 끝맺어야 한다. 따라서 ～というわけだ(~라고 하는 것이다)를 넣어, 앞
　　　　의 내용에 의해 뒤의 내용을 이끌어내며 납득한다는 의미를 나타내야 한다.

54　1 고가의 배우는 일　　　　　　　　2 하나의 배우는 일
　　　3 많은 배우는 일　　　　　　　　4 어른의 배우는 일

　해설　배우는 일이라는 것이 아이가 장래 꽃을 피우기 위한 토양을 제공하는 것이라고 했으므로, 경제적으로
　　　　여유가 있는 가정이라면 아이에게 풍부한 토양을 제공할 수 있을 것이다. 풍부한 토양이란 배우는 일을
　　　　많이 시킨다는 뜻이므로 정답은 3번이다.

習い事 배우는 일 | 必要性 필요성 | 本当 진정함, 정말 | 意味 의미 | 周り 주위, 주변 | 始める 시작하다 | うち 우리 (집) | ケー
ス 경우, 케이스 | よく 자주, 잘 | 見られる 볼 수 있다 | 深い 깊다 | ～ずに ~하지 않고 | ～がち ~하는 경향이 있음, 자주 ～
함 | 意外と 의외로 | 人生 인생 | 影響を与える 영향을 주다 | ～かねない ~일 수도 있다, ~일지도 모른다 | できる 잘하다 |
放課後 방과 후 | 体験量 체험량 | 豊富さ 풍부함 | 関係する 관계하다 | 小学生 초등학생 | スポーツ 스포츠 | 勉強 공부 | 学
校内 학교 내 | 学ぶ 배우다 | 皆 모두 | 量 양, 분량 | 授業 수업 | 以外 이외 | 培う 북돋우다, 배양하다 | 特に 특히 | 差 차, 차
이 | 出発点 출발점 | 差がつく 차가 나다 | したがって 따라서 | 違い 차이 | 家庭 가정 | すでに 이미, 벌써 | 雲泥の差 천양
지차, 매우 큰 차이 | ～というわけだ ~라고 하는 것이다 | 将来 장래, 미래 | 咲かせる (꽃을) 피게 하다 | 土壌 토양 | 提供 제
공 | 選択肢 선택지 | 出会い 만남, 마주침 | ～によって ~에 의해서 | 大切だ 중요하다 | 場合 경우 | 経済的に 경제적으로 |
余裕 여유 | たくさん (수나 분량이) 많음 | 外 밖 | 思いっきり 마음껏 | 遊ぶ 놀다 | 地域 지역 | 大人 어른, 성인 | 交流 교류
| ～かもしれない ~일지도 모른다 | ～がけ ~하는 김, ~하는 길 | ～たがる (제3자가) ~하고 싶어하다 | ～ばかりだ ~뿐이
다 | 高価だ 고가, 값이 비싸다

해
설

> (1) 젊은이가 사용하는 '야바이(やばい)'의 어원은 법률에 저촉되거나 위험에 처해 상황이 나쁜 것을 나타내는 '야바(やば)'에서 왔다고도 합니다. 이런 말은 은어라고 불리고, 본래 동료 사이와 한정된 범위에서 사용되고 있었습니다. 지금의 젊은 세대를 중심으로 사용되는 '이 과자 위험하네'라고 하는 말투는 과자가 맛없다거나 문제가 있다거나 하는 것이 아니라 '너무 많이 먹어 버릴 정도로 맛있다'고 하는 의미로 사용되고 있는 것 같습니다.

55 본문의 내용과 맞는 것은 어느 것인가?

1 '야바이'라는 말은 젊은이도 몸의 위험을 느꼈을 때에 사용한다.
2 젊은이가 사용하는 '이 과자 위험해'라는 말은 본래의 의미와 다르다.
3 과자가 맛이 없을 때에 젊은이는 '이 과자 위험해'라고 한다.
4 최근에는 은어를 사용하는 젊은이가 점점 늘어나고 있다.

해설 마지막 문장에서 젊은 세대를 중심으로 사용되는 '이 과자 위험하네'라고 하는 말은 과자가 맛없다거나 문제가 있다거나 하는 것이 아니라 '너무 많이 먹어 버릴 정도로 맛있다'고 하는 의미로 사용되고 있다고 했다. 따라서 본래의 의미와는 다르게 사용되고 있음을 알 수 있으므로 정답은 2번이다.

若者 젊은이 | やばい 위태롭다, 위험하다 | 語源 어원 | 法律 법률 | 触れる 저촉되다, 위반되다 | 危険 위험 | さらす 드러나게 하다, (위험한 상태에) 두다 | 具合 형편, 상태 | 表す 나타내다 | 言葉 말, 단어 | 隠語 은어 | もともと 원래, 본디 | 仲間内 동료들, 한패거리들 | 限る 한정하다, 제한하다 | 範囲 범위 | 若い 젊다 | 世代 세대 | ～を中心に ～을 중심으로 | お菓子 과자 | 言い方 말투, 말씨 | まずい 맛없다 | ～わけではない ～하는 것은 아니다 | 食べ過ぎる 과식하다 | 意味 의미 | ～ようだ ～인 것 같다, ～인 듯하다 | 身 몸 | 感じる 느끼다 | 本来 본래, 원래 | 味 맛 | どんどん 점점 | 増える 늘다, 늘어나다

> (2) 신칸센에는 항공기와 같은 퍼스트 클래스는 없다. 그래서 JR동일본은 새로 선보이는 '하야부사'에 최상위 시트 '그랑 클래스'를 도입하기로 결정했다. 그랑 클래스는 선두 차량에 설치하고 정원은 불과 18명. 현행의 '하야테'의 그린 차의 정원은 1차량당 51명으로 단순 비교는 할 수 없지만, 1명당의 공간은 그린 차를 훨씬 상회한다. 가장 힘을 쏟은 것은 시트의 개발로 어떤 체형의 사람이 장시간 앉더라도 지치지 않는 것이 절대 조건이다. 시트 사이즈는 넉넉하고 등받이를 뒤로 젖힐 수 있는 기능을 채용하고 있다.

56 그랑 클래스에 대해 올바르게 쓰여 있는 것은 어느 것인가?

1 그랑 클래스는 선두 차량에 설치되어 누구든지 자유롭게 앉을 수 있다.
2 그랑 클래스의 시트는 장시간 자도 어깨가 뻐근하지 않을 정도로 쾌적하다.
3 그랑 클래스는 시트의 개발에 가장 힘을 쏟고 있다.
4 그랑 클래스는 '하야테'의 그린 차를 개량한 것이다.

해설 가장 힘을 쏟은 것은 시트의 개발로 어떤 체형의 사람이 장시간 앉더라도 지치지 않는 것이 절대 조건(最も力を入れたのはシートの開発でどんな体型の人が長時間座っても疲れないことが絶対条件である)이라고 했으므로, 알맞은 설명은 3번 '그랑 클래스는 시트 개발에 가장 힘을 쏟고 있다'는 것이다.

新幹線 신칸센 | 航空機 항공기 | ファーストクラス 퍼스트 클래스, 일등석 | そこで 그래서 | デビューする 데뷔하다 | 最上位 최상위 | シート 시트, 자리 | 導入 도입 | 決める 결정하다 | 先頭 선두 | 車両 차량 | 設置 설치 | 定員 정원 | わずか 불과, 조금 | 現行 현행 | ～当たり ～당 | 単純 단순 | 比較 비교 | できる 할 수 있다, 가능하다 | 空間 공간 | はるかに 훨씬 | 上回る 상회하다, 웃돌다 | 力を入れる 힘을 쏟다 | 開発 개발 | 体型 체형 | 長時間 장시간 | 座る 앉다 | 疲れる 지치다, 피곤해지다 | 絶対条件 절대 조건 | サイズ 사이즈 | ゆったりめ 넉넉함, 여유 있음 | 電動 전동 | リクライニング 리클라이닝, 등받이를 뒤로 젖힐 수 있음 | 機能 기능 | 採用 채용 | 自由に 자유롭게 | 寝る 자다 | 肩が凝る 어깨가 결리다, 어깨가 뻐근하다 | ～ほど ～만큼 | 快適だ 쾌적하다 | 力を注ぐ 힘을 쏟다 | 改良 개량

(3) 에너지 자원이 적은 일본에서 지금 새로운 에너지로서 주목받고 있는 것이, 태양광과 바이오매스 등을 이용한 재생 가능 에너지입니다. 환경 면에 있어 CO2를 거의 배출(注1)하지 않는다는 장점이 있고, 이 에너지의 보급·확대를 목적으로 하여 올해 7월부터 '재생 가능 에너지의 고정 가격 매입(注2) 제도'가 시작됩니다. 이것은 재생 가능 에너지에 의해 발전된 전기를 일정한 기간·가격으로 전기 사업자가 매입하는 것을 의무화(注3)하는 것입니다. 매입한 비용은 전기를 이용하는 소비자가 '전기세'로 지불합니다.

(注1) 排出 : 밖으로 내보내는 것, 배출
(注2) 買取 : 돈을 지불해서 자신의 것으로 하는 것, 매입
(注3) 義務 : 사람이 각각의 입장에 따라 당연히 해야 하는 것, 의무

57 이 글은 어떤 내용인가?

1 재생 가능 에너지의 매매 제도
2 전기 사업자의 고정 가격 매입 제도
3 전기세의 고정 가격 매입 제도
4 **재생 가능 에너지의 고정 가격 매입 제도**

해설 재생 가능 에너지가 주목받고 있으며 이것의 보급과 확대를 목적으로 올해 7월부터 '재생 가능 에너지의 고정 가격 매입 제도'가 시작된다고 말하고 있다. 뒷부분은 이 제도에 대한 설명 부분이다. 따라서 가장 알맞은 것은 4번이다.

エネルギー 에너지 | 資源 자원 | 少ない 적다 | 新ただ 새롭다 | 注目 주목 | 太陽光 태양광 | バイオマス 바이오매스, (재생 가능한) 생물체 자원 | 利用 이용 | 再生可能 재생 가능 | 環境面 환경 면 | ～において ～에서 | ほとんど 거의, 대부분 | 排出 배출 | メリット 장점 | 普及 보급 | 拡大 확대 | 目的 목적 | 固定価格 고정 가격 | 買取 매입 | 制度 제도 | スタート 스타트, 시작 | 発電 발전 | 電気 전기 | 一定 일정 | 期間 기간 | 事業者 사업자 | 買い取る 매입하다, 사들이다 | 義務付ける 의무화하다 | 費用 비용 | 消費者 소비자 | 電気代 전기세 | 支払う 지불하다 | 払う 지불하다 | それぞれ 각자, 각각 | 立場 입장 | ～に応じて ～에 맞게 | 当然 당연히

(4) 청소의 기본에 대해 쓰여진 서적은 많이 있지만, 이 책자는 조금 다르다. 일력(注1) 스타일로 청소가 즐거워지는 비법(注2)이 게재되어 있는 것이 특징이다. 매일 넘기며 1군데씩 시험해 가면 2개월 정도로 집 안이 번쩍번쩍해진다고 한다. 이 책자는 청소를 한 번에 전부 하는 것이 아니라, 주방과 화장실, 거실 등 한 군데씩 매일 청소해 간다고 하는 방식이다. 독자로부터는 '단시간에 청소 요령을 배울 수 있었다' '청소는 간단한 것이라고 생각하게 되었다' 등 기쁨의 목소리가 쇄도해 잘 팔리는 것 같다.

(注1) 日めくり : 매일 1장씩 떼어내는 것, 일력
(注2) 裏技 : 다른 사람에게 알려져 있지 않은 숨겨진 방법, 비법

58 필자의 의견과 맞는 것은 어느 것인가?

1 한 번에 전부 청소하기보다 매일 한 군데씩 하는 것을 권하고 있다.

2 청소는 귀찮은 것이지만, 매일 하면 결국은 익숙해지기 때문에 고단해지지 않는다.

3 단기간에 청소의 기초를 배우는 것은 어려운 일이다.

4 매일 이용하면 1개월 조금 지나면 집 안이 깨끗해진다.

해설 이 책자는 청소를 한 번에 전부 하는 것이 아니라 주방과 화장실, 거실 등 한 군데씩 매일 청소해 간다고 하는 방식(この冊子は掃除を一度に全部するのではなく、キッチンやトイレ、居間など1箇所ずつ毎日掃除していくというやり方だ)이라고 했으므로 알맞은 설명은 1번이다.

掃除 청소 | 基本 기본 | 書籍 서적 | たくさん 많이, 충분히 | 冊子 책자, 책 | 違う 다르다, 틀리다 | 日めくり 일력, 하루 한 장씩 떼는 달력 | スタイル 스타일 | 楽しい 즐겁다 | 裏技 흔히 알려져 있지 않은 비법, 기술 | 掲載 게재 | 特徴 특징 | めくる 넘기다, 젖히다 | ～箇所 ～군데 | ～ずつ ～씩 | 試す 시험해 보다 | ピカピカ 번쩍번쩍 | 一度に 한 번에, 한꺼번에 | 全部 전부 | キッチン 키친, 주방 | トイレ 화장실 | 居間 거실 | やり方 하는 방법, 방식 | 読者 독자 | 短時間 단시간 | コツ 요령 | 簡単だ 간단하다 | 喜び 기쁨 | 声 목소리 | 寄せる 밀려오다, 다가오다 | 売行き 팔림새, 팔리는 상태 | 好調 호조, 순조로움 | 筆者 필자 | 意見 의견 | 合う 맞다, 일치하다 | 一気に 단숨에, 일거에 | 勧める 권하다 | 面倒だ 귀찮다, 번거롭다 | いずれ 어쨌든, 결국 | 慣れる 익숙해지다 | 苦になる 마음에 걸리다, 걱정하다 | 基礎 기초 | ちょっと 조금 | きれいだ 깨끗하다, 예쁘다

---

(5) 자신에게 맞는 신발이란 어떤 신발일까요? 이상적인 것부터 말하면 신발 안에서 발이 전혀 흔들리지 않는(注1) 것인데, 실제로는 주문해서 만들어도 움직임을 막는 것은 불가능합니다. 걷는 것은 운동이고 중력과 마찰이 반드시 존재합니다. 신발을 고르는 데에서 가장 중요한 것은 디자인이나 외양이 아니라, 발바닥의 장심(注2)이 단단히 지탱되고 있는지, 또 발바닥의 장심의 지탱과 동시에 발뒤꿈치가 딱 맞는지 어떤지입니다. 뒤에 틈이 있거나 폭이 넓어 옆으로 움직이는 것은 고르지 않도록 합시다.

(注1) ぶれる : 바른 위치에서 벗어나 움직이다
(注2) 土踏まず : 발바닥의 우묵하게 들어간 곳, 발바닥의 장심

59 신발을 고를 때의 핵심으로 바른 것은 어느 것인가?

1 가로 폭이 넓고 조금 큰 것을 고른다.

2 디자인이 좋은 것을 고른다.

166

3 발바닥의 장심의 지탱과 발뒤꿈치가 맞는 것을 고른다.

4 신발 안에서 발이 조금 움직일 정도의 것을 고른다.

해설 신발을 고르는 데에서 가장 중요한 것은 발바닥의 장심이 단단히 지탱되고 있는가, 또 발바닥의 장심의 지탱과 동시에 발뒤꿈치가 딱 맞는지 어떤지(靴を選ぶ上で一番重要なのは〜土踏まずがしっかりと支えられているか、また、土踏まずの支えと同時にかかとがピッタリと合っているかどうかです)라고 했으므로 정답은 3번이다.

合う 맞다, 어울리다 | 靴 신발, 구두 | 理想 이상 | 全く 완전히, 전혀 | ぶれる 약간 흔들려 일정한 위치에서 벗어나다 | 実際 실제 | オーダーメイド 주문해서 만든 것 | 仕上げる 일을 끝내다, 완성하다 | ぶれ 흔들림 | 防ぐ 막다, 방지하다 | 不可能 불가능 | 運動 운동 | 重力 중력 | 摩擦 마찰 | 必ず 반드시, 꼭 | 存在 존재 | 選ぶ 고르다, 선택하다 | 一番 가장, 제일 | 重要だ 중요하다 | デザイン 디자인 | 見た目 겉보기, 외관 | 土踏まず 발바닥의 장심 | しっかりと 튼튼하게, 단단히 | 支える 지탱하다, 떠받치다 | 同時に 동시에 | かかと 발꿈치 | ピッタリと 꼭 맞음, 딱 맞음 | 〜かどうか 〜인지 어떤지 | 後ろ 뒤 | 隙間 빈틈, 짬 | 幅 폭, 너비 | 横ぶれ 옆으로 흔들림 | 正しい 옳다, 바르다 | 位置 위치 | ずれる 어긋나다, 벗어나다 | 動く 움직이다 | 足の裏 발바닥 | くぼむ 우묵하게 들어가다 | ポイント 포인트, 핵심 | 横幅 가로 너비, 가로의 폭 | 広め 좀 넓음 | 程度 정도

문제 11 다음 (1)에서 (3)의 글을 읽고, 뒤의 물음에 대한 답으로 가장 알맞은 것을 1·2·3·4에서 하나 고르시오.

(1) ①장래 부자가 되기 위해서는 젊을 때부터의 노력이 필요합니다. 젊을 때는 아직 시간도 충분히 남아 있는 멋진 시기입니다. 이 시기를 유효하게 활용하지 않으면 부자가 되는 것은 어려워지고 말겠지요.

중요한 것은 하나의 일을 계속해 가는 것입니다. 젊을 때부터 하나의 일에 초점을 맞추고 끝까지 파고들어 가면 ②그 길의 전문가(注)가 되는 것도 가능합니다. 그러한 의미에서는, 하나의 분야에 계속 몰두하는 것도 좋은 방법의 하나겠지요. 또 목표를 설정한 후에는 계속 노력하는 것도 중요합니다.

그러나 젊을 때는 매사에 유혹 받기 쉬운 시기이고, 무엇이 옳고 무엇이 잘못되어 있는지 판단을 내리는 것이 어려운 경우도 있습니다. 망설일 때는 자신을 믿는 것이 중요합니다. 자신의 행동에는 신념과 긍지를 갖고 노력해 가는 것이 좋겠지요.

젊음이라는 것은 재산입니다. 하지만 이 재산은 언젠가 잃게 되고 마는 것입니다. 따라서 젊음이라는 재산을 유효하게 활용하면 젊을 때의 노력이 이후의 인생에 큰 영향을 주는 것입니다. 노력을 긍정적이고 적극적으로 받아들여 매일을 충실하게 해 갑시다.

(注) プロフェッショナル : 프로. 전문가

60 ①장래 부자가 되기 위해서는 젊을 때부터의 노력이 필요합니다라고 하는데, 그것은 왜인가?

1 젊을 때는 집중력이 높아, 뇌가 흡수하기 쉽기 때문에

2 젊을 때는 시간이 많이 있고, 유효하게 활용할 수 있기 때문에

3 젊을 때에 재산이 있어도 언젠가 없어져 버리기 때문에

4 젊을 때는 유혹이 많아 노력하지 않으면 부자가 될 수 없기 때문에

해설 밑줄 친 문장의 바로 다음 문장에서 젊을 때는 아직 시간도 충분히 남아 있는 멋진 시기인데, 이 시기를 유효하게 활용하지 않으면 부자가 되는 것은 어려워진다고 했다. 따라서 정답은 2번이다.

61 ②그 길의 「그」 부분은 무엇을 가리키는가?

1 젊을 때의 노력

2 하나의 분야

3 유명한 길

4 부자

해설 하나의 일에 초점을 정해 끝까지 파고 들어가면 그 길의 전문가가 될 수 있다고 했는데, 이때 그 길이란 자신이 파고 들어간 하나의 일을 뜻하는 것이므로 정답은 2번이다.

62 필자가 생각하는 노력이란 무엇인가?

1 자신감과 긍지로 성립하는 것

2 젊을 때에만 하면 되는 것

3 살아가는 데에서 싫어도 해야 하는 것

4 인생을 크게 좌우하는 것

해설 마지막 단락에서 필자는 젊음이라는 재산을 유효하게 활용하면 젊을 때의 노력이 이후의 인생에 큰 영향을 주는 것이라고 말하고 있다. 따라서 노력이라는 것은 이후의 자신의 인생에 큰 영향을 주는 것이므로, 즉 정답은 4번 인생을 크게 좌우하는 것이다.

将来 장래, 미래 | お金持ち 부자 | ～ために ～하기 위해 | 若い 젊다 | 努力 노력 | 必要だ 필요하다 | たっぷり 충분히, 듬뿍 | 残す 남기다 | 素晴らしい 매우 훌륭하다, 멋있다 | 時期 시기 | 有効に 유효하게 | 活用 활용 | 難しい 어렵다 | 大切だ 중요하다, 소중하다 | 物事 세상일, 매사 | 続ける 계속하다 | 焦点 초점 | 定める 정하다 | 突き詰める 끝까지 파고들어 밝혀내다, 추궁하다 | 道 길 | プロフェッショナル 프로페셔널, 전문가 | 可能 가능 | 意味 의미 | 分野 분야 | 取り組む 몰두하다 | ～続ける 계속 ～하다 | よい 좋다 | 方法 방법 | 目標 목표 | 設定 설정 | 惑わす 현혹시키다, 유혹하다 | 正しい 바르다, 옳다 | 間違う 틀리다, 잘못되다 | 判断を下す 판단을 내리다 | 迷う 망설이다, 헤매다 | 信じる 믿다 | 大事だ 중요하다, 소중하다 | 行動 행동 | 信念 신념 | 誇り 자랑, 긍지 | 若さ 젊음 | 財産 재산 | 失う 잃다 | 後 나중, 이후 | 人生 인생 | 影響を与える 영향을 주다 | 前向き 긍정적이고 적극적임 | 受け入れる 받아들이다 | 日々 하루하루, 매일 | 充実 충실 | プロ 프로 | 専門家 전문가 | 集中力 집중력 | 脳 뇌 | 吸収 흡수 | たくさん 많이 | 無くなる 없어지다 | 誘惑 유혹 | 部分 부분 | 指す 가리키다 | 有名だ 유명하다 | 成り立つ 성립하다 | ～のみ ～만 | 生きる 살아가다 | 嫌だ 싫다 | 左右 좌우

---

(2) 당신은 「①스마호 증후군」이 되어 있지 않습니까? 최근 전철 안에서 문득 앞에 앉아 있는 사람을 보면, 대부분의 사람이 스마트폰을 사용해 바로 밑을 보고 있다는 광경을 자주 볼 수 있습니다. 이러한 스마트폰의 사용에 의해 생기는 신체의 문제를 「스마호 증후군」이라고 하고, 장시간 스마트폰을 사용해서 아래를 보고 있으면 목이 앞으로 기울어(注) 목의 곡선을 잃게 되어 버립니다. 그러한 상태를 「스트레이트 넥(똑바른 목)」이라고 부르는데, 이 것은 보통 있어야 하는 앞으로 향한 곡선이 없어지고 똑바로 되어 버리는 상태를 말합니다. 심해지면 반대의 곡선이 되어 버리는 경우도 있기 때문에 주의가 필요합니다.
　②특히 여성은 스트레이트 넥이 되기 쉽습니다. 여성은 목뼈가 약한 데다가 낮 동안의 사무 업무와 휴식 때에 의한 스마트폰 사용이 더욱더 몸에 부담을 줍니다. 어깨 결림과 목의 통증, 두통과 현기증, 팔저림 등의 증상이 있으면 바로 병원에서 치료를 받읍시다.

63 「①스마호 증후군」이란 어떠한 것인가?

1 스마트폰의 사용에 의해 목의 곡선을 잃게 되는 상태

2 장시간 같은 자세로 계속 움직이지 않는 상태로 있는 것으로 목의 곡선이 반대가 되는 증상

3 스마트폰의 사용에 의해 신체의 여기저기에 문제가 생기는 증상

4 스마트폰의 진동에 의해 목의 고통과 어깨 결림 등이 신체에 생기는 증상

해설 스마트폰사용에 의해 생기는 신체의 문제를「스마호 증후군」이라고 한다(このようなスマートフォンの使用によって生じる身体のトラブルを「スマホ症候群」といい)고 했으므로 정답은 3번이 된다.

64 ②특히 여성은 똑바른 목이 되기 쉽다라고 하는데, 왜인가?

1 여성은 남성에 비해 지치기 쉬우니까

2 여성은 원래 목뼈가 약하니까

3 여성은 목뼈가 부드러워 변형되기 쉬우니까

4 여성은 사무 업무 등으로 목이 뻐근해지기 쉬우니까

해설 밑줄 친 문장의 바로 뒷 문장에서 여성은 목 뼈가 약한 데다가 낮 동안의 사무 업무와 휴식 때에 의한 스마트폰 사용이 더욱더 몸에 부담을 준다고 했다. 따라서 이유를 바르게 설명한 것은 2번이다.

65 필자는 스마트폰을 어떻게 파악하고 있는가?

1 장점이 많고 통근 시간도 유효하게 사용할 수 있게 되었다.

2 병에 걸리는 단점이 많아 사용하는 것을 그만두어야 한다.

3 사용 방법과 사용 시간을 다시 재검토해야 한다.

4 여성의 스마트폰 사용은 위험이 많다.

해설 장시간 아래쪽을 향하며 스마트폰을 사용하면 목이 앞으로 기울어 곡선을 잃게 되거나 어깨가 뻐근해지고 두통이 오는 등의 증상이 발생할 수 있다고 했다. 따라서 스마트폰은 올바른 자세로 사용하고 장시간 보지 않는 것이 좋다는 것이므로, 사용 방법과 사용 시간을 다시 재검토해야 한다는 3번이 정답이다.

症候群 증후군 | ふと 문득 | 座る 앉다 | 目をやる (그쪽을) 보다 | ほとんど 거의, 대부분 | スマートフォン 스마트폰 | 真下 바로 밑, 바로 아래 | ずっと 쭉, 훨씬 | 光景 광경 | よく 자주, 잘 | 使用 사용 | 生じる 생기다, 발생하다 | 身体 신체 | トラブル 트러블, 문제 | 首 목, 고개 | 前傾 앞쪽으로 기욺 | カーブ 커브, 곡선 | 状態 상태 | ストレート 스트레이트 | ネック 넥, 목 | 通常 통상, 보통 | はず 당연히 ~할 것 | 向く 향하다 | まっすぐ 올곧음, 똑바로 | ひどい 심하다 | 逆 역, 반대 | 注意 주의 | 特に 특히 | 骨 뼈 | 弱い 약하다 | 日中 주간, 대낮 | デスクワーク 데스크 워크, 사무 업무 | 休憩時 휴식할 때 | さらに 더욱 더 | 体 몸, 신체 | 負担をかける 부담을 주다 | 肩こり 어깨 결림 | 痛み 아픔, 통증 | 頭痛 두통 | めまい 현기증 | 腕 팔 | しびれ 저림, 마비 | 症状 증상 | 病院 병원 | 治療を受ける 치료를 받다 | 予防 예방 | できるだけ 가능한 한 | 肘 팔꿈치 | くっつける 달라붙게 하다, 부착시키다 | 固定 고정 | ほんの少し 아주 조금 | 前方 전방, 앞 방향 | 傾く 기울다 | 同じだ 같다 | 体勢

자세 | 据わる 자리를 잡고 움직이지 않다 | あちこち 여기저기 | 振動 진동 | 比べる 비교하다 | もともと 본래, 원래 | 柔らかい 부드럽다, 연하다 | 変形 변형 | 凝る 뻐근하다, 걸리다 | とらえる 파악하다 | 通勤 통근 | デメリット 단점, 결점 | やめる 그만두다 | 改めて 새롭게 다시 하는 모양, 새삼스럽게 | 見直す 다시 보다, 재검토하다 | 危険 위험

(3) 시골 생활에서 365일 천연 온천을 즐기는 것. 이것은 누구나 한 번은 꿈꾸는 시골 생활의 궁극적인 사치입니다. 자택에서 온천을 즐기기 위해서는 「온천권 딸림」과 「온천 끌어들임 가능」의 물건을 발견할 필요가 있습니다. 온천권이 딸린 경우는 가격에 관리금이 포함되어 있지만, 끌어들임 가능의 경우는 별도로 지불하지 않으면 안 됩니다. 그러나 ①집에서 온천 삼매를 실현하는 것은 그렇게 간단하지 않습니다. 온천은 욕조(注1)의 손상이 빠르고 관리(注2)가 힘들고, 게다가 온천을 이용하지 않아도 다달이 사용료는 부담해야 하고……라는 단점도 적지 않게 있습니다. 그러면 그러한 번거로운 절차를 치르지 않고 시골에서 온천을 즐기기 위해서는 어떻게 하면 좋을까요?

　　그런 사람에게는 ②공공 온천을 권합니다. 공공 온천의 매력은 뭐라고 해도 싼 요금입니다. 우선은 온천에 들어가고 그 후는 생맥주와 안주로 한가롭게, 취기가 깨었을 때 한 번 더 온천을 즐기며 상쾌하게, 라고 하는 패턴입니다. 최근의 여행 추세이기도 한, 싸고·가깝고·단시간에 갈 수 있는 기분 전환 여행이라고 할 수 있습니다. 무료로 들어갈 수 있는 원천 족탕, 동전 하나(500엔!)를 지불하고 들어가면, 지역 물건 판매 코너, 알맞은 노천탕이 딸린 큰 욕탕과 가족탕, 넓은 휴게소와 마사지 의자, 식사 공간 등 모든 시설을 이용할 수 있고 하루 종일 즐길 수 있습니다.

(注1) 浴槽 : 욕조, 뜨거운 물을 담은 통

(注2) メンテナンス : 관리

66　①집에서 온천 삼매를 실현하는 것은 그렇게 간단하지 않습니다라고 하는데, 그것은 왜인가?

1　욕조의 관리가 힘들어지거나 온천을 이용하지 않아도 사용료가 들어 버리니까

2　시골에는 공공의 온천이 많이 있고, 싸고 편리하니까

3　끌어들임 가능의 물건은 온천 사용료와 관리 비용을 별도로 지불하지 않으면 안 되니까

4　몇 번이나 온천에 들어가거나 하면 온천 사용료가 비싸지니까

해설　밑줄 친 문장의 바로 뒤 문장에서, 온천은 욕조의 손상이 빠르고 관리가 힘들며 온천을 이용하지 않아도 매달의 사용료는 부담해야 하는 등 단점도 적지 않게 있다(温泉は浴槽の傷みが早く、〜とデメリットも少なからずあります)고 말하고 있다. 따라서 정답은 1번이다.

67　②공공 온천을 이용하는 이점은 무엇인가?

1　시골을 만끽할 수 있는 점

2　장소가 좋아, 언제든지 기분 전환하기 쉬운 점

3　무료로 들어갈 수 있는 족탕이 반드시 딸려 있는 점

4　번거로운 절차가 없고 싼 요금으로 모든 시설을 이용할 수 있는 점

해설　바로 뒤 문장에서 공공 온천의 매력은 뭐라고 해도 요금이 싸다는 것(公共温泉の魅力はなんていっても料金の安さです)이라고 했고, 그 뒤에서도 싸고 가깝고 단시간에 갈 수 있으며(安くて・近くて・短時間で行くことのできる気分転換ツアーといえます) 모든 시설을 하루 종일 이용 가능하다(〜全ての施設が利用でき、一日中楽しむことができます)고 했으므로 정답은 4번이다.

68 필자에 의하면 「번거로운 절차를 거치지 않고 시골에서 온천을 즐기기」 위해서는 어떻게 하면 되는가?

1 천연 온천이 딸려 있는 집에서 지내야 한다.

2 관리는 힘들지만 온천을 자택으로 끌어와야 한다.

3 시간의 제한은 있지만 싼 가격으로 공공 온천을 즐겨야 한다.

4 온천 외에도 많은 시설을 즐길 수 있는 공공시설을 이용해야 한다.

> **해설** 번거로운 절차를 거치지 않고 시골에서 온천을 즐기기 원하는 사람에게는 공공 온천을 권한다고 했다. 싼 가격으로 지역 물건 판매 코너, 노천탕이 딸린 큰 욕탕과 가족탕, 넓은 휴게소와 마사지 의자, 식사 공간 등 모든 시설을 이용할 수 있고 하루 종일 즐길 수 있다고 했으므로 정답은 4번이 된다.

田舎暮らし 시골 생활 | 天然温泉 천연 온천 | 楽しむ 즐기다 | 夢見る 꿈꾸다 | 究極 궁극 | 贅沢 사치, 사치스러움 | 自宅 자택 | 温泉権 온천권 | ～付き ～딸림 | 引き込み 끌어들임 | 可 가능 | 物件 물건 | 見つける 발견하다 | 価格 가격 | 管理金 관리금 | 含まれる 포함되다 | 別途 별도 | ～三昧 삼매(어떤 일에 열중함) | 実現 실현 | 浴槽 욕조 | 傷み 손상, 파손 | メンテナンス 관리, 유지 | 大変だ 힘들다, 큰일이다 | しかも 게다가 | 利用 이용 | 月々 매달, 달마다 | 使用料 사용료 | 負担 부담 | 少なからず 적지 않게 | 面倒だ 번거롭다, 귀찮다 | 手続き 수속, 절차 | 公共温泉 공공 온천 | 魅力 매력 | 料金 요금 | 安さ 값쌈 | 生ビール 생맥주 | つまみ 안주 | ノンビリ 유유히, 한가로이 | 酔い 취기 | さめる (잠에서) 깨다, 정신차리다 | スッキリ 산뜻한 모양, 상쾌한 모양 | パターン 패턴 | トレンド 트랜드, 경향 | 気分転換 기분 전환 | ツアー 투어, 간단한 여행 | 無料 무료 | 源泉足湯 원천 족탕 | ワンコイン 동전 하나(one coin) | 入館 입관, 들어감 | 地域 지역 | 物販 상품, 제품을 판매하는 것(物品販売의 약자) | コーナー 코너 | 露天風呂 노천탕 | 大浴場 큰 욕탕 | 家族湯 가족탕 | 休憩所 휴게소 | マッサージチェア 마사지 의자 | 食事処 식사하는 곳 | 全て 전부, 모두 | 施設 시설 | 一日中 하루 종일 | 湯 뜨거운 물 | ためる 모으다 | 桶 통, 나무통 | 管理 관리 | 便利だ 편리하다 | 費用 비용 | 利点 이점 | 満喫 만끽 | 場所 장소 | 必ず 반드시, 꼭 | つく 붙다, 딸리다 | 暮らす 살다, 생활하다 | 引く 끌어 들이다 | 制限 제한 | 安値 싼 값, 염가

문제 12

다음 글은 「상담자」로부터의 상담과 그것에 대한 A와 B로부터의 회답이다. 세 개의 글을 읽고 뒤의 물음에 대한 답으로 가장 알맞은 것을 1·2·3·4에서 하나 고르시오.

상담자

저는 비흡연자입니다만, 흡연자는 담배 한 대 피운다고 하며 일을 너무 게을리하지 않습니까?

저희 직장의 흡연자는 담배 한 대 피우는 것을 당연한 권리처럼 주장하며 담배를 피웁니다. 연간으로 생각하면 담배를 피우는 사람과 피우지 않는 사람은, 실제 노동 시간이 꽤 다르다고 생각합니다.

흡연자는 담배 한 대 피우는 것을 당연한 일로 여기고 주위에는 불평을 말하지 못하게 하고, 하루에 몇 번 담배를 피우고 있습니다. 비흡연자가 흡연자의 담배 한 대 피우는 시간에 휴대전화를 만지고 있으면 일을 게을리하고 있는 것처럼 주위에 비칩니다. 똑같은 시간만큼 휴식을 취했을 뿐인데, 담배 한 대 피우는 것은 주위에 '어쩔 수 없다'는 식으로 취급되고 있습니다. 납득이 가지 않습니다.

회답자 A

휴대전화와의 비교에 대해서는, 그 빈도 등으로 또 조금 비교의 조건이 어려워지는데, 적어도 흡연에 의해서 일의 효율이 떨어지는 것은 분명합니다. 담배를 피우고 있는 시간이 직접 게으름이 된다고 하는 것뿐만 아니라, 피우지 못하는 시간의 금단 증상의 초조함은 확실히 두뇌 노동의 방해가 됩니다.

또 피운 직후의 '안정된 기분'이라고 일컬어지는 그것도, 단지 금단 증상이 가라앉아 마이너스가 0으로 되돌아 오는 것뿐이거나, 또는 담배의 유해 물질로 뇌의 활동이 저하되고 있거나 하는 어느 쪽입니다. 좋은 방향으로 작용하는 일은 우선 없습니다.

'담배를 피우고 있어도 유능해서 빈틈없이 일을 할 수 있는 사람도 있다'라는 의견도 있겠지만, 그것은 그 사람이 담배를 피우고 있지 않다면 더 유능했을 가능성이 있다, 라는 것입니다. 상당히 아깝다고 생각합니다.

회답자 B

뭔가 상당히 모순되어 있다는 생각이 듭니다. 단지 당신이 이상하게 너무 신경 쓰고 있을 뿐이지 않습니까? 흡연은 휴식을 뜻하고 담배는 휴식하기 위해 있는 것이에요. 예를 들면 커피를 마시는 것도 똑같다거나…….

당신의 직장에서 근무 중에 흡연이 인정되고 있는 것이라면 담배 휴식이 인정되고 있다고 하는 것입니다. 당신도 똑같이 휴식을 취하면 되는 것입니다.

실례지만, 당신의 상담을 읽고 있으면 '담배를 피우는 사람만이 휴식할 수 있어 부럽다'고 하는 식으로도 들립니다. 당신은 주위를 너무 신경 써고 자신의 페이스를 만들지 못하는 것은 아닙니까? 그렇다면 당신도 피우면(휴식하면) 된다고 생각합니다. 커피라도 타서 마시면서 휴대전화를 만져 보는 것도 좋다고 생각합니다.

---

69 상담자는 왜 '납득이 가지 않는다'고 말하고 있는가?

1 흡연자는 일을 그다지 잘하지 못하는데도 우대받고 있으니까
2 흡연자의 일의 효율이 그다지 좋지 않은데도, 회사에서는 평가 받고 있으니까
3 흡연자의 담배 한 대 피우는 시간은 실제 노동 시간에 포함되지 않으니까
4 흡연자의 담배 한 대 피우는 시간은 인정되고 있는데도, 휴대전화를 만지는 것은 인정되고 있지 않으니까

> **해설** 흡연자는 담배 한 대 피우는 것을 당연한 일로 여기며 주위에서는 불평을 하지 않는다. 하지만 흡연자가 담배 피우는 시간에 비흡연자가 휴대전화를 만지고 있으면 일을 게을리하는 것처럼 비춰진다(喫煙者は 一服を当然のこととして周りには文句を言わせず〜 煙草の一服は周囲に「しょうがない」的 に扱われています)는 것이다. 따라서 바르게 설명한 것은 4번이다.

---

70 상담자의 상담에 대한 A, B의 회답에 대해 바른 것은 어느 것인가?

1 A도 B도 상담자를 비판한 회답이고, 상담자의 직접 해결로는 연결되고 있지 않다.
2 A는 상담자의 고민을 이해하고 흡연자를 비판하고 있지만, B는 상담자를 냉정하게 비판하고 있다.
3 A는 흡연자를 두둔하며 지키고 있지만, B는 흡연자를 냉정하게 비판하고 있다.
4 A도 B도 흡연자를 비판하고, 상담자의 고민을 이해한 회답을 하고 있다.

> **해설** A는 휴대전화와의 비교는 조금 비교 조건이 어려워지긴 하지만 흡연에 의해 일의 효율이 떨어지는 것은 분명하다는 입장이다. 이에 반해 B는 상담자는 뭔가 모순에 빠져 있다면서 직장에서 흡연이 인정된다면 담배 휴식도 인정되는 것이라고 반박하고 있다. 따라서 알맞은 설명은 2번이다.

相談者 상담자 | 非喫煙者 비흡연자 | 一服 담배를 한 대 피움, 담배를 피우며 잠시 쉼 | 称する 칭하다, 일컫다 | さぼる 게을리하다 | 職場 직장 | たばこ 담배 | 権利 권리 | 主張 주장 | 年間 연간 | 吸う (담배를) 피우다 | 実労働 실제 노동 | ずいぶん 상당히, 꽤 | 周り 주위 | 文句を言う 불평을 하다 | 数回 몇 번 | 携帯電話 휴대전화 | 触る 만지다, 접촉하다 | 周囲 주위 | 映る 비치다 | しょうがない 어쩔 수 없다 | 扱う 취급하다, 다루다 | 納得がいかない 납득이 가지 않다 | 回答者 회답자 | 比較 비교 | 頻度 빈도 | 条件 조건 | 少なくとも 적어도, 최소한 | 効率 효율 | 落ちる 떨어지다 | 確かだ 분명하다 | 直接 직접 | 禁断

症状 금단 현상 | 苛立ち 초조함, 안달함 | 確実に 확실히 | 頭脳 두뇌 | 妨げ 방해 | 直後 직후 | 落ち着く 가라앉다, 안정되다 | 気分 기분 | 単に 단순히, 단지 | 収まる 수습되다, 안정되다 | マイナス 마이너스 | ゼロ 제로, 영 | 戻る 되돌아가(오)다 | もしくは 혹은, 또는 | 有害物質 유해 물질 | 低下 저하 | 方向 방향 | 作用 작용 | 有能 유능 | ちゃんと 착실하게, 빈틈없이 | 可能性 가능성 | 非常に 상당히 | もったいない 아깝다 | なんか 뭔가, 어쩐지 | 矛盾 모순 | ただ 단지, 그저 | 変に 이상하게 | 気にする 신경 쓰다, 마음에 두다 | イコール 같음, 동등함 | 例えば 예를 들어 | 勤務中 근무 중 | 認める 인정하다 | 同じく 같이 | 休憩をとる 휴식을 취하다 | 失礼 실례 | 羨ましい 부럽다 | 風 식, 풍 | 聞こえる 들리다 | ペース 페이스 | コーヒーでも入れる 커피라도 타다 | 優遇 우대 | 評価 평가 | 批判 비판 | 解決 해결 | 繋がる 이어지다, 연결되다 | 悩み 고민 | 理解 이해 | 冷たい 차갑다, 냉정하다 | かばう 감싸다 | 守る 지키다, 보호하다

문제 13 다음 글을 읽고, 뒤의 물음에 대한 답으로 가장 알맞은 것을 1·2·3·4에서 하나 고르시오.

　　최근 일본의 고용자 전체에 차지하는 비정규 고용 직원(아르바이트와 파트타임, 파견 등)의 비율이 높아지고 있습니다.

　　총무성의 『노동력 조사』에 따르면 비정규 사원이 차지하는 비율은 2011년에 35.2%에 달하여, 과거 최고 수준을 기록했다고 합니다. 모든 연령 계급에서 비정규 사원의 비율이 높아지는 경향에 있습니다만, 특히 15~34세까지의 젊은 층(注1)의 비정규 사원이 증가하고 있습니다. 이 이유 중의 하나로 2008년의 리먼 쇼크 이후, 기업이 비용 부담의 증대로 이어지는 정사원의 신규 채용을 한정하고, 비용 부담이 작은 비정규 사원을 적극적으로 활용하고 있는 것을 들 수 있습니다.

　　또한 정사원과 비정규 사원의 연 수입 차이는 근속 연수(注2)가 길어질수록 벌어지는 경향이 있고, 50~54세에서는 2.1배까지의 수입 격차가 넓어집니다.

　　그리고 이와 같은 고용 형태의 증가는 남성의 결혼 활동(注3)에도 큰 영향을 미치고 있습니다.

　　2010년에서는 남성의 평균 초혼 연령이 30.5세로 과거 최고령을 기록하는 등, ①일본에서는 만혼화와 비혼화(注4)가 진행되고 있습니다. 이 만혼화·비혼화 요인의 하나로서 젊은 층 고용자에 있어서의 비정규 사원 비율이 높아지고 있는 것이 지적되고 있습니다.

　　2011년에 행해진 『결혼·가족 형성에 관한 조사』에 따르면 20대 남성 중 정사원은 25.5%가 기혼자인 것에 대해, 비정규 사원의 기혼자는 불과 4.1%에 그치고 있습니다. 또 30대의 남성에서는 정사원의 29.3%가 기혼자이지만, 비정규 사원의 기혼률은 20대와 거의 다르지 않고 5.6%가 되고 있습니다.

　　실제로 조금 전 소개한 조사에서도 ②남성의 연 수입과 기혼률과의 관계에 대해 조사를 하고 있습니다만, 남성의 기혼률은 20대와 30대에서는 연 수입이 300만 엔 미만인 계층에서 가장 낮아져 있고 불과 8~9% 정도입니다. 그리고 연 수입이 300만 엔을 넘으면 기혼률은 단숨에 25~40%까지 높아집니다. 아무래도 연 수입이 항상 일정하게 300만 엔을 넘고 있는지 어떤지가, 남성이 결혼하여 가정을 갖을지 말지의 하나의 분기점이 되고 있는 것 같습니다.

　　한편, 후생노동성의 최신 통계에 따르면 남성 정사원의 평균 연 수입은 25세를 넘으면 400만 엔 대에 도달하지만, 비정규 사원의 평균 연 수입은 어느 연령 계급이더라도 300만 엔 전후라는 결과가 되고 있습니다.

　　역시 남성이 결혼할지 말지를 결정할 때에는 일하는 방식의 차이에 의한 경제력의 차이가 적지 않게 영향을 끼치고 있는 것 같습니다.

(注1) 若年層 : 젊은 층, 젊은 세대
(注2) 勤続年数 : 근속 연수, 현재 재직하고 있는 회사에 근무하고 있는 연수

71 ①일본에서는 만혼화와 비혼화가 진행되고 있습니다라고 하는데, 그것은 왜인가?

1 정사원이라도 비정규 사원이라도 예전에 비해 연 수입이 줄어들고 있으니까

2 독신주의자가 늘었으니까

3 젊은이의 고용에 있어서의 비정규 사원의 비율이 높아지고 있으니까

4 남녀 모두 대학을 졸업하는 사람이 늘어 취직률이 올랐으니까

해설 바로 뒤의 문장에서, 하나의 요인으로 젊은 층 고용자에 있어서의 비정규 사원 비율이 높아지는 것이 지
적되고 있다(その晩婚化·非婚化の要因のひとつとして、若年雇用者における非正社員比率の
高まりが指摘されています)고 했으므로 알맞은 설명은 3번이다.

72 ②남성의 연 수입과 기혼율과의 관계에서 바른 것은 어느 것인가?

1 연 수입이 400만 엔 이하가 되면 기혼률은 5.6%까지 떨어진다.

2 연 수입이 300만 엔 이하가 되면 기혼률은 20% 정도이다.

3 연 수입이 300만 엔을 넘으면 기혼률이 25~40%까지 올라간다.

4 연 수입에 관계없이 30대 남성의 기혼률은 25% 정도이다.

해설 남성 20대와 30대에서의 기혼률은 연 수입이 300만 엔 미만이면 불과 8~9%정도이지만, 300만 엔을 넘
으면 25~40%까지 올라간다(男性の既婚率は、20代や30代では、年収が300万円未満の階層で最
も低くなっており、わずかに 8 ～ 9 ％程度です。そして年収が300万円を超えると、既婚率
は一気に25～40％まで高まります)고 말하고 있다. 따라서 바르게 설명한 것은 3번이 된다.

73 이 글에서 필자가 가장 말하고 싶은 것은 어느 것인가?

1 비정규 사원이 젊은 층에서 증가하고 있고, 그 현상은 남성의 결혼 활동에도 영향을 미치고 있다.

2 남성뿐만 아니라 여성 정사원의 고용이 증가하고 있고, 만혼화 · 비혼화가 진행되고 있다.

3 20대 남성도 30대 남성도 정사원과 비정규 사원의 기혼률은 바뀌지 않는다.

4 정사원과 비정규 사원의 연 수입을 비교하면 50대에서 4배의 수입 격차가 있다.

해설 최근 비정규 고용 직원의 비율이 높아지고 있으며, 특히 15~34세까지의 젊은 층의 비정규 사원이 증가
하고 있다(すべての年齢階級で非正社員の比率が高まる傾向にありますが、とりわけ15～34歳
までの若年層の非正社員が増加しています)고 말하고 있다. 또 조사 결과를 통해 이러한 고용 형태
의 증가는 남성의 결혼에 큰 영향을 주고 있다(このような雇用形態の増加は、男性の婚活にも大き
な影響を及ぼしています)고 설명하고 있으므로 정답은 1번이다.

近年 근래, 최근 | 雇用者 고용자 | 全体 전체 | 占める 차지하다 | 非正規雇用 비정규 고용 | 職員 직원 | アルバイト 아르바
イト | パート 파트, 파트타임 | 派遣 파견 | 割合 비율 | 高まる 높아지다 | 総務省 총무성 | 労働力 노동력 | 調査 조사 | 非正
社員 비정규 사원 | 比率 비율 | 達する 달하다, 이르다 | 過去 과거 | 最高水準 최고 수준 | 記録 기록 | 年齢 연령 | 階級 계급

174

| 傾向 경향 | とりわけ 특히 | 若年層 젊은 층, 젊은 세대 | 増加 증가 | 理由 이유 | ショック 쇼크, 충격 | 企業 기업 | コスト 코스트, 비용, 생산비 | 負担 부담 | 増大 증대 | 正社員 정사원, 정규 사원 | 新規採用 신규 채용 | 絞り込む (수나 범위를) 줄여 가다 | 積極的 적극적 | 活用 활용 | 挙げる (예 등을) 들다 | 年収 연수, 연 수입 | 差 차, 차이 | 勤続年数 근속 연수 | 開く 간격이 벌어지다 | ~倍 ~배 | 収入 수입 | 格差 격차 | 広がる 넓어지다, 확대되다 | 雇用形態 고용 형태 | 婚活 결혼 활동 | 影響を及ぼす 영향을 미치다 | 平均 평균 | 初婚 초혼 | 最高齢 최고령 | 晩婚化 만혼화 | 非婚化 비혼화(미혼화) | 進む 진행되다 | 要因 요인 | ~における ~에 있어서 | 指摘 지적 | 形成 형성 | 既婚者 기혼자 | ~に対する ~에 대하다 | わずか 불과 | とどまる 머물다, 그치다 | 既婚率 기혼률 | 実際 실제 | 先ほど 아까, 조금 전 | 紹介 소개 | 関係 관계 | 未満 미만 | 階層 계층 | 低い 낮다 | 超える 넘다 | 一気に 단숨에 | どうやら 아무래도 | コンスタントに 항상 일정하게 | ~かどうか ~인지 어떤지 | 家庭 가정 | 分岐点 분기점 | 一方 한편 | 厚生労働省 후생노동성 | 最新 최신 | 統計 통계 | 到達 도달 | 前後 전후 | 結果 결과 | やはり 역시 | 決める 결정하다 | 働き方 일하는 방식 | 経済力 경제력 | 若者 젊은이 | 世代 세대 | 現在 현재 | 在職 재직 | 勤める 근무하다 | 略 줄임, 생략 | 昔 예전, 옛날 | 減る 줄다 | 独身主義者 독신주의자 | 卒業 졸업 | 就職率 취업률 | 上がる 오르다 | 下がる 내리다 | 現象 현상 | 比べる 비교하다

문제 14 오른쪽 페이지는 미도리 대공원 바비큐장의 이용 안내이다. 아래 물음에 대한 답으로 가장 알맞은 것을 1 · 2 · 3 · 4에서 하나 고르시오.

미도리 대공원 바비큐장 이용 안내

【이용 방법】

(1) 예약 · 신청 방법

· 신청은 홈페이지 내에 있는 「바비큐장 사용신청서」를 다운로드하여 기입해 주시고, 사용일 전날까지 사용신청서를 관리사무소에 제출해 주세요.

(예약은 전화로도 가능. 단 사용신청서는 별도 FAX, 우송으로 제출할 것. 전날까지 제출하지 않은 경우에는 예약을 취소하므로 주의 부탁합니다.)

· 접수 시간 오전 9시~오후 5시 30분 (매주 월요일은 쉼)

· 접수 장소 바비큐장 관리사무소 TEL : 06-○○○○-××××

　　　　　　　　　　　　　　　　 FAX : 06-○○○○-×××○

(2) 이용 기간 : 3월 1일~11월 30일, 매주 월요일은 휴업일 (월요일이 공휴일인 경우에는 그 다음 날이 휴업일)

(3) 이용 시간 : 오전 11시~오후 8시, 2시간 단위, 연속 사용의 경우는 최대 4시간까지

(4) 이용 방법 : 바비큐에 필요한 기구 · 식재료는 전부 지참식으로 되어 있습니다.

　　　　　　　화기류에 대해서는 숯 또는 장작을 이용해 주세요.

【설비】

전기식 바비큐 설비 10기 (※유료 1기 2시간 1,000엔) 그물이나 철판을 빌려 드립니다.

숯불식 바비큐 설비 30기(무료) 숯, 그물은 모두 지참식. 대출 가능(유료)

(숯 : 1킬로그램 300엔 그물 : 300엔)

취사동(수도 설비 있음) 2기(무료) 공동 이용이므로 깨끗하게 사용하세요.

탁자 · 의자(6~8명) 40세트(무료) 각 설비 1기당 1세트의 이용이 됩니다.

《참고》 숯의 필요량… 1기당 4시간 사용으로 약 4킬로그램

【주의사항】

※착화제의 취급에 주의하세요.

　착화제는 이용하시는 손님의 손으로 직접 행하고 있습니다. 또 착화제는 어린이의 손이 닿지 않는 곳에 보관해 주세요.

※미성년(18세 미만)만으로 이용은 할 수 없습니다. 성인(20세 이상)인 분의 동반이 필요합니다.

※공원 안에서 불을 사용할 수 있는 장소는 바비큐장뿐입니다.

《쓰레기 감량화에 대한 부탁》

바비큐장에서 나온 쓰레기는 재 이외에는 전부 자택까지 가지고 돌아가세요.

또 쓰레기량을 적게 하기 위해 다음을 권합니다.

1. 숯과 식료는 남기지 않도록 필요한 양만 지참하세요.
2. 불필요한 포장은 사전에 처분하고 오세요.
3. 식재료는 미리 껍질을 벗기고 잘라서 들고 오시면 준비 시간을 단축할 수 있어 바로 바비큐를 즐길 수 있습니다.

【문의】

바비큐장 관리사무소   TEL : 06−○○○○−×××× (오전 9시~오후 5시 30분/월요일은 정기휴일)

FAX : 06−○○○○−×××○ (오전 9시~오후 5시 30분/월요일은 정기휴일)

74 미도리 대공원 바비큐장의 이용 규칙에 맞지 않는 것은 어느 것인가?

1 신청 때에 바비큐장 사용신청서를 기입하고, 이용일 전날까지 관리사무소에 제출한다.

2 미성년자만으로 바비큐 시설을 이용할 수 없다.

3 바비큐장에서 나온 쓰레기는 쓰레기장에 설치되어 있는 쓰레기통에 분류하여 버린다.

4 전기식 바비큐 설비 이외는 무료로 사용할 수 있다.

해설 《쓰레기 감량화에 대한 부탁》 부분에서, 바비큐장에서 나온 쓰레기는 재 이외에는 전부 자택으로 가지고 돌아가라(バーベキュー場で出たごみは、燃えがら以外、すべてご自宅までお持ち帰りください)고 했으므로, 쓰레기장에 설치된 쓰레기통에 분류해 버리는 것이 아니다. 따라서 정답은 3번이 된다.

75 두 가족(10명)으로 11시~15시까지 숯불식 바비큐 설비 2기와 숯을 빌리는 경우, 얼마 지불해야 하는가?

1 3,000엔

2 4,400엔

3 6,400엔

4 2,400엔

해설 숯불식 바비큐 설비는 무료이므로 숯을 빌리는 금액만 지불하면 된다. 4시간 동안 바비큐 설비 2기를 사용하는데 필요한 숯의 양은 8킬로그램인데, 1킬로그램에 300엔이므로 지불해야 하는 돈은 2,400엔이 된다.

バーベキュー場 바비큐장 | 規則 규칙 | 申込書 신청서 | 記入 기입 | 前日 전날 | 管理事務所 관리사무소 | 提出 제출 | 未成年者 미성년자 | ~のみ ~만, ~뿐 | 施設 규칙 | ごみ 쓰레기 | ゴミ捨て場 쓰레기 처리장 | 設置 설치 | ゴミ箱 쓰레기통 | 分類 분류 | 捨てる 버리다 | 電気式 전기식 | 設備 설비 | 無料 무료 | 炭式 숯불식 | 炭 숯 | 借りる 빌리다 | 予約 예약 | ホームページ 홈페이지 | ダウンロード 다운로드 | ただし 단, 다만 | 別途 별도 | 郵送 우송 | 取り消す 취소하다 | 受付 접수 | 期間 기간 | 休業日 휴업일 | 祝日 경축일, 공휴일 | 翌日 익일, 다음 날 | 単位 단위 | 連続 연속 | 器具 기구 | 食材 식재료 | 持ち込み 반입 | 火気類 화기류 | または 또는 | 薪 장작 | 有料 유료 | 網 그물, 망 | 鉄板 철판 | 貸出し 대출, 대여 | 炊事 취사 | 水道 수도 | 共同 공동 | テーブル 테이블, 탁자 | 椅子 의자 | セット 세트 | ~につき ~당 | 参考 참고 | ~あたり ~당 | 約 약 | キロ 킬로그램 | 注意事項 주의사항 | 着火剤 착화제 | 取扱い 취급 | 手が届く 손이 닿다 | 保管 보관 | 同伴 동반 | 成人 성인 | 火 불 | 減量化 감량화 | 燃えがら 다 타고 남은 찌꺼기, 재 | 自宅 자택 | 持ち帰る 가지고 돌아가다 | 余る 남다 | 不要だ 불필요하다 | 包装 포장 | 事前に 사전에 | 処分 처분 | お越しください 찾아와 주세요 | あらかじめ 미리, 사전에 | 皮をむく 껍질을 벗기다 | カットする 자르다, 깎다 | 準備 준비 | 短縮 단축 | 楽しむ 즐기다 | お問い合わせ 문의, 조회 | 定休 정기휴일

問題 1

問題 1 では、まず質問を聞いてください。それから話を聞いて、問題用紙の 1 から 4 の中から最もよいものを一つ選んでください。
では練習しましょう。

例

学校で先生と女の学生が話しています。女の学生はこのあと、何をしますか。

F : 失礼します。
M : ああ、鈴木さん、休み時間なのに来てくれてありがとう。次の授業で使うプリントと教科書を教室に持って行く手伝いをお願いしたくてね。
F : ここにある教科書ですね。
M : そう、ありがとう。
F : プリントはどれですか。
M : それがまだコピーしていないから、それは私が持っていくよ。あと、教室に戻ったらみんなに教科書を配っておいてほしいんだ。
F : わかりました。

女の学生はこのあと、何をしますか。

1 プリントを持っていく
2 プリントと教科書を持っていく
3 教科書を持っていく
4 教科書を配る

最もよいものは 3 番です。解答用紙の問題 1 の例のところを見てください。最もよいものは 3 番ですから、答えはこのように書きます。
では始めます。

1 番

男性と女性が飲み会について話しています。女性は、今晩、どうしますか。

M : 今晩、高校の時の友達と飲みに行く予定なんだけど、さちこも来れるって言ってたよな？
F : え？聞いてないわよ。それに私も今日の夜は友達と約束してるから急に言われてもね。

문제 1

문제 1에서는 우선 질문을 들어 주세요. 그러고 나서 이야기를 듣고 문제 용지의 1부터 4 중에서 가장 알맞은 것을 하나 고르세요.
그럼 연습하겠습니다.

예

학교에서 선생님과 여학생이 이야기하고 있습니다. 여학생은 이후에 무엇을 합니까?

여 : 실례합니다.
남 : 아, 스즈키 씨, 쉬는 시간인데 와 줘서 고마워. 다음 수업에서 사용할 프린트와 교과서를 교실에 들고 가는 심부름을 부탁하고 싶어서.
여 : 여기에 있는 교과서군요.
남 : 그래, 고마워.
여 : 프린트는 어느 것이에요?
남 : 그게 아직 복사를 하지 않아서 그건 내가 들고 갈게. 그리고 교실에 돌아가면 모두에게 교과서를 나누어 주었으면 좋겠어.
여 : 알겠습니다.

여학생은 이후에 무엇을 합니까?

1 프린트를 들고 간다.
2 프린트와 교과서를 들고 간다.
3 교과서를 들고 간다.
4 교과서를 나누어 준다.

가장 알맞은 것은 3번입니다. 해답 용지의 문제 1의 예 부분을 봐 주세요. 가장 알맞은 것은 3번이므로 답은 이렇게 씁니다.
그럼 시작하겠습니다.

1 번

남성과 여성이 회식에 대해 이야기하고 있습니다. 여성은 오늘 저녁에 어떻게 합니까?

남 : 오늘 저녁에 고등학교 때 친구랑 술 마시러 갈 예정인데, 사치코도 올 수 있다고 했지?
여 : 어? 못 들었어. 게다가 나도 오늘 밤은 친구랑 약속했으니까 갑자기 말을 들어도.

M：え〜それは困るよ〜。友達にも彼女を紹介するって言っちゃった手前、「実は彼女、来れないんだ」なんて言ったら俺が彼女いるって嘘ついてたみたいに思われるじゃん。何とか予定変えられない？

F：んもー、前もって言ってくれてたら空けておいたのに、今日じゃ急だし友達にも悪いわ。

M：それじゃ、お前の友達も一緒に連れてくるっていうのはどう？

F：それはちょっと……。私はまだいいけど、友達は知らない人ばかりだったら気を使うと思うんだ。

M：そっかー。俺、今日行くのやめようかなー。

F：何言ってるの。それこそ行かないとまた何か言われるんじゃないの？

M：それもそうだよな〜。

F：仕方ないわね。遅くなってもいいなら私も友達と別れた後で電話するから、それまでうまくやっといて。

M：うん、わかった。

女性は、今晩、どうしますか。

1　自分の友達と会う予定を変更する
2　友達を連れて男性の飲み会に参加する
3　友達に会った後で男性の飲み会に参加する
4　男性の飲み会には参加しない

> 単語

飲み会 회식, 술 모임 | 今晩 오늘 저녁, 오늘 밤 | 予定 예정 | それに 게다가 | 約束 약속 | 急に 갑자기 | 彼女 그녀, 여자 친구 | 紹介 소개 | 〜手前 〜한 체면상 | 嘘をつく 거짓말을 하다 | 前もって 미리 | 空ける 비우다 | 連れる 데리고 가다(오다) | 気を使う 신경 쓰다 | やめる 그만두다 | 仕方ない 어쩔 수 없다 | 別れる 헤어지다 | 変更 변경 | 参加 참가, 참석

2番

男性と女性が週末の予定について話しています。この女性は、旅行会社に行った後、どうするつもりですか。

M：ゆうこちゃん〜、今週の土曜日って空いてる？ちょっと渡したいものがあるんだけど。

F：ん〜今度の土曜日は会社の同僚とJBC旅行会社に行って旅行の予約をして、それからお昼を一緒に食べる約束してるんだ。同僚が15時から習い事があるって言ってたから15時以降なら大丈夫だけど。ところで渡したいものって何？

남：어〜그건 곤란해. 친구에게도 여자 친구를 소개한다고 말해 버린 체면상 "실은 여자 친구 못 와"라고 말하면 내가 여자 친구 있다고 거짓말 한 것처럼 생각되잖아. 어떻게 좀 예정 바꿀 수 없어?

여：음〜, 미리 말해 줬으면 비워 두었을 텐데. 오늘이면 갑작스럽고 친구에게도 미안해.

남：그러면 네 친구도 같이 데려오는 건 어때?

여：그건 좀……. 난 그래도 괜찮지만, 친구는 모르는 사람 뿐이라면 신경 쓸 거야.

남：그런가. 나 오늘 가는 거 관둘까?

여：무슨 소리야? 그것이야말로 안 가면 또 무슨 소리 듣는 것 아냐?

남：그것도 그래.

여：어쩔 수 없네. 늦어져도 괜찮다면 나도 친구와 헤어진 후에 전화할 테니까 그때까지 잘하고 있어.

남：응, 알겠어.

여성은 오늘 저녁에 어떻게 합니까?

1　자신의 친구와 만날 예정을 변경한다.
2　친구를 데리고 남성의 회식에 참가한다.
3　친구를 만난 후에 남성의 회식에 참가한다.
4　남성의 회식에는 참가하지 않는다.

> 해설

여자는 처음엔 못 간다고 말하지만, 결국 늦어져도 괜찮다면 친구와 헤어진 후에 전화할 테니까 잘하고 있으라(遅くなってもいいなら私も友達と別れた後で電話するから、それまでうまくやっといて)고 한다. 즉 자신의 친구를 만난 후 늦게라도 남성의 회식에 가겠다는 말이므로 정답은 3번이다.

2번

남성과 여성이 주말 예정에 대해 이야기하고 있습니다. 이 여성은 여행사에 간 후, 어떻게 할 예정입니까?

남：유코, 이번 주 토요일 시간 있어? 좀 건네주고 싶은 것이 있는데.

여：음〜, 이번 토요일은 회사 동료랑 JBC여행사에 가서 여행 예약을 하고, 그러고 나서 점심을 같이 먹기로 약속했어. 동료가 15시부터 배우는 게 있다고 해서 15시 이후라면 괜찮은데.
그런데, 건네주고 싶다는 게 뭐야?

M：それは秘密。きっと気に入ると思うから楽しみにしてて。それじゃ、福田駅の東出口で15時にどうかな？　それか、暑いから東出口出てすぐのところのカフェで待ち合わせしてもいいけど。

F：いいね。あっそうだ、福田駅の方向に行くならついでに本屋に寄りたいんだけど。JJ堂が東出口出てすぐに新しくできたんだけど、そこで取り寄せしてる本があって、さっきメールで「本が届きました」って来てたからついでに取りに行きたいなって思って。

M：そうなんだ。俺もちょうど見たい本があるから……。外は暑いしそこで待ち合わせしようか。

F：うん。じゃ、15時にね。もし変更があるならまたメールしてね。

M：うん、わかった。

この女性は、旅行会社に行った後、どうするつもりですか。

1　福田駅にある本屋で男性と会う
2　取り寄せている本を取りに本屋に行く
3　カフェで男性が来るのを待つ
4　同僚とランチをする

단어

週末 주말 | 旅行会社 여행사 | つもり 생각, 예정 | 空く 비다 | 渡す 건네다 | 今度 이번, 다음 번 | 同僚 동료 | お昼 점심, 점심 식사 | 習い事 배우는 일 | 以降 이후 | 大丈夫だ 괜찮다 | ところで 그런데 | 秘密 비밀 | きっと 꼭, 반드시 | 気に入る 마음에 들다 | 楽しみにする 기대하다 | 東 동쪽 | 出口 출구 | カフェ 카페 | 待ち合わせ 약속하고 상대를 기다림 | 方向 방향 | ～ついでに ～(하)는 김에 | 寄る 들르다 | できる 생기다 | 取り寄せる 주문해서 가져오게 하다 | さっき 조금 전 | メール 메일 | 届く 닿다, 도착하다 | ちょうど 마침, 딱 | 外 밖 | もし 만약 | ランチ 런치, 점심

3番

電話で宅急便の再配達を依頼しようと思っています。今日の午後3時ごろに自宅に配達してもらうにはどの番号を押せばいいですか。

F：こちらは「まつなみ運輸、再配達自動音声案内システム」です。始めに、お客様の伝票番号を4桁ご入力ください。次に、当日配達をご希望される場合は「3」、翌日以降ご希望の場合は日付4桁を入力

남 : 그건 비밀. 아마 마음에 들 거라고 생각하니까 기대하고 있어. 그러면 후쿠다 역 동쪽 출구에서 15시에 어때? 아니면 더우니까 동쪽 출구를 나와서 바로 있는 카페에서 만나도 되는데.

여 : 좋아. 앗 맞다. 후쿠다 역 방향으로 갈 거면 가는 김에 서점에 들르고 싶은데. JJ당이 동쪽 출구 나와서 바로 새로 생겼는데, 거기에서 주문해 둔 책이 있어서 아까 메일로 '책이 도착했습니다'라고 와 있어서 가는 김에 가지러 가고 싶어서.

남 : 그렇구나. 나도 마침 보고 싶은 책이 있으니까……. 밖은 덥고 거기에서 만날까?

여 : 응. 그럼 15시에. 만일 변경이 있으면 또 메일 보내줘.

남 : 응, 알겠어.

이 여성은 여행사에 간 후, 어떻게 할 예정입니까?

1　후쿠다 역에 있는 서점에서 남성과 만난다.
2　주문한 책을 가지러 서점에 간다.
3　카페에서 남성이 오는 것을 기다린다.
4　동료와 점심을 먹는다.

해설

여성의 첫 번째 말에서, 이번 토요일은 회사 동료랑 JBC 여행사에 가서 여행 예약을 하고 점심을 같이 먹기로 약속했다(今度の土曜日は会社の同僚とJBC旅行会社に行って旅行の予約をして、それからお昼を一緒に食べる約束してるんだ)고 한다. 그리고 남성과는 그 이후에 만나기로 했으므로 결국 여행사에 다녀온 후 여성은 동료와 점심을 먹을 것이다.

3번

전화로 택배의 재배달을 의뢰하려고 합니다. 오늘 오후 3시경에 자택에 배달해 받으려면 어느 번호를 누르면 됩니까?

여 : 이쪽은 '마쓰나미 운수, 재배달 자동 음성 안내 시스템'입니다. 먼저 손님의 전표 번호를 4자리 입력해 주세요. 다음으로 당일 배달을 희망하시는 경우는 '3', 익일 이후를 희망하시는 경우는 날짜 4자리를 입력해 주세요. 예를 들면 4월 1일을 희망하시는 경우는 0401이라고

してください。例えば、4月1日をご希望される場合は0401とご入力ください。最後に、ご希望の配達時間帯をお選びください。午前中をご希望の場合は「1」、12時から14時をご希望の場合は「2」、14時から16時をご希望の場合は「3」、16時から18時をご希望の場合は「4」、18時から20時をご希望の場合は「5」を押してください。お客様のご依頼を承りました。ご希望の時間に担当ドライバーが再配達に伺います。

今日の午後3時ごろに自宅に配達してもらうにはどの番号を押せばいいですか。

1　0821　3　4
2　0821　0401　4
3　0821　0401　3
4　0821　3　3

단어

宅急便 택배 | 再配達 재배달 | 依頼 의뢰 | 自宅 자택 | 番号 번호 | 押す 누르다 | 運輸 운수 | 自動 자동 | 音声 음성 | 案内システム 안내 시스템 | 始め 처음 | お客様 손님 | 伝票 전표 | 桁 수의 자리, 자릿수 | 入力 입력 | 次 다음 | 当日 당일 | 希望 희망 | 場合 경우 | 翌日 익일, 다음 날 | 日付 날짜 | 例えば 예를 들어 | 最後 최후, 마지막 | 時間帯 시간대 | 選ぶ 선택하다 | 承る 삼가 받다, 삼가 듣다(겸양어) | 担当 담당 | ドライバー 운전수, 운전자 | 伺う '묻다, 듣다, 방문하다'의 겸양어

4番

先生が授業で学生に話をしています。学生はどのようにして、レポートを作成しなければなりませんか。

F：今からレポート提出に関していくつか注意事項を説明します。今回のレポートはグラフを作成してグラフをレポートの中に入れて作成してもらいます。グラフと文章は一緒にします。別々の用紙で提出してはいけません。図の挿入方法については、前回の授業で教えた通りです。レポートのサイズはA4サイズにしてください。
M：先生、図の位置はどこでもいいですか。
F：図の位置は左上、文章は回り込ませるタイプのものを選んでください。時々、図の外周に文章が回り込んだレポートを見ますが、レポートが読みにくいので、今回は指定どおりに作成して提出してください。

입력하세요. 마지막으로 희망하시는 배달 시간대를 선택해 주세요. 오전 중을 희망하시는 경우는 '1', 12시부터 14시를 희망하시는 경우는 '2', 14시부터 16시를 희망하시는 경우는 '3', 16시부터 18시를 희망하시는 경우는 '4', 18시부터 20시를 희망하시는 경우는 '5'를 눌러 주세요. 손님의 의뢰를 받았습니다. 희망하시는 시간에 담당 운전자가 재배달하러 방문하겠습니다.

오늘 오후 3시경에 자택으로 배달을 받으려면 어느 번호를 누르면 됩니까?

1　0821　3　4
2　0821　0401　4
3　0821　0401　3
4　0821　3　3

해설

우선 전표 번호 4자리(0821)를 입력한 후, 오늘 받으려는 것이므로 당일 배달을 희망하는 경우의 3을 누르고, 마지막으로 오후 3시는 14시~16시 사이 시간이므로 3을 눌러야 한다. 따라서 정답은 4번이다.

4번

선생님이 수업에서 학생에게 이야기를 하고 있습니다. 학생은 어떻게 해서 리포트를 작성해야 합니까?

여 : 지금부터 리포트 제출에 관해 몇 가지 주의사항을 설명하겠습니다. 이번 리포트는 그래프를 작성해서 그래프를 리포트 안에 넣어 작성해 주시기 바랍니다. 그래프와 글은 함께 합니다. 각각의 용지로 제출해서는 안 됩니다. 그림의 삽입 방법에 대해서는 지난번 수업에서 가르쳐 준 대로입니다. 리포트의 크기는 A4사이즈로 해 주세요.
남 : 선생님, 그림의 위치는 어디라도 괜찮습니까?
여 : 그림 위치는 왼쪽 위, 글은 돌아서 들어가게 하는 타입의 것을 선택해 주세요. 때때로 그림 바깥 둘레에 글이 돌아서 들어간 리포트를 봅니다만, 리포트가 읽기 어려워서 이번에는 지정대로 작성해서 제출해 주세요.

M：あのー、ページ番号も必要ですか。

F：あ、それはいいです。そのかわり、最後に左上に１箇所ホッチキスでとめてください。

M：レポートの枚数指定はありますか。

F：今回は枚数の指定はありませんが、最低でも３枚以上は書いてきてください。それと、締め切りは今月末の17時までです。直接私の部屋まで持ってきてください。他に質問がなければ、これで説明は終わりです。みなさん頑張って作成してください。

学生はどのようにして、レポートを作成しなければなりませんか。

授業 수업 | レポート 리포트 | 作成 작성 | 提出 제출 | ～に関して ～에 관해서 | 注意事項 주의사항 | 説明 설명 | グラフ 그래프 | 文章 문장, 글 | 別々 제각각, 따로따로 | 用紙 용지 | ～てはいけない ～해서는 안 된다 | 図 그림 | 挿入 삽입 | 方法 방법 | 前回 지난번 | ～通り ～대로 | サイズ 사이즈, 크기 | 位置 위치 | 左上 왼쪽 위 | 回り込む 돌아서 (들어)가다 | タイプ 타입 | 時々 때때로 | 外周 외주, 바깥 둘레 | 指定 지정 | ページ 페이지 | そのかわり 그 대신 | ～箇所 ～군데 | ホッチキス 호치키스, 스테이플러 | とめる 고정하다 | 枚数 매수, 장수 | 最低 최저 | ～枚 ～매, ～장 | 以上 이상 | それと 그리고 | 締め切り 마감 | 今月末 이달 말 | 直接 직접 | 他に 그 밖에 | 質問 질문 | 終わり 끝, 마침 | みなさん 여러분 | 頑張る 열심히 하다, 분발하다

5番

男子学生が歯医者の受付の人と話をしています。この男子学生は歯医者の予約をいつに変更しましたか。

F：今日は治療費が1,200円になります。それと、次回の予約は電話で３月10日の木曜日17時でお取りしていますが、変更はありませんか。

M：え〜っと、３月10日は試合前で部活に出なきゃいけなくなって……。終わるのが19時なので19時半ぐらいが空いていれば変更したいんですけど。

F：はい、少々お待ちください。え〜っと、３月10日の19時半はもう予約がいっぱいですので他の日になりますが。一番早いお日にちですと、３月16日の17時と３月18日の19時が今のところ空いていますが、変更されますか。

남：저, 페이지 번호도 필요합니까?

여：아, 그건 됐습니다. 그 대신 마지막에 왼쪽 위에 한 군데를 호치키스로 고정해 주세요.

남：리포트 장수 지정은 있습니까?

여：이번에는 장수 지정은 없지만, 최저 3장 이상은 써 오세요. 그리고 마감은 이달 말 17시까지입니다. 직접 제 방까지 가지고 오세요. 그 외에 질문이 없으면 이것으로 설명은 마치겠습니다. 여러분 열심히 작성해 주세요.

학생은 어떻게 해서 리포트를 작성해야 합니까?

선생님의 설명에서, 그림 위치는 왼쪽 위, 글은 돌아서 들어가게 하는 타입(図の位置は左上、文章は回り込ませるタイプのもの)으로 페이지 번호는 됐다고 했고, 왼쪽 위에 한 군데를 호치키스로 고정해 달라고 했다. 이 조건들을 만족하는 것은 1번이다.

5 번

남학생이 치과 접수처 사람과 이야기하고 있습니다. 이 남학생은 치과 예약을 언제로 변경했습니까?

여：오늘은 치료비가 1,200엔이 됩니다. 그리고 다음 번 예약은 전화로 3월 10일 목요일 17시로 잡혀 있습니다만, 변경은 없습니까?

남：음~, 3월 10일은 시합 전이라서 동아리 활동에 나가지 않으면 안 되어서……. 끝나는 것이 19시니까 19시 반 정도가 비어 있으면 변경하고 싶은데요.

여：네, 잠시만 기다려 주세요. 저~, 3월 10일 19시 반은 벌써 예약이 차 있어서 다른 날로 잡으셔야 하는데. 가장 빠른 날짜라면 3월 16일 17시와 3월 18일 19시가 지금은 비어 있는데, 변경하시겠습니까?

M：16日は学校が終わるのが遅くて17時にはいけない
から、18日の19時の方がいいかな。16日の19時
が空いていればよかったんだけどなー。

F：そうですねー。あっ、そういえば、16日の19時は
さっきキャンセルが出たから空いてますよ。

M：そうなんですか。じゃ、それにしてください。

F：はい、では、その日で予約をお取りしておきます。
それと、次回は歯科衛生士のチェックもあります
ので、いつも使っている歯ブラシを忘れないよう
にお持ちください。

M：はい、わかりました。

この男子学生は歯医者の予約をいつに変更しましたか。

1　3月16日　　17時
2　3月10日　　17時
3　3月18日　　19時
4　**3月16日　　19時**

歯医者 치과, 치과 의사 | 受付 접수 | 治療費 치료비 | 次回
다음 번 | 取る 예약하다 | 試合 시합 | 部活 동아리 활동 |
終わる 끝나다, 마치다 | 少々 조금, 잠시 | いっぱい 가득 |
一番 가장, 제일 | 日にち 날짜 | 今のところ 지금 단계에서
는 | 遅い 늦다 | そういえば 그러고 보니 | キャンセル 취
소 | 歯科衛生士 치과 위생사 | チェック 체크 | 歯ブラシ
칫솔 | 忘れる 잊어버리다 | ～ないように ～하지 않도록

問題2

問題2では、まず質問を聞いてください。その
あと、問題用紙のせんたくしを読んでくださ
い。読む時間があります。それから話を聞い
て、問題用紙の1から4の中から最もよいもの
を一つ選んでください。
では練習しましょう。

例

食堂で男の人と女の人が話しています。男の人はどう
して元気がないのですか。

F：どうしたの？ご飯全然食べてないじゃない。

M：食欲がないんだよ。最近暑いから夜もよく眠れな
いんだ。

남：16일은 학교가 끝나는 것이 늦어서 17시에는 안 되니
까 18일 19시 쪽이 좋을까. 16일 19시가 비어 있으면
좋았을 텐데.

여：그렇군요. 앗, 그리고 보니 16일 19시는 조금 전 취소
가 나와서 비어 있어요.

남：그렇습니까? 그럼, 그걸로 해 주세요.

여：네, 그럼 그 날로 예약을 해 드리겠습니다. 그리고 다
음 번에는 치과 위생사의 체크도 있으니까, 늘 사용하
고 있는 칫솔을 잊지 않도록 가지고 오세요.

남：네, 알겠습니다.

이 남학생은 치과 예약을 언제로 변경했습니까?

1　3월 16일 17시
2　3월 10일 17시
3　3월 18일 19시
4　**3월 16일 19시**

남자가 예약을 변경하고 싶다고 하며 16일 19시가 비어 있
으면 좋겠다(16日の19時が空いていればよかったんだ
けどなー)고 하자, 여자는 16일 19시는 조금 전 취소가 나
와서 비어 있다(16日の19時はさっきキャンセルが出
たから空いてますよ)고 했고, 남자는 그 시간으로 해 달
라(じゃ、それにしてください)고 했다. 따라서 결국 예
약은 16일 19시이므로, 정답은 4번이다.

문제 2

문제 2에서는 우선 질문을 들어 주세요. 그 후, 문제
용지의 선택지를 읽어 주세요. 읽는 시간이 있습니다.
그리고 나서 이야기를 듣고 문제 용지의 1부터 4 중에
서 가장 알맞은 것을 하나 고르세요.
그럼 연습하겠습니다.

예

식당에서 남자와 여자가 이야기하고 있습니다. 남자는 왜 기운이
없는 것입니까?

여：무슨 일이야? 밥 전혀 안 먹었잖아.

남：식욕이 없어. 요즘 더우니까 밤에도 잠을 잘 못 자.

F：私も暑いの弱いけれど、食欲だけはあるわよ。彼女とけんかしてまだ仲直りしてないの？

M：うん、昨日も電話したんだけれど、出てもらえなくて。直接会って謝りたいんだけど、連絡が取れないんだよ。

F：それは大変ね。

M：明日のテストの勉強もしなきゃいけないのに、彼女のことを考えると何もしたくないんだよ。

F：それは暑さが原因じゃないわね。早く仲直りできるといいわね。

M：うん、今日も電話してみるよ。

男の人はどうして元気がないのですか。

1　お腹がいっぱいで食欲がないから
2　彼女とけんかして連絡が取れないから
3　テスト勉強ができないから
4　明日はテストがあるから

最もよいものは２番です。解答用紙の問題２の例のところを見てください。最もよいものは２番ですから、答えはこのように書きます。
では始めます。

1 番

女性２人が話しています。女性が引越しをする理由は何ですか。

Ｆ１：あれー？もしかして引越しするの？

Ｆ２：うん。今度はもうちょっと広めで駅から近いところを探してるんだ。

Ｆ１：大屋さんにはもう言ったの？

Ｆ２：うん。少し前に言ったんだけど、大屋さんに引越ししたいって言ったらちょっと文句を言われちゃってね……。

Ｆ１：そうなんだー。大屋さんになんと言ったの？

Ｆ２：今まで何回か言った事があったんだけど、エレベーターに乗るとたばこ臭い日があって、それで大屋さんに、たばこを吸わないように注意書きを貼ってほしいって言ったんだけど、ぜんぜん何も変わらなくてね。私、たばこの臭いが苦手で……。それで、この間ついかーっとなって「今月末に家を出ます」って言っちゃったんだ～。

Ｆ１：そうだったんだ。でも、そのマンション、微妙だね。前は上の階の人が騒いでて、うるさいって言ってなかったっけ？

여：나도 더위에 약하지만 식욕만은 있어. 여자 친구랑 싸우고 아직 화해하지 않았지?

남：응, 어제도 전화했는데, 받아 주지 않아서. 직접 만나서 사과하고 싶지만 연락이 되지 않아.

여：그건 큰일이네.

남：내일 시험 공부도 해야 하는데, 여자 친구 일을 생각하면 아무것도 하고 싶지 않아.

여：그건 더위가 원인이 아니네. 빨리 화해했으면 좋겠네.

남：응, 오늘도 전화해 볼게.

남자는 왜 기운이 없는 것입니까?

1　배가 불러서 식욕이 없기 때문에
2　여자 친구와 싸워서 연락이 되지 않기 때문에
3　시험 공부를 할 수 없기 때문에
4　내일은 시험이 있기 때문에

가장 알맞은 것은 2번입니다. 해답 용지의 문제 2의 예 부분을 봐 주세요. 가장 알맞은 것은 2번이므로 답은 이렇게 씁니다.
그럼 시작하겠습니다.

해설

1번

여성 두 명이 이야기하고 있습니다. 여성이 이사를 하는 이유는 무엇입니까?

여 1：어머? 혹시 이사하는 거야?

여 2：응, 이번에는 조금 더 넓고 역에서 가까운 곳을 찾고 있어.

여 1：집주인에게는 벌써 말했어?

여 2：응. 조금 전에 말했는데, 집주인에게 이사하고 싶다고 말했더니 불평을 좀 들어서…….

여 1：그렇구나. 집주인에게 뭐라고 말한 거야?

여 2：지금까지 몇 번인가 말한 적이 있었는데, 엘리베이터를 타면 담배 냄새가 나는 날이 있어서, 그래서 집주인한테 담배를 피우지 않도록 주의서를 붙였으면 좋겠다고 말했는데, 전혀 아무것도 바뀌지 않아서. 나, 담배 냄새가 질색이라서……. 그래서 얼마 전에 그만 발끈해서 '이달 말에 집을 나가겠습니다'라고 말해 버린 거야.

여 1：그랬구나. 하지만 그 아파트, 미묘하네. 전에는 위층 사람이 떠들어서 시끄럽다고 하지 않았나?

F 2：うん。でも、その人は先月出て行ったからね～。
F 1：いい家を探すのって難しいね～。

女性が引越しをする理由は何ですか。

1　部屋が狭かったから
2　駅から遠かったから
3　上の階の人が騒いでうるさかったから
4　**エレベーターがたばこ臭いから**

引越し 이사 | 理由 이유 | もしかして 어쩌면, 혹시 | 広め 좀 넓음 | 駅 역 | 近い 가깝다 | 探す 찾다 | 大屋さん 집주인 | 少し前に 조금 전에 | 文句を言う 불평을 하다 | エレベーター 엘리베이터 | 乗る 타다 | たばこ臭い 담배 냄새가 나다 | たばこを吸う 담배를 피우다 | 注意書き 주의서 | 貼る 붙이다 | ～てほしい ～해 줬으면 하다 | ぜんぜん 전혀 | 変わる 바뀌다 | 臭い 냄새 | 苦手だ 질색이다, 거북하다 | この間 요전, 얼마 전 | つい 그만, 무심코 | かーっとなる 갑자기 화를 내다 | マンション 맨션, 아파트 | 微妙だ 미묘하다 | 上の階 위층 | 騒ぐ 떠들다, 시끄러워지다 | うるさい 시끄럽다 | 難しい 어렵다 | 狭い 좁다 | 遠い 멀다

2番

男の子と女の子がギターについて話しています。女の子はなぜギターをやめたと言いましたか。

M：俺さ、最近ギターを習い始めたんだけど、結構むずかしいよなー。
F：うんうん。私も、前に、お兄ちゃんから教えてもらったことがあるけど、練習してもなかなかきれいな音が出なくて、結局途中でやめちゃったんだよね。
M：そっかー。女の子は指の力も強くないし、手も男の子よりは小さいから練習は大変だと思うよ。
F：うん。その点、坂本君は手も大きいしうまく弾けそうだよね。
M：ん～それがそうでもないような。コードを押さえるのは問題ないんだけど、押さえるのが遅いのか、時々リズムがずれることがあるんだよな～。
F：そうなんだ。でも、それって練習すれば何とかなるんじゃない？
M：そうだといいな。でも、今ってレポートの課題やらサークル活動やらで忙しくて全然時間が作れないからな～。

여 2 : 응. 하지만 그 사람은 지난달에 나갔으니까.
여 1 : 좋은 집을 찾는다는 건 어렵구나.

여성이 이사를 하는 이유는 무엇입니까?

1　방이 좁았기 때문에
2　역에서 멀었기 때문에
3　위층의 사람이 떠들어서 시끄러웠기 때문에
4　**엘리베이터에서 담배 냄새가 나기 때문에**

여자는 집주인한테 엘리베이터에서 담배 냄새가 난다고, 담배를 피우지 않도록 주의서를 붙였으면 좋겠다고 했지만, 전혀 아무것도 바뀌지 않아 집을 나가겠다고 말한(エレベーターに乗るとたばこ臭い日があって～「今月末に家を出ます」って言っちゃったんだ) 것이다. 그러므로 정답은 4번이다.

2번

남자아이와 여자아이가 기타에 대해 이야기하고 있습니다. 여자아이는 왜 기타를 그만두었다고 말했습니까?

남 : 나 요즘 기타를 배우기 시작했는데, 꽤 어렵네.
여 : 응응. 나도 전에 오빠한테 배웠던 적이 있는데, 연습해도 좀처럼 예쁜 소리가 나지 않아서, 결국 도중에 그만둬 버렸어.
남 : 그런가. 여자아이는 손가락 힘도 강하지 않고, 손도 남자아이보다는 작으니까 연습은 힘들 거야.
여 : 응. 그 점에서 사카모토 군은 손도 크고 잘 칠 수 있을 것 같아.
남 : 음, 그게 그렇지도 않은 것 같아. 코드를 누르는 건 문제없지만, 누르는 것이 늦어서인지 때때로 리듬이 어긋나는 경우가 있어.
여 : 그렇구나. 하지만 그건 연습하면 어떻게든 되는 거 아니야?
남 : 그렇다면 좋겠는데. 하지만 지금은 리포트 과제며 동아리 활동으로 바빠서 전혀 시간을 낼 수 없으니까.

F：そっかー。それなら学校に持ってきて空いた時間に練習すればいいんじゃない？

M：それはいい考えだね。

女の子はなぜギターをやめたと言いましたか。

1　きれいな音が出ないから
2　指の力が弱いから
3　練習時間があまりないから
4　手が小さいから

ギター 기타 | なぜ 왜 | やめる 그만두다 | 最近 최근, 요즘 | 習い始める 배우기 시작하다 | 結構 상당히, 꽤 | 練習 연습 | なかなか 좀처럼 | きれいだ 예쁘다 | 音 음, 소리 | 結局 결국 | 途中 도중 | 指 손가락 | 力 힘 | 強い 세다, 강하다 | ～し ～하고, ～해서 | ～より ～보다 | 小さい 작다 | 大変だ 힘들다, 큰일이다 | 点 점 | うまく 잘, 솜씨 좋게 | 弾く (기타 등을) 치다 | コード 코드 | 押さえる 누르다, 대다 | リズム 리듬 | ずれる 어긋나다, 벗어나다 | 何とかなる 어떻게든 되다 | 課題 과제 | ～やら～やら ～와 ～와 | サークル活動 서클 활동, 동아리 활동 | 忙しい 바쁘다 | 考え 생각 | 弱い 약하다 | あまりない 별로 없다, 그다지 없다

3番

男の子と女の子がバスの座席表を見ながら話しています。女の子が前の方の席にしたいと言ったのはなぜですか。

M：何見てるの？

F：バスの座席表。今度バスで京都まで行くんだけど、運転手の後ろの席が安全かなーって思って。

M：そんな前に座るの？もっと後ろでもいいじゃん。

F：ちなみに一番後ろはもう空いてないわよ。それに私はバス酔いするから、なるべく前の方がいいの。

M：まぁ、前の方が景色も見やすいし、揺れにくいからな～。

F：そうそう、この前、大きなバスの事故があったでしょ。それでみんな結構早くから座席の指定をしてるみたいよ。

M：そうなんだ。この前の事故って運転手側と一番後ろの列はみんな軽傷だったよな。そのせいで一番後ろはもう埋まっちゃったのかな。

F：そうかもね。だから早く決めなきゃ。

M：じゃ、俺はあやこの隣の席にするよ。

여：그렇구나. 그렇다면 학교에 가지고 와서 비는 시간에 연습하면 되지 않을까?

남：그건 좋은 생각이네.

여자아이는 왜 기타를 그만두었다고 말했습니까?

1　예쁜 소리가 나지 않기 때문에
2　손가락 힘이 약하기 때문에
3　연습 시간이 별로 없기 때문에
4　손이 작기 때문에

여자아이는 전에 자신도 기타를 배운 적이 있지만, 예쁜 소리가 나지 않아 결국 도중에 그만뒀다(私も、前に、お兄ちゃんから教えてもらってたことがあるけど、練習してもなかなかきれいな音がでなくて、結局途中でやめちゃったんだよね)고 말하고 있다. 따라서 정답은 1번이다.

해설

3번

남자아이와 여자아이가 버스 좌석표를 보면서 이야기하고 있습니다. 여자아이가 앞쪽 자리로 하고 싶다고 말한 것은 왜입니까?

남：뭐 보고 있어?

여：버스 좌석표. 이번에 버스로 교토까지 가는데, 운전수 뒷자리가 안전한가 해서.

남：그렇게 앞에 앉는 거야? 더 뒤도 괜찮잖아.

여：덧붙이면 가장 뒤는 이미 비어 있지 않아. 게다가 난 버스 멀미하니까 되도록 앞쪽이 좋아.

남：뭐, 앞쪽이 경치도 보기 쉽고 잘 흔들리지 않으니까.

여：그래 그래, 얼마 전에 큰 버스 사고가 있었잖아. 그래서 모두 꽤 일찍부터 좌석 지정을 하고 있는 것 같아.

남：그렇구나. 요전의 사고는 운전수 쪽과 가장 뒷줄은 모두 경상이었어. 그 탓으로 가장 뒤는 벌써 차 버린 건가.

여：그럴지도 몰라. 그러니까 빨리 결정해야 해.

남：그럼 난 아야코 옆자리로 할게.

おんな　こ　　まえ　ほう　せき
女の子が前の方の席にしたいと言ったのはなぜですか。

1　景色が見やすいから

2　バス酔いするから

3　安全だから

4　揺れにくいから

単語

バス 버스 | 座席表 좌석표 | 前の方 앞쪽, 전방 | 席 자리 |
京都 교토 | 運転手 운전수 | 後ろ 뒤 | 安全だ 안전하다 |
座る 앉다 | ちなみに 덧붙여서 말하면 | それに 게다가 |
バス酔い 버스 멀미 | なるべく 될 수 있는 한 | 景色 경치 |
揺れる 흔들리다 | 大きな 큰 | 事故 사고 | みんな 모두 |
指定 지정 | ～側 ～측, ～쪽 | 列 열, 줄 | 軽傷 경상 | その
せい 그 탓 | 埋まる 가득 차다 | 決める 결정하다 | 隣 옆

ばん
4番

おとこ　ひと　　おんな　ひと
男の人と女の人がボクシングについて話しています。
おとこ　ひと　　　　　　　　　　げんりょう　　　　　い
男の人は、なぜボクサーは減量すると言っていますか。

F：昨日、ボクシングの番組を見てたんだけど、ボク
　　サーってみんな何であんなに減量するんだろう。
　　無駄な体力を使わないためかな？ それとも減量し
　　た方が筋肉がつきやすいからかな？

M：うーん。俺も昔、気になって1回調べたことがあ
　　るんだけど、ボクサーって確か17階級に分かれて
　　たと思うんだけど、アジア圏の軽量級のボクサー
　　は1階級下に合わせて減量するんだって。かなり
　　前から減量する人もいるらしいけど、かなりの減
　　量だと忍耐力がつきそうだね。

F：そうね。でも、減量したら体力とかパンチ力が弱
　　くなりそうな気がするけど。

M：それは減量しながら鍛えるから衰えることはない
　　みたい。むしろ、減量することでフットワークが
　　軽くなったり、パンチ力で有利になると考えられ
　　ているらしいよ。

F：へ～、そうなんだ。でも、アジア圏のボクサー
　　はってことは、南米の体格のよさそうなボクサー
　　は減量しないのかな。

M：重量級のボクサーは体重維持はするけど減量はし
　　ないらしいよ。普段の体重をベストだと考えて、
　　その体重で試合をする方が有利だと考えるみたい。

F：そっかー。じゃ、みんなが減量しているっていう
　　わけじゃないんだね。

여자아이가 앞쪽 자리로 하고 싶다고 말한 것은 왜입니까?

1　경치를 보기 쉽기 때문에

2　버스 멀미를 하기 때문에

3　안전하기 때문에

4　잘 흔들리지 않기 때문에

해설

남자아이가 그렇게 앞에 앉는 거냐고 하자 여자아이는 가
장 뒤는 벌써 빈자리가 없고 버스 멀미를 하기 때문에 되
도록 앞쪽이 좋다(それに私はバス酔いするからなるべ
く前の方がいいの)고 말하고 있다. 따라서 정답은 2번
버스에서 멀미하기 때문이다.

4번

남자와 여자가 복싱에 대해 이야기하고 있습니다. 남자는 왜 복
서는 감량한다고 말하고 있습니까?

여 : 어제 복싱 프로그램을 봤는데, 복서는 모두 왜 그렇게
　　감량하는 거야? 쓸데없는 체력을 쓰지 않기 때문인가?
　　아니면 감량하는 편이 근육이 붙기 쉽기 때문인가?

남 : 음. 나도 예전에 신경이 쓰여서 한 번 조사한 적이 있
　　는데, 복서는 아마 17계급으로 나뉘어져 있었던 것 같
　　은데, 아시아권의 경량급 복서는 1계급 아래에 맞춰서
　　감량한다고 해. 상당히 전부터 감량하는 사람도 있는
　　것 같은데, 상당한 감량이라면 인내력이 생길 거야.

여 : 그래. 하지만 감량하면 체력이라든가 펀치력이 약해질
　　것 같은 생각이 드는데.

남 : 그건 감량하면서 단련하니까 약해지는 일은 없는 것
　　같아. 오히려 감량함으로써 발놀림이 가벼워지기도 해
　　서 펀치력에서 유리해진다고 생각되고 있는 것 같아.

여 : 그렇구나. 하지만 아시아권의 복서라는 건, 남미의 체
　　격이 좋아 보이는 복서는 감량하지 않는 건가?

남 : 중량급 복서는 체중 유지는 하지만 감량은 하지 않는
　　것 같아. 평소 체중을 베스트라고 생각하고 그 체중으
　　로 시합을 하는 편이 유리하다고 생각하고 있는 것 같아.

여 : 그렇구나. 그럼 모두가 감량하고 있다는 것은 아닌 거
　　구나.

1 1階級下げた方が試合が楽だから
2 忍耐力をつけることができるから
3 減量した方が筋肉がつきやすいから
4 パンチ力で有利になるから

1 1계급 내리는 쪽이 시합이 편하기 때문에
2 인내력을 기를 수 있기 때문에
3 감량하는 편이 근육이 붙기 쉽기 때문에
4 펀치력에서 유리해지기 때문에

해설

감량하면 체력이나 펀치력이 약해질 것 같다는 여자의 말에, 남자는 감량함으로써 오히려 발놀림이 가벼워지기도 해서 펀치력에서 유리해진다고 생각되는 것 같다(むしろ、減量することでフットワークが軽くなったり、パンチ力で有利になると考えられているらしいよ)고 한다. 따라서 정답은 4번, 펀치력에서 유리해지기 때문이다.

단어

ボクシング 복싱, 권투 | ボクサー 복서, 권투 선수 | 減量 감량 | 番組 방송 프로그램 | 無駄だ 쓸데없다, 헛되다 | 体力 체력 | それとも 그렇지 않으면 | 筋肉がつく 근육이 붙다 | 昔 옛날, 예전 | 気になる 신경이 쓰이다, 마음에 걸리다 | 調べる 조사하다 | 確か 아마 | 階級 계급 | 分かれる 나뉘다 | アジア圏 아시아권 | 軽量級 경량급 | 合わせる 맞추다 | かなり 제법, 상당히 | 忍耐力 인내력 | パンチ力 펀치력 | 気がする 생각이 들다 | 鍛える 단련하다 | 衰える 쇠퇴하다, 쇠약해지다 | むしろ 오히려 | フットワーク 풋워크, 발놀림 | 軽い 가볍다 | 有利だ 유리하다 | 南米 남미 | 体格 체격 | 重量級 중량급 | 体重 체중 | 維持 유지 | 普段 평소 | ベスト 베스트, 최선 | 下げる 내리다 | 楽だ 편하다, 쉽다

5番

夫婦が車について話しています。男性はなぜ電気自動車が普及しないと言いましたか。

F：ねぇ、あなた、最近、電気自動車やハイブリッドカーって結構話題になってるけど、これから電気自動車が普及するなら今のうちに買い換えるのはどうかな？

M：今はまだ値段が高いと思うけど。そういえば、電気自動車のタクシーが増えてるってこの間ニュースで見たけど、一般家庭で使える電気自動車の普及は、まだまだ先なんじゃないかと思うんだ。

F：そうなの？ 電気自動車は環境にも優しいし、ガソリン代がかからないからいいんじゃないの？ それに今の車よりは燃費もいいでしょ？

M：うん、確かにそうだけど、電気自動車は充電式だからな～。今売られている電気自動車は100～200km程度しか走れないから、途中で必ず充電しなきゃだめみたい。その充電に10分～30分ぐらいかかるって言ってたから日帰りで遠出は無理だろうし、今買い換えるメリットはあまりないような……。

5번

부부가 자동차에 대해서 이야기하고 있습니다. 남성은 왜 전기 자동차가 보급되지 않는다고 말했습니까?

여 : 저기, 여보, 요즘 전기 자동차랑 하이브리드 차가 꽤 화제가 되고 있는데, 앞으로 전기 자동차가 보급된다면 지금 사서 바꾸는 건 어떨까?

남 : 지금은 아직 가격이 비싸다고 생각하는데. 그러고 보니, 전기 자동차 택시가 늘고 있다고 얼마 전에 뉴스에서 봤는데, 일반 가정에서 사용할 수 있는 전기 자동차의 보급은 아직은 미래의 일이 아닌가 생각해.

여 : 그런 거야? 전기 자동차는 친환경적이고 가솔린 비가 들지 않으니까 좋은 거 아니야? 게다가 지금 차보다는 연비도 좋잖아?

남 : 응, 분명히 그렇지만, 전기자동차는 충전식이니까. 지금 팔리고 있는 전기 자동차는 100~200km 정도밖에 달릴 수 없으니까. 도중에 반드시 충전하지 않으면 안 되는 것 같아. 그 충전에 10분~30분 정도 걸린다고 했으니까 당일치기로 멀리 가는 것은 무리일 것이고, 지금 새로 사서 바꾸는 장점은 그다지 없는 것 같은데…….

F：へー、充電って意外と時間がかかるんだね。じゃ、もっとはやく充電できるものが開発されたら電気自動車も普及するかな？

M：そうだな。でも、普及すると充電スポットも増えるだろうし、一般家庭ではみんなが夜に充電したりして電力が不足するかもしれないな。

F：そっかー。じゃ、もう少し様子を見た方がよさそうね。

M：うん。

男性はなぜ電気自動車が普及しないと言いましたか。

1　充電スポットが少ないから

2　まだタクシーにしか使われていないから

3　充電に時間がかかるから

4　販売価格が高いから

夫婦 부부 | 車 자동차 | 電気自動車 전기 자동차 | 普及 보급 | ハイブリッドカー 하이브리드 차 | 話題 화제 | 今のうち (뒤로 미루지 말고) 지금 | 買い換える 새로 사서 바꾸다 | 値段 가격 | タクシー 택시 | 増える 늘어나다 | ニュース 뉴스 | 一般家庭 일반 가정 | まだまだ 아직 | 先 장래, 미래 | 環境に優しい 친환경적이다 | ガソリン代 가솔린 비, 기름값 | かかる (돈이) 들다, (시간이) 걸리다 | 燃費 연비 | 確かに 확실히, 분명히 | 充電式 충전식 | 程度 정도 | ～しか～ない ～밖에 ～하지 못하다 | 必ず 반드시, 꼭 | だめだ 안 되다 | 日帰り 당일치기 | 遠出 멀리 나감, 원행 | 無理だ 무리이다 | メリット 장점 | 意外と 의외로 | 開発 개발 | スポット 지점 | 電力 전력 | 不足 부족 | 様子 모습, 상황 | 販売 판매 | 価格 가격

6番

母と息子がステテコについて話しています。息子はなぜステテコを買いましたか。

F：たかし、おかえり。そういえば、あなた宛に何か届いてたけど、何か買ったの？

M：おぉ〜やっと来たか。さっそく開けてみよっと。

F：何それ、ステテコ？何でそんなの買ったの？安かったの？

M：母さん、何も知らないんだね。最近はお洒落ステテコって言うのが流行ってるんだよ。最近のものは父さんのみたいにズボンの中に履く白くて古臭いのじゃなくて、お洒落でカッコいいデザインのものが多いんだよ。

여：음, 충전이라는 게 의외로 시간이 걸리는 거구나. 그럼 더 빨리 충전할 수 있는 것이 개발되면 전기 자동차도 보급되려나?

남：그렇겠지. 하지만 보급되면 충전 지점도 늘 것이고, 일반 가정에서는 모두가 밤에 충전하거나 해서 전력이 부족할지도 몰라.

여：그렇구나. 그럼 조금 더 상황을 보는 편이 좋을 것 같네.

남：응.

남성은 왜 전기 자동차가 보급되지 않는다고 말했습니까?

1　충전 지점이 적기 때문에

2　아직 택시밖에 사용되고 있지 않기 때문에

3　충전에 시간이 걸리기 때문에

4　판매 가격이 비싸기 때문에

전기 자동차는 충전식이고, 지금 팔리고 있는 것은 100~200km 정도밖에 달릴 수 없어, 도중에 반드시 충전해야 한다고 한다. 그 충전에 10분~30분 정도 걸리는(その充電に10分～30分ぐらいかかる～) 등의 문제가 있어, 보급이 잘 되지 않는다는 것이 남자의 설명이다. 따라서 정답은 3번이다.

6번

어머니와 아들이 스테테코에 대해 이야기하고 있습니다. 아들은 왜 스테테코를 샀습니까?

여：다카시, 어서 와. 그러고 보니 네 앞으로 뭔가 왔는데, 뭔가 샀어?

남：오, 드디어 왔나? 바로 열어 볼까.

여：뭐야 그거, 스테테코? 왜 그런 거 산 거야? 가격이 쌌어?

남：엄마, 아무것도 모르는구나. 요즘은 멋진 스테테코가 유행하고 있어. 요즘 것은 아버지 것처럼 바지 안에 입는 하얗고 낡아빠진 것이 아니라, 세련되고 멋있는 디자인인 것이 많아.

F：へぇ〜、不思議なものが流行ってるのね。家の中で履くのは別にいいけど、それを外でも履くつもりなの？

M：うん、近所に行くぐらいだったら履き替えなくてもいいじゃん。それに、来週の修学旅行で部屋着持っていかないといけないから必要だと思ってね。生地が薄くてさわり心地もいいし、履いてみてよかったらもう１枚買おうと思ってるんだ。

F：ふーん。気に入るものがあってよかったね。

息子はなぜステテコを買いましたか。

1　生地が薄くて履き心地がいいから
2　**お洒落ステテコが流行ってるから**
3　値段が安かったから
4　近所に行く時、履き替えなくていいから

息子 아들 | ステテコ (길이가 무릎 아래까지 오는) 헐렁한 남성용 여름 아랫도리 | ～宛 ～앞 | 届く 닿다, 도착하다 | やっと 겨우, 이제야 | さっそく 즉시, 당장 | 開ける 열다 | 知る 알다 | お洒落だ 멋을 내다 | 流行る 유행하다 | ズボン 바지 | 履く 입다, 신다 | 古臭い 낡아빠지다, 진부하다 | カッコいい 멋있다 | デザイン 디자인 | 不思議だ 이상하다, 불가사의하다 | 別にいい 특별히 문제가 되지 않는다 | 近所 근처, 가까운 곳 | 履き替える 갈아 입다, 갈아 신다 | 修学旅行 수학여행 | 部屋着 실내복 | 生地 직물, 옷감 | 薄い 얇다 | さわり心地 닿는 느낌, 감촉 | 気に入る 마음에 들다 | 履き心地 입는 느낌

問題3

問題3では、問題用紙に何もいんさつされていません。この問題は、全体としてどんな内容かを聞く問題です。話の前に、質問はありません。まず話を聞いてください。それから、質問とせんたくしを聞いて、１から４の中から、最もよいものを一つ選んでください。
では練習しましょう。

例

留守番電話のメッセージを聞いています。

여 : 그래～, 이상한 것이 유행하고 있네. 집 안에서 입는 것은 뭐 괜찮지만, 그걸 밖에서도 입을 생각이야?

남 : 응, 근처에 가는 정도라면 갈아 입지 않아도 되잖아. 게다가 다음 주 수학여행에서 실내복 가지고 가지 않으면 안 되니까 필요할 것 같아서. 옷감이 얇고 감촉도 좋고, 입어 보고 좋으면 하나 더 사려고 생각하고 있어.

여 : 흠. 마음에 드는 것이 있어 다행이네.

아들은 왜 스테테코를 샀습니까?

1　옷감이 얇고 입는 느낌이 좋기 때문에
2　**멋진 스테테코가 유행하고 있기 때문에**
3　가격이 쌌기 때문에
4　근처에 갈 때 갈아 입지 않아도 되기 때문에

그걸 왜 샀냐고 하는 엄마의 말에, 아들은 요즘 멋진 스테테코가 유행하고 있고 요즘 것은 아버지 것처럼 바지 안에 입는 하얗고 낡아빠진 것이 아니라, 세련되고 멋있는 디자인인 것이 많다(最近はお洒落ステテコって言うのが流行ってるんだよ〜お洒落でカッコいいデザインのものが多いんだよ)고 설명하고 있다. 따라서 정답은 2번이다.

문제 3

문제 3에서는 문제 용지에 아무것도 인쇄되어 있지 않습니다. 이 문제는 전체로서 어떤 내용인지를 묻는 문제입니다. 이야기 전에 질문은 없습니다. 먼저 이야기를 들어 주세요. 그러고 나서 질문과 선택지를 듣고, 1에서 4 중에서 가장 알맞은 것을 하나 고르세요.
그럼 연습하겠습니다.

예

자동 응답 전화의 메세지를 듣고 있습니다.

F：ＡＢＣ旅行の山田でございます。いつもご利用ありがとうございます。先日、お話した大阪行き航空券の予約ですが、往復で2名様のお席を予約できましたのでご連絡いたしました。お支払いについては、火曜日以降でしたら、私がお店にいますのでお待ちしています。また、お客様の必要に応じて大阪で宿泊されるホテルや観光ツアーもご用意していますので、お支払いでお店に来た時にでも、ご覧いただければと思います。では、失礼します。

何についてのメッセージですか。

1　旅行会社の営業日
2　おすすめツアーの紹介
3　支払い金額の案内
4　飛行機の予約確認

最もよいものは4番です。解答用紙の問題3の例のところを見てください。最もよいものは4番ですから、答えはこのように書きます。
では始めます。

1番

先生が話しています。

F：日本人は英語が苦手だと言われていますが、なぜ苦手なんでしょうか。ある語学学習のプロは、日本人は優秀であり、決して無能ではないので、英語を学べないのは能力や適性ではなく、方法に問題があるからだと言いました。日本の学校で行われている英語の授業は、その授業のほとんどが日本語で行われており、訳を重視しすぎていたり、聞く機会や話す機会が少ないなどの問題点があります。日本人の多くは単語数や文法にある程度の知識を持っていますが、その知識が使えなかったり、使い方を知らなかったりする人が多いです。ですから、たとえ短い期間でもその言語環境に身を置いて集中するかたちで覚えるのがいいです。

何に関する話ですか。

1　日本の学校の話
2　英語が苦手な原因と学習方法の話
3　日本人が優秀だという話
4　英語の能力の話

여 : ABC여행의 야마다입니다. 늘 이용해 주셔서 감사합니다. 일전에 말씀 드린 오사카행 항공권 예약입니다만, 왕복으로 두 분의 좌석을 예약할 수 있어서 연락 드렸습니다. 지불에 대해서는 화요일 이후면 제가 가게에 있으니까 기다리고 있겠습니다. 또 손님의 필요에 따라 오사카에서 숙박하실 호텔과 관광 투어도 준비하고 있으니 지불하러 가게에 오신 때에라도 봐 주시길 바랍니다. 그럼 실례하겠습니다.

무엇에 대한 메시지입니까?

1　여행사의 영업일
2　추천 여행의 소개
3　지불 금액의 안내
4　비행기의 예약 확인

가장 알맞은 것은 4번입니다. 해답 용지의 문제 3의 예를 봐 주세요. 가장 알맞은 것은 4번이니까 답은 이렇게 씁니다.
그럼 시작하겠습니다.

1번

선생님이 말하고 있습니다.

여 : 일본인은 영어를 못한다고 합니다만, 왜 못하는 것일까요? 어느 어학 학습 프로는 일본인은 우수하고 결코 무능하지 않기 때문에, 영어를 배우지 못하는 것은 능력과 적성이 아니라 방법에 문제가 있기 때문이라고 말했습니다. 일본 학교에서 이루어지고 있는 영어 수업은 그 수업의 대부분이 일본어로 이루어지고 있고, 뜻을 너무 중시하고 있거나 들을 기회와 이야기할 기회가 적은 등의 문제가 있습니다. 일본인의 대부분은 단어 수와 문법에 어느 정도의 지식을 갖고 있는데, 그 지식을 사용할 수 없거나 사용법을 모르거나 하는 사람이 많습니다. 따라서 설령 짧은 기간이더라도 그 언어 환경에 자신을 두고 집중하는 자세로 외우는 것이 좋습니다.

무엇에 관한 이야기입니까?

1　일본 학교의 이야기
2　영어가 서툰 원인과 학습 방법의 이야기
3　일본인이 우수하다고 하는 이야기
4　영어 능력의 이야기

英語 영어 | 苦手だ 서투르다, 질색이다 | なぜ 왜, 어째서 | ある 어떤, 어느 | 語学 어학 | 学習 학습 | プロ 프로 | 優秀だ 우수하다 | 決して 결코 | 無能だ 무능하다 | 学ぶ 배우다 | 能力 능력 | 適性 적성 | 方法 방법 | 行う 행하다, 거행하다 | 授業 수업 | ほとんど 거의, 대부분 | 訳 까닭, 사정, 의미 | 重視 중시 | 機会 기회 | 多く 많음, 대부분 | 単語数 단어 수 | 文法 문법 | 程度 정도 | 知識 지식 | 使い方 사용법 | 知る 알다 | たとえ～でも 설령 ～(더)라도 | 短い 짧다 | 期間 기간 | 言語 언어 | 環境 환경 | 身を置く 몸을 두다 | 集中 집중 | かたち 모양, 형태 | 覚える 외우다 | ～に関する ～에 관하다 | 原因 원인

2番

専門家が話しています。

F：今年の4月から、ある地域の空いている家を会員制の別荘として活用する「シェアヴィレッジサービス」が始まりました。この町では誰も住んでいない家が200軒以上あるが、人口は減少しているため、その家を有効活用しようと考えられたサービスです。このサービスの会員登録料は年間6万円で、宿泊する場合は、1泊につき別途500円を支払います。会員になり、会員制交流サイトを活用すれば、利用者同士がお互いの都合や予定を把握した上で別荘を利用することができます。年に何度でも利用できるため、この町に興味がある人はぜひ登録してほしいと思います。

専門家は「シェアヴィレッジサービス」とは何だと言っていますか。

1 共有施設を作り、この町の住民が活用できるサービス
2 年間6万円を支払えばこの町に住むことができるサービス
3 空いている家を会員制の別荘として活用するサービス
4 この町に住んでいる人が利用するサービス

専門家 전문가 | 地域 지역 | 会員制 회원제 | 別荘 별장 | 活用 활용 | 始まる 시작되다 | 町 마을 | ～軒 ～채(건물을 세는 단위) | 以上 이상 | 人口 인구 | 減少 감소 | 有効 유효 | サービス 서비스 | 登録料 등록료 | 年間 연간 | 宿泊 숙박 |

선생님은 일본인이 영어를 잘 못하는 이유는 무능해서가 아니라 방법에 문제가 있는 것이며, 자신이 알고 있는 지식을 사용하지 못하고 있다고 그 원인을 말하고 있다. 또 마지막에는 그 언어 환경에 자신을 두고 집중하는 자세로 외워야 한다고 학습 방법도 제시하고 있으므로 정답은 2번이다.

2번

전문가가 이야기하고 있습니다.

여：올해 4월부터, 어느 지역의 비어 있는 집을 회원제의 별장으로 활용하는 '셰어 빌리지 서비스'가 시작되었습니다. 이 마을에서는 아무도 살고 있지 않는 집이 200채 이상 있는데, 인구는 감소하고 있기 때문에 그 집을 유효 활용하려고 고안된 서비스입니다. 이 서비스의 회원 등록료는 연간 6만 엔으로, 숙박할 경우에는 1박당 별도 500엔을 지불합니다. 회원이 되어, 회원제 교류 사이트를 활용하면 이용자끼리 서로의 사정과 예정을 파악한 후에 별장을 이용할 수 있습니다. 1년에 몇 번이더라도 이용할 수 있기 때문에 이 마을에 흥미가 있는 사람은 꼭 등록하기 바랍니다.

전문가는 '셰어 빌리지 서비스'란 뭐라고 말하고 있습니까?

1 공유 시설을 만들어 이 마을의 주민이 활용할 수 있는 서비스
2 연간 6만 엔을 지불하면 이 마을에 살 수 있는 서비스
3 비어 있는 집을 회원제의 별장으로 활용하는 서비스
4 이 마을에 살고 있는 사람이 이용하는 서비스

첫 번째 문장에서, 올해 4월부터 어느 지역의 비어 있는 집을 회원제의 별장으로 활용하는 '셰어 빌리지 서비스'가 시작되었다고 말하고 있다. 즉 '셰어 빌리지 서비스'란 비어 있는 집을 회원제의 별장으로 활용하는 서비스를 뜻하는 것이므로 정답은 3번이다.

場合 경우 ｜ ～につき ～당 ｜ 別途 별도 ｜ 支払う 지불하다 ｜ 交流 교류 ｜ サイト 사이트 ｜ 利用者 이용자 ｜ ～同士 ～끼리 ｜ お互い 서로 ｜ 都合 사정 ｜ 把握 파악 ｜ ～た上で ～(한) 후에 ｜ 年 해 ｜ 興味 흥미 ｜ ぜひ 꼭, 반드시 ｜ 共有施設 공유 시설 ｜ 住民 주민

3番

男性が話しています。

M：脳を鍛えるには運動が一番です。ある高校では、「0時限」と言われる早朝授業があり、この0時限目に身体を動かしたり、軽くランニングを行った結果、クラス全体の試験の成績が上がったことが分かりました。これは運動をすることで脳への血流が促進され、酸素やエネルギーが供給されることにより、脳は常に活発に活動している状態になるからです。もし、何か考え事や悩み事があったり、仕事中に行き詰まった場合は、じっと座って考えているのではなく、立ち上がって動いたり歩いたりしてみてください。そうすれば、ふと、アイデアが浮かぶことがあります。また、一日の中で特に朝に運動をすると、頭がすっきりした状態で一日を過ごすことができるのでおすすめです。

男性は何をすすめていますか。

1　早朝の勉強
2　一日一回の運動
3　学校での軽い運動
4　早朝の軽い運動

단어

脳 뇌 ｜ 鍛える 단련하다 ｜ 運動 운동 ｜ 一番 가장, 제일 ｜ ～時限 ～교시 ｜ 早朝 조조, 이른 아침 ｜ 身体 신체 ｜ 動かす 움직이(게 하)다 ｜ ランニング 런닝, 달리기 ｜ 結果 결과 ｜ クラス 클래스, 반 ｜ 成績 성적 ｜ 上がる 오르다 ｜ 血流 혈류 ｜ 促進 촉진 ｜ 酸素 산소 ｜ エネルギー 에너지 ｜ 供給 공급 ｜ 常に 늘, 항상 ｜ 活発に 활발히 ｜ 活動 활동 ｜ 状態 상태 ｜ 考え事 이런저런 생각, 걱정거리 ｜ 悩み事 고민거리 ｜ 行き詰まる 길이 막히다, 정체 상태에 빠지다 ｜ じっと 가만히, 꼼짝 않고 ｜ 立ち上がる 일어서다 ｜ 動く 움직이다 ｜ ふと 문득 ｜ アイデア 아이디어 ｜ 浮かぶ 떠오르다 ｜ 頭 머리 ｜ すっきり 상쾌하게, 산뜻하게 ｜ 過ごす 보내다, 지내다 ｜ おすすめ 권함, 추천

3번

남성이 이야기하고 있습니다.

남 : 뇌를 단련하려면 운동이 제일입니다. 어느 고교에서는 '0교시'라고 하는 조조 수업이 있고, 이 0교시째에 신체를 움직이거나 가볍게 달리기를 한 결과, 학급 전체의 시험 성적이 오른 것이 밝혀졌습니다. 이것은 운동을 함으로써 뇌로 가는 혈류가 촉진되고, 산소와 에너지가 공급되는 것에 의해 뇌는 늘 활발하게 활동하고 있는 상태가 되기 때문입니다. 만일 무언가 생각할 일과 고민거리가 있다거나 일하는 중에 정체 상태에 빠진 경우는, 가만히 앉아서 생각하고 있을 것이 아니라 일어서서 움직이거나 걷거나 해 보세요. 그렇게 하면 문득 아이디어가 떠오르는 일이 있습니다. 또 하루 중에서 특히 아침에 운동을 하면 머리가 상쾌해진 상태에서 하루를 보낼 수 있기 때문에 권장합니다.

남성은 무엇을 권하고 있습니까?

1　이른 아침의 공부
2　하루 1회의 운동
3　학교에서의 가벼운 운동
4　이른 아침의 가벼운 운동

해설

뇌를 단련하려면 운동이 제일이라고 하며 이른 아침에 운동을 했을 때의 효과에 대해 설명하고 있다. 또 마지막에 하루 중 아침에 운동하면 머리가 상쾌해진 상태에서 하루를 보낼 수 있기 때문에 권한다(一日の中で特に朝に運動をすると、頭がすっきりした状態で一日を過ごすことができるのでおすすめです)고 했으므로 정답은 4번이다.

ラジオ番組で女性が話しています。

F：ＹＮＰラジオでは、ラジオ番組の出演者を募集しています。ラジオ出演を経験してみたい方、ラジオで歌ってみたい方は自分の歌声を録音したデータと、住所、氏名、生年月日を記載した用紙と共に、ＹＮＰラジオ番組出演者募集係まで郵送してください。応募資格は18歳以上の男女でジャンル等の制限は一切ありません。どなたでも応募いただけます。ただし、高校生以下の方の応募はご遠慮ください。応募締め切りは6月30日(水)必着です。当選された方には電話またはメールにてご連絡いたします。みなさんのたくさんのご応募をお待ちしております。

この女性は何について説明していますか。
1 放送局の製作スタッフ募集案内
2 番組観覧の募集案内
3 番組出演の募集案内
4 オーディション番組の募集案内

단어

ラジオ 라디오 | 番組 방송 프로그램 | 出演者 출연자 | 募集 모집 | 経験 경험 | 歌う 노래 부르다 | 歌声 노랫소리 | 録音 녹음 | データ 데이터 | 住所 주소 | 氏名 성명 | 生年月日 생년월일 | 記載 기재 | 用紙 용지 | ～と共に ～와 함께 | ～係 ～담당 | 郵送 우송 | 応募 응모 | 資格 자격 | 以上 이상 | 男女 남녀 | ジャンル 장르 | 一切 일절,일체 | 制限 제한 | どなた 어느 분 | いただく 받다 | ただし 단, 다만 | 以下 이하 | 遠慮 삼감, 사양함 | 締め切り 마감 | 必着 필착(반드시 도착함) | 当選 당선, 당첨 | メール 메일 | ～にて ～로, ～에 의해서 | 連絡 연락 | 説明 설명 | 放送局 방송국 | 製作 제작 | スタッフ 스탭 | 案内 안내 | 観覧 관람 | オーディション 오디션

社長が演説しています。

M：最後に、経営者やその候補者へのアドバイスとして、従業員に不満を持たせるサイクルを作らないようにすることを今日はみなさんにお伝えしたいと思います。みなさんの中でも少なからず何かしらの不満を持っている方はいらっしゃるかと思いますが、

라디오 프로그램에서 여성이 이야기하고 있습니다.

여 : YNP라디오에서는 라디오 프로그램의 출연자를 모집하고 있습니다. 라디오 출연을 경험해 보고 싶은 분, 라디오에서 노래해 보고 싶은 분은 자신의 노랫소리를 녹음한 데이터와 주소, 성명, 생년월일을 기재한 용지와 함께, YNP라디오 프로그램 출연자 모집 담당자에게 우송해 주세요. 응모 자격은 18세 이상의 남녀로 장르 등의 제한은 일절 없습니다. 어느 분이더라도 응모하실 수 있습니다. 단, 고교생 이하인 분의 응모는 삼가 주세요. 응모 마감은 6월 30일(수요일)까지 반드시 도착해야 합니다. 당첨된 분께는 전화 또는 메일로 연락 드리겠습니다. 여러분의 많은 응모를 기다리고 있겠습니다.

이 여성은 무엇에 대해 설명하고 있습니까?
1 방송국의 제작 스텝 모집 안내
2 프로그램 관람의 모집 안내
3 프로그램 출연의 모집 안내
4 오디션 프로그램의 모집 안내

해설

YNP라디오에서 라디오 프로그램의 출연자를 모집하고 있다(ＹＮＰラジオでは、ラジオ番組の出演者を募集しています)고 하며 그 응모 방법에 대해 설명하고 있다. 따라서 정답은 3번, 프로그램 출연의 모집 안내이다.

사장님이 연설하고 있습니다.

남 : 마지막으로 경영자나 그 후보자에 대한 조언으로써, 종업원에게 불만을 갖게 하는 사이클을 만들지 않도록 할 것을 오늘은 여러분에게 전하고 싶습니다. 여러분 중에도 적지 않게 무엇인가의 불만을 갖고 있는 분은 계실 것이라 생각하지만, 불만을 갖는 것 자체는 나쁜

不満を持つこと自体は悪いことではありません。その不満を解決に向けて前向きに捉えるサイクルにすることが大切なのです。「ここが変だ」と不満の形式で考えるより、「ここは変だから、この部分はどのように直していこうか」と不満を前向きに解決しようと考えることが重要です。このような前向きに動こうとする人を積極的に評価することでその人のモチベーションをあげることに繋がり、それが会社の発展に繋がると言えます。

社長は経営者にどのようなアドバイスをしましたか。

1　不満を持たせるサイクルを作らないようにすること
2　不満を持たせないようにすること
3　従業員のモチベーションを常にあげるよう気遣うこと
4　従業員に不満があれば経営者が解決するようにすること

단어

演説 연설 | 経営者 경영자 | 候補者 후보자 | アドバイス 어드바이스, 충고 | 従業員 종업원 | 不満 불만 | サイクル 사이클 | 伝える 전하다 | 少なからず 적잖이, 많이 | 何かしら 무엇인지 | いらっしゃる 계시다(いる의 존경어) | 自体 자체 | 解決 해결 | ～に向けて ～을 향해서, ～을 위해 | 前向き 긍정적이고 적극적인 태도 | 捉える 파악하다 | 大切だ 중요하다 | 変だ 이상하다 | 形式 형식 | 部分 부분 | 直す 고치다, 바꾸다 | 重要だ 중요하다 | 積極的に 적극적 | 評価 평가 | モチベーション 동기 부여 | 繋がる 이어지다, 연결되다 | 発展 발전 | 気遣う 마음을 쓰다, 염려하다

일이 아닙니다. 그 불만을 해결하기 위해 긍정적이고 적극적으로 파악하는 사이클로 하는 것이 중요한 것입니다. '여기가 이상하다'라고 불만의 형식으로 생각하기 보다 '여기는 이상하니까 이 부분은 어떻게 고쳐 갈까?'라고 불만을 적극적이고 긍정적으로 해결하려고 생각하는 것이 중요합니다. 이러한 긍정적이고 적극적으로 움직이려고 하는 사람을 적극적으로 평가하는 것으로, 그 사람에 대한 동기 부여로 이어지고 그것이 회사의 발전으로 이어진다고 말할 수 있습니다.

사장님은 경영자에게 어떠한 조언을 했습니까?

1　불만을 갖게 하는 사이클을 만들지 않도록 할 것
2　불만을 갖지 않도록 할 것
3　종업원에게 동기 부여를 늘 하도록 신경 쓸 것
4　종업원에게 불만이 있으면 경영자가 해결하도록 할 것

해설

경영자나 그 후보자에 대한 조언으로 종업원에게 불만을 갖게 하는 사이클을 만들지 않도록 할 것을 전하고 싶다(従業員に不満を持たせるサイクルを作らないようにすることを今日はみなさんにお伝えしたいと思います)고 했다. 또 불만을 갖는 것 자체는 나쁘지 않으며 불만 해결을 위해 긍정적이고 적극적인 사이클로 만드는 것이 중요하다고 했으므로 답은 1번이 된다.

問題 4

問題4では、問題用紙に何もいんさつされていません。まず文を聞いてください。それから、それに対する返事を聞いて、1から3の中から、最もよいものを一つ選んでください。
では練習しましょう。

例

F：すみません、何か書くものお持ちではないですか。
M：1　あ、これでよかったらどうぞ。
　　2　これで書いてはいけません。
　　3　じゃ、持っているんですね。

문제 4

문제 4에서는 문제 용지에 아무것도 인쇄되어 있지 않습니다. 먼저 문장을 들어 주세요. 그리고 그것에 대한 대한 응답을 듣고 1에서 3 중에서 가장 알맞은 것을 하나 고르세요.
그럼 연습하겠습니다.

예

여 : 실례합니다, 뭔가 쓸 거 가지고 있지 않나요?
남 : 1　아, 이것으로 괜찮다면 쓰세요.
　　2　이것으로 써서는 안 됩니다.
　　3　그럼, 가지고 있다는 거네요.

最もよいものは１番です。解答用紙の問題４の例のところを見てください。最もよいものは１番ですから、答えはこのように書きます。では始めます。

1番

F：こちらのご契約には本人確認書類が必要になりますが、本日はお持ちでしょうか。

M：1　はい、お持ちしています。
　　2　はい、運転免許証ならあります。
　　3　本人確認書類は日持ちしません。

단어

契約 계약 | 本人 본인 | 確認 확인 | 書類 서류 | 本日 오늘 | 運転免許証 운전면허증 | 日持ち 날짜가 지나도 변질되지 않음, 오래감

2番

F：何時まで営業していますか。

M：1　ラストオーダーは午後９時半です。
　　2　午後９時半以降は注文できません。
　　3　営業時間は午後10時までです。

단어

営業 영업 | ラストオーダー 마지막 주문 | 以降 이후 | 注文 주문

3番

F：下まで荷物をお持ちしましょうか。

M：1　ありがとうございます。助かります。
　　2　その荷物は鍵がかかっていますよ。
　　3　チップは払えません。

단어

荷物 짐 | 助かる 도움이 되다, 편해지다 | 鍵 열쇠 | チップ 팁 | 払う 지불하다

4番

M：昨日は最高気温が35度超えてたらしいよ。

F：1　私、平熱は36度だよ。
　　2　35度のお酒は飲めません。
　　3　そうなんだ。それであんなに暑かったんだね。

가장 알맞은 것은 1번입니다. 해답 용지의 문제 4의 예 부분을 봐 주세요. 가장 알맞은 것은 1번이니까 답은 이렇게 씁니다.
그럼 시작하겠습니다.

1번

여 : 이쪽의 계약에는 본인 확인 서류가 필요합니다만, 오늘은 가져오셨습니까?

남 : 1　네, 가져왔습니다.
　　2　네, 운전면허증이라면 있습니다.
　　3　본인 확인 서류는 오래가지 않습니다.

해설

계약에 필요한 본인 확인 서류를 가지고 왔는지 묻고 있다. 따라서 운전면허증이라면 있다고 대답한 2번이 정답이다.

2번

남 : 몇 시까지 영업하고 있습니까?

여 : 1　마지막 주문은 오후 9시 반입니다.
　　2　오후 9시 반 이후는 주문할 수 없습니다.
　　3　영업 시간은 오후 10시까지입니다.

해설

영업 시간이 몇 시까지 인지를 묻고 있으므로 오후 10시까지라고 대답한 3번이 정답이 된다.

3번

여 : 아래까지 짐을 들어드릴까요?

남 : 1　감사합니다. 도움이 되겠습니다.
　　2　그 짐은 열쇠가 잠겨있어요.
　　3　팁은 지불할 수 없습니다.

해설

아래까지 짐을 들어주겠다고 했으므로 고마움을 표현한 1번이 정답이 된다.

4번

남 : 어제는 최고 기온이 35도 넘었던 것 같아.

여 : 1　나 평상시 체온은 36도야.
　　2　35도의 술은 못 마십니다.
　　3　그렇구나. 그래서 그렇게 더웠던 거구나.

最高気温 최고 기온 | 超える 넘다 | 平熱 평상시 체온

5番

F : イベント会場まで歩いて何分だっけ？

M : 1　自転車に乗れば１分だよ。

　　 2　近いから歩いていけば？

　　 3　歩いて５分ぐらいだよ。

단어

イベント 이벤트 | 会場 회장 | 〜っけ 〜인가, 〜였나(확인) | 自転車 자전거 | 〜に乗る (탈것을) 타다

6番

M : 今日の夕方から雨が降るらしいから、出かけるなら傘持っていったほうがいいよ。

F : 1　何で傘が要るの？

　　 2　わかった、ありがとう。

　　 3　何でそんなこというの？

단어

夕方 저녁때 | 雨が降る 비가 내리다 | 出かける 외출하다, 나가다 | 傘 우산 | 〜たほうがいい 〜하는 편이 좋다 | 何で 왜, 어째서 | 要る 필요하다

7番

F : コーヒーと紅茶どっちにする？

M : 1　コーヒーならアイス、紅茶ならホットがおいしいよ。

　　 2　紅茶にするよ。

　　 3　さっき水を頼んだよ。

단어

コーヒー 커피 | 紅茶 홍차 | どっち 어느 쪽 | アイス 아이스, 냉 | ホット 핫, 뜨거움 | さっき 아까, 조금 전 | 頼む 부탁하다

8番

M : 英語の授業の予習って18ページだけだったよね？

F : 1　違うよ、18ページと20ページの両方だよ。

　　 2　あのさ、18日は都合が悪いんだけど。

　　 3　この前、英語の試験で18点だったんだ。

어제 최고 기온이 35도를 넘었다고 하고 있으므로, 그래서 그렇게 더웠던 것이냐고 한 3번이 적절한 대답이다.

5번

여 : 이벤트 회장까지 걸어서 몇 분이더라?

남 : 1　자전거 타면 1분이야.

　　 2　가까우니까 걸어서 가면 어때?

　　 3　걸어서 5분 정도야.

해설

이벤트 회장까지 걸어서 몇 분 걸리는지를 확인하고 있으므로 걸어서 5분 정도라고 답한 3번이 정답이 된다.

6번

남 : 오늘 저녁때부터 비가 내린다고 하니까 외출할거면 우산 들고 가는 편이 좋아.

여 : 1　왜 우산이 필요한 거야?

　　 2　알겠어, 고마워.

　　 3　왜 그런 말 하는 거야?

해설

오늘 저녁부터 비가 내릴 것 같다고 하며 우산을 들고 갈 것을 권하고 있다. 따라서 알겠다며 고맙다고 한 2번이 가장 자연스럽다.

7번

여 : 커피랑 홍차 어느 쪽으로 할래?

남 : 1　커피라면 아이스, 홍차라면 뜨거운 것이 맛있어.

　　 2　홍차로 할게.

　　 3　아까 물을 부탁했어.

해설

커피와 홍차 둘 중 어느 쪽으로 할지를 묻고 있다. 따라서 둘 중 하나인 홍차라고 대답한 2번이 정답이다.

8번

남 : 영어 수업 예습은 18페이지뿐이었지?

여 : 1　아니야, 18페이지와 20페이지 양쪽이야.

　　 2　저기, 18일은 사정이 안 좋은데.

　　 3　얼마 전 영어 시험에서 18점이었어.

英語 영어 | 予習 예습 | ページ 페이지 | 違う 다르다, 틀리다 | 両方 양쪽 | 都合 사정, 형편 | 試験 시험

9番

F : まず右目から検査しますので、左目はこれで隠してください。
M : 1　両目隠したら何も見えないじゃないか。
　　 2　あの、右目はどうやって隠したらいいですか。
　　 3　はい、わかりました。

まず 먼저, 우선 | 右目 오른쪽 눈 | 検査 검사 | 左目 왼쪽 눈 | 隠す 감추다, 숨기다 | 両目 양쪽 눈 | どうやって 어떻게 해서

10番

M : すいません、アイスティのシロップはどこにありますか。
F : 1　あちらにございますのでご自由にお使いください。
　　 2　角砂糖はテーブルごとにおいてあります。
　　 3　シロップを入れると太りますよ。

アイスティ 아이스티 | シロップ 시럽 | ございます 있습니다 | 自由に 자유롭게 | 角砂糖 각설탕 | テーブル 테이블 | ～ごとに ～마다 | おく 놓다, 두다 | 入れる 넣다 | 太る 살찌다

11番

F : 先生、昨日から熱が出て、お腹と喉が痛いんです。
M : 1　お久しぶりですね。
　　 2　今度一緒にカラオケに行きましょう。
　　 3　熱は何度ぐらい出ましたか。

熱が出る 열이 나다 | お腹 배 | 喉 목 | 痛い 아프다 | 今度 다음 번, 이번 | カラオケ 가라오케, 노래방

영어 수업 예습이 18페이지뿐이었는지를 묻고 있다. 그러므로 18페이지와 20페이지라고 대답한 1번이 가장 적절하다.

9 번

여 : 우선 오른쪽 눈부터 검사할 테니까, 왼쪽 눈은 이것으로 가려 주세요.
남 : 1　양쪽 눈 가리면 아무 것도 보이지 않잖아요.
　　 2　저, 오른쪽 눈은 어떻게 가리면 됩니까?
　　 3　네, 알겠습니다.

오른쪽 눈 시력 검사를 위해 왼쪽 눈을 가려 달라는 것이다. 따라서 3번, 알겠다고 대답하는 것이 가장 알맞은 답이다.

10 번

남 : 죄송합니다만, 아이스티 시럽은 어디에 있습니까?
여 : 1　저쪽에 있으니까 자유롭게 사용하세요.
　　 2　각설탕은 테이블마다 놓여 있습니다.
　　 3　시럽을 넣으면 살쪄요.

아이스티 시럽이 어디에 있는지를 묻고 있으므로, 저쪽에 있다고 하며 마음껏 사용하라고 해야 할 것이다. 따라서 정답은 1번이다.

11 번

여 : 선생님, 어제부터 열이 나서 배와 목이 아파요.
남 : 1　오랜만이군요.
　　 2　다음에 같이 노래방에 갑시다.
　　 3　열은 몇 도쯤 났습니까?

어제부터 열이 나서 배와 목이 아프다고 한다. 따라서 열이 어느 정도 났는지를 묻고 있는 3번이 가장 적절한 대답이다.

12番

F：この間のお菓子どうだった？

M：1　とてもおもしろいショーだったよ。

　　2　とてもおいしかったよ。

　　3　お返しは要りませんよ。

単어

この間 요전, 지난번 | お菓子 과자 | ショー 쇼 | おもしろい 재미있다 | お返し 답례, 답례품 | 要る 필요하다

問題 5

問題5では長めの話を聞きます。この問題には練習はありません。メモをとってもかまいません。

1番、2番

問題用紙に何もいんさつされていません。まず話を聞いてください。それから、質問とせんたくしを聞いて、1から4の中から、最もよいものを一つ選んでください。
では始めます。

1番

男性と女性が話しています。

M：なあ、今週の金曜日、久しぶりに外で一緒においしいものでも食べないか。

F：珍しいわね、あなたが外食しよって言ってくるなんて。

M：何言ってんだよ。今週の金曜日は……。

F：結婚記念日でしょ？当然覚えてるわよ。あなたの方こそ、毎年忘れてたのに今年はよく思い出したわね。

M：まぁね。で、何食べたい？ やっぱりフレンチ？

F：ん～、久しぶりにフレンチもいいわね。そういえば、去年はあなたが記念日を忘れてて、慌てて近くのイタリアンレストランを予約しようとしたけど空いてなくて……。で、結局は中華料理を食べに行ったわよね～。

M：そんなこともあったなー。じゃ今年はやっぱりフレンチだな。

12번

여 : 요전의 과자 어땠어?

남 : 1　아주 재미있는 쇼였어.

　　2　아주 맛있었어.

　　3　답례는 필요없어요.

해설

지난번 과자가 어땠는지 묻고 있으므로 아주 맛있었다고 대답하는 것이 가장 적절하다. 따라서 정답은 2번이다.

문제 5

문제 5에서는 조금 긴 이야기를 듣습니다. 이 문제에는 연습은 없습니다. 메모를 해도 상관없습니다.

1번, 2번

문제 용지에 아무것도 인쇄되어 있지 않습니다. 먼저 이야기를 들으세요. 그리고 질문과 선택지를 듣고 1에서 4 중에서 가장 알맞은 것을 하나 고르세요.
그럼 시작하겠습니다.

1번

남성과 여성이 이야기하고 있습니다.

남 : 이번 주 금요일, 오랜만에 밖에서 같이 맛있는 것이라도 먹지 않을래?

여 : 흔치 않은 일이네, 당신이 외식하자고 말하다니.

남 : 무슨 소리 하는 거야? 이번 주 금요일은…….

여 : 결혼 기념일이지? 당연히 기억하고 있어. 당신이야말로 매년 잊고 있었는데 올해는 잘 생각해 냈네.

남 : 뭐, 근데 뭐 먹고 싶어? 역시 프랑스 요리?

여 : 음, 오랜만에 프랑스 요리도 좋지. 그러고 보니, 작년에는 당신이 기념일을 잊고 있어서 서둘러서 가까운 이탈리안 레스토랑을 예약하려고 했는데 비어 있지 않아서……. 그래서 결국은 중화요리를 먹으러 갔지.

남 : 그런 일도 있었구나. 그럼 올해는 역시 프랑스 요리야.

F : うん。雰囲気のいいレストランで久しぶりにワインでも飲んじゃおうかな。あなた、どこかおすすめのお店ないの？

M : ん〜そうだな。お前のお気に入りのあの店はどう？

F : あの店って？

M : ほらー、俺がお前と結婚する前に食事した……。

F : あー、あなたがプロポーズしてくれた店ね。あそこはデザートがとってもおいしくて気に入ってるのよね〜。でもまだ予約とれるかしら？

M : 大丈夫だよ。もう予約してあるから。

二人はどの店に行くことにしましたか。

1　近所のイタリアンレストラン
2　去年行った中華料理店
3　男性がプロポーズした店
4　雰囲気のいいレストラン

久しぶりに 오래간만에｜珍しい 진귀하다, 흔치 않다｜外食 외식｜結婚記念日 결혼 기념일｜当然 당연함｜覚える 외우다, 기억하다｜フレンチ 프랑스식의｜慌てる 몹시 당황하다, 서두르다｜予約 예약｜空く (시간, 공간이) 비다｜結局 결국｜中華料理 중화요리｜雰囲気 분위기｜おすすめ 권함, 추천｜お気に入り 마음에 듦｜近所 근처

2番

男女3人が話しています。

F　：ねぇあなた、今度の3連休のどの日か1日ぐらい、つよしを連れてどっか行ってみない？

M2：そうだなー、水族館か、動物園か、遊園地か……ぐらいかな？ ほかに何かあるかな。

F　：牧場も楽しいんじゃない？ 牛や羊に餌をあげたり、チーズを作ったり、つよしの体験したことないものもいっぱいあるし。

M2：なぁ、つよしはどこにいきたい？
　　牧場に行くとおいしい牛乳が飲めたり、チーズ作ったりできるってママが言ってるけど、牧場に行ってみる？

M1：つよし、牛乳は嫌い〜。大きなお魚が見たい〜。

F　：そういえば、この間、同じ園のたかし君が水族館に行ったらしくて、「つよしもお魚見に行きたい〜」ってずっと言っててね。

여 : 응. 분위기 좋은 레스토랑에서 오랜만에 와인이라도 마시지 않을래? 당신, 어딘가 권할 만한 가게 없어?

남 : 음, 글쎄. 당신이 마음에 들어하는 그 가게는 어때?

여 : 그 가게라니?

남 : 봐, 내가 당신과 결혼하기 전에 식사한…….

여 : 아, 당신이 프러포즈해 준 가게 말이구나. 거기는 디저트가 아주 맛있어서 마음에 들어. 하지만 아직 예약을 할 수 있을까?

남 : 괜찮아. 벌써 예약했으니까.

두 사람은 어느 가게에 가기로 했습니까?

1　근처의 이탈리안 레스토랑
2　작년에 간 중화요리점
3　남성이 프러포즈했던 가게
4　분위기가 좋은 레스토랑

남자가 여자에게 결혼하기 전에 같이 식사한 그 가게가 어떤지를 물었고 여자는 자신에게 프로포즈했던 가게를 말하는 것(あなたがプロポーズしてくれた店ね)이냐며 마음에 들지만 예약할 수 있을지를 묻는다. 이에 남자는 벌써 예약했다(もう予約してある)고 했으므로 두 사람은 남성이 프러포즈했던 가게로 갈 것이다. 따라서 정답은 3번이다.

2번

남녀 3명이 이야기하고 있습니다.

여　: 당신, 이번 3일 연휴의 어느 날인가 하루 정도 쓰요시를 데리고 어딘가 가 보지 않겠어?

남2: 글쎄, 수족관이나 동물원이나 유원지나……정도인가? 그밖에 뭔가 있나?

여　: 목장도 재미있지 않아? 소나 양에게 먹이를 주거나 치즈를 만들거나 쓰요시가 체험한 적 없는 것도 잔뜩 있고.

남2: 있잖아, 쓰요시는 어디에 가고 싶어? 목장에 가면 맛있는 우유를 마실 수 있다거나 치즈 만들거나 할 수 있다고 엄마가 말하는데, 목장에 가 볼래?

남1: 쓰요시, 우유는 싫어. 큰 물고기가 보고 싶어.

여　: 그러고 보니 요전에 같은 유치원의 다카시 군이 수족관에 갔다고 해서, "쓰요시도 물고기 보러 가고 싶어"라고 계속 말했었어.

해설

M2：そうだったんだー。じゃ、そこにしようか。
　　で、どの日にする？

F　：ん〜、土曜日はどう？

M2：う〜ん、久しぶりの休みだから土曜日はゆっくり休みたいな。日曜日はゴルフがあるから駄目だし、月曜日はどう？

F　：月曜日だと次の日から仕事だから私もしんどいし。それと、あなた、その、ゴルフはどうしても行かないといけないの？久しぶりの連休だし、たまには家族で旅行するって言ってもいいんじゃない？

M1：つよしはパパと一緒にいっぱい遊びたいな〜。

M2：ん〜まいったな〜。じゃ、明日会社に行って取りまとめてる同僚にゴルフの件、断ってくるよ。

F　：よろしくね。

3人はどこへ、何曜日に行きますか。

1　牧場に日曜日に行く
2　牧場に月曜日に行く
3　**水族館に日曜日に行く**
4　水族館に土曜日に行く

連休 연휴｜連れる 데리고 가다(오다)｜水族館 수족관｜動物園 동물원｜遊園地 유원지｜牧場 목장｜牛 소｜羊 양｜餌 먹이｜チーズ 치즈｜体験 체험｜牛乳 우유｜ママ 엄마｜嫌いだ 싫다｜魚 물고기, 생선｜この間 요전, 지난번｜ずっと 줄곧, 계속｜ゴルフ 골프｜しんどい 힘이 들다, 벅차다｜たまには 가끔은｜パパ 아빠｜取りまとめる 한데 모으다, 매듭짓다｜断る 거절하다, 양해를 구하다

3番

まず話を聞いてください。それから、二つの質問を聞いて、それぞれの問題用紙の1から4の中から、最もよいものを一つ選んでください。では始めます。

先生と男女2人が話しています。

M1：これから、観光名所の1つである八兆山という山に向かいます。この八兆山は頂上までの道が複数あります。今回は4つのコースをご紹介しますので、お好きなコースで頂上を目指して頑張ってください。まず1つ目は「足らくコース」です。

남2 : 그랬었구나. 그럼, 거기로 할까? 어느 날로 할래?

여　: 음, 토요일은 어때?

남2 : 음, 오랜만의 휴가니까 토요일은 푹 쉬고 싶은데. 일요일은 골프가 있으니까 안 되고 월요일은 어때?

여　: 월요일이라면 다음 날부터 일해야 하니까 나도 힘들어. 그리고 당신, 그 골프는 꼭 가야 하는 거야? 오랜만의 연휴이고, 가끔은 가족끼리 여행한다고 해도 좋은 거 아냐?

남1 : 쓰요시는 아빠랑 같이 많이 놀고 싶어.

남2 : 음, 졌다. 그럼 내일 회사에 가서 결정된 동료에게 골프 건, 양해를 구하고 올게.

여　: 잘 부탁해.

세 명은 어디에 무슨 요일에 갑니까?

1　목장에 일요일에 간다.
2　목장에 월요일에 간다.
3　수족관에 일요일에 간다.
4　수족관에 토요일에 간다

아들은 목장보다는 큰 물고기를 볼 수 있는(大きなお魚が見たい〜) 수족관에 가고 싶어 한다. 또 아빠는 원래 일요일에 골프를 치러 간다고 했지만, 엄마와 아들의 말을 듣고 골프를 거절하겠다고 했으므로 일요일에 가게 될 것이다. 따라서 정답은 3번이다.

3번

먼저, 이야기를 들어 주세요. 그러고 나서 두 질문을 듣고 각각 문제 용지의 1에서 4 중에서 가장 알맞은 것을 하나 고르세요.
그럼 시작하겠습니다.

선생님과 남녀 두 명이 이야기하고 있습니다.

남1 : 이제부터 관광 명소의 하나인 핫초산이라고 하는 산으로 향하겠습니다. 이 핫초산은 정상까지의 길이 여러 개 있습니다. 이번에는 4개의 코스를 소개할 테니까 좋아하는 코스로 정상을 목표로 하여 분발해 주세요. 우선 첫 번째는 '발이 편한 코스'입니다.

これは、山の入口からロープウェーが出ていて頂上の手前まで行きますので、ほとんど歩きません。ロープウェー乗車は一人300円です。足腰に自信のない方や景色を楽しみたい方に向いています。2つ目は「チャレンジコース」です。このコースは少し険しい階段が続きます。山の入口から頂上までひたすら歩きますので、足腰に自信のある方やチャレンジしてみたいという方におすすめです。3つ目は「お手軽コース」です。これはなだらかコースの途中からトロッコ列車が出ています。一人600円支払えば頂上まで行くことができ、帰りはその逆になります。一人ずつ座れますので景色を楽しむこともできます。最後は「なだらかコース」です。これは、全体的になだらかな道で歩きやすいコースになっています。初心者や女性向きのコースです。また、これらの4つのコースは行きと帰りで自由に組み合わせてもらってもいいです。

M2：ん～どれにする？せっかくだから行きは運動がてら少し歩いてみる？

F　：うん、そうね。でも、険しいのは疲れそうだからこっちのコースがいいわ。それと、帰りは景色を楽しむならロープウェーにでも乗って降りるのはどう？

M2：ん～、実は俺、今日2回目なんだ。前はチャレンジコースで登って、帰りは頂上からロープウェーで降りたことがあるんだけど、乗る人が多くて景色があまり見れなかったんだ。ただ、疲れてたからすごく便利だったけど……。

F　：じゃ、帰りはこれに乗ったらどうかな？これだと一人ずつ座れるって言ってたし、景色も見れると思うよ。

M2：そうだね。それにしようか。

質問1

行きはどのコースを選びましたか。

1　足らくコース
2　チャレンジコース
3　お手軽コース
4　なだらかコース

이것은 산의 입구에서 로프웨이가 나와 있어 정상 바로 앞까지 가기 때문에 거의 걷지 않습니다. 로프웨이 승차는 한 명당 300엔입니다. 다리와 허리에 자신이 없는 분과 경치를 즐기고 싶은 분에게 적합합니다. 두 번째는 '도전 코스'입니다. 이 코스는 조금 험한 계단이 이어집니다. 산의 입구에서 정상까지 오로지 걷기 때문에, 다리와 허리에 자신이 있는 분과 도전해 보고 싶다는 분에게 권합니다. 세 번째는 '가벼운 코스'입니다. 이것은 완만한 코스의 도중에 궤도열차가 나와 있습니다. 한 명당 600엔 지불하면 정상까지 갈 수 있고, 돌아오는 길은 그 반대가 됩니다. 한 사람씩 앉을 수 있으므로 경치를 즐길 수도 있습니다. 마지막은 '완만한 코스'입니다. 이것은 전체적으로 완만한 길이어서 걷기 편한 코스로 되어 있습니다. 초보자와 여성에게 적합한 코스입니다. 또 이들 4개의 코스는 가는 길과 돌아오는 길에서 자유롭게 조합해 주셔도 됩니다.

남2: 음, 어느 것으로 할까? 모처럼이니까 가는 길은 운동할 겸 조금 걸어 볼래?

여　: 응, 그래. 하지만 험한 것은 지칠 것 같으니까 이쪽 코스가 좋아. 그거랑 돌아오는 길은 경치를 즐길 거라면 로프웨이라도 타고 내려오는 건 어때?

남2: 음, 실은 나 오늘 두 번째야. 전에는 도전 코스로 올라가고 돌아오는 길은 정상에서 로프웨이로 내려온 적이 있는데, 타는 사람이 많아서 경치를 별로 볼 수 없었어. 단 지쳐 있어서 굉장히 편리했지만…….

여　: 그럼 돌아오는 길은 이걸 타면 어떨까? 이거라면 한 명씩 앉을 수 있다고 했고, 경치도 볼 수 있을 거야.

남2: 그래. 그걸로 할까?

질문1

가는 길은 어느 코스를 선택했습니까?

1　발이 편한 코스
2　도전 코스
3　가벼운 코스
4　완만한 코스

해설

남자는 여자에게 가는 길은 운동할 겸 조금 걸어보자고 했고, 이에 여자는 그러자고 하면서 험한 것은 지칠 것 같다고 했으므로 걸어가는 코스 중 험하지 않은 것으로 선택할 것임을 알 수 있다. 따라서 4번 완만한 길을 걸어가는 코스를 선택할 것이다.

質問2

帰りはどのコースを選びましたか。

1 足らくコース
2 チャレンジコース
3 お手軽コース
4 なだらかコース

단어

観光 관광 | 名所 명소 | 向かう 향하다 | 頂上 산 정상 | 複数 복수, 여러 개 | コース 코스 | 紹介する 소개하다 | 目指 목표로 삼다, 지향하다 | ～目 ～째 | 入口 입구 | ロープウェー 로프웨이 | 手前 바로 앞 | ほとんど 대부분, 거의 | 乗車 승차 | 足腰 다리와 허리 | 自信 자신 | 方 분 | 景色 경치 | 楽しむ 즐기다, 낙으로 삼다 | 向く 적합하다, 어울리다 | チャレンジ 챌린지, 도전 | 険しい 험하다, 험준하다 | 階段 계단 | 続く 이어지다, 계속되다 | ひたすら 오로지, 한결같이 | 手軽だ 손쉽다, 간편하다 | なだらかだ 완만하다 | 途中 도중 | トロッコ列車 궤도열차(차체 상반부가 개방된 차량에 여행객이 승차할 수 있는 관광열차) | 支払う 지불하다 | 帰り 돌아오는 길 | 逆 역, 반대 | ～ずつ ～씩 | 座る 앉다 | 最後 최후, 마지막 | 全体的に 전체적으로 | 初心者 초보자 | ～向き ～에 적합함 | 行き 가는 길 | 組み合わせる 짜맞추다, 조합하다 | せっかく 모처럼 | ～がてら ～(할) 겸, ～겸해서 | 疲れる 지치다, 피로해지다 | 降りる (탈 것에서) 내리다 | 登る 오르다 | 便利だ 편리하다

질문2

돌아오는 길은 어느 코스를 선택했습니까?

1 발이 편한 코스
2 도전 코스
3 가벼운 코스
4 완만한 코스

해설

여자가 돌아오는 길에 탈 것을 제안하며 한 사람씩 앉을 수 있고 경치도 볼 수 있다고 하자, 남자는 그걸로 하자고 한다. 한 사람씩 앉아 경치도 볼 수 있는(一人ずつ座れますので景色を楽しむこともできます) 것은 3번 가벼운 코스(お手軽コース)이다.

1교시 언어지식(문자 · 어휘 · 문법) · 독해

問題1　[1] ②　[2] ③　[3] ②　[4] ④　[5] ①

問題2　[6] ④　[7] ①　[8] ③　[9] ④　[10] ②

問題3　[11] ①　[12] ④　[13] ③　[14] ①　[15] ④

問題4　[16] ②　[17] ①　[18] ④　[19] ③　[20] ①　[21] ②　[22] ①

問題5　[23] ④　[24] ①　[25] ③　[26] ④　[27] ③

問題6　[28] ②　[29] ①　[30] ②　[31] ②　[32] ①

問題7　[33] ①　[34] ③　[35] ④　[36] ①　[37] ②　[38] ①　[39] ③　[40] ①　[41] ②　[42] ④
　　　　[43] ①　[44] ③

問題8　[45] ③ (4123)　[46] ④ (2413)　[47] ① (1324)　[48] ③ (2143)　[49] ② (4321)

問題9　[50] ②　[51] ①　[52] ④　[53] ②　[54] ①

問題10　[55] ④　[56] ②　[57] ③　[58] ①　[59] ④

問題11　[60] ②　[61] ②　[62] ③　[63] ①　[64] ④　[65] ③　[66] ③　[67] ①　[68] ④

問題12　[69] ④　[70] ①

問題13　[71] ①　[72] ③　[73] ④

問題14　[74] ④　[75] ①

2교시 청해

問題1　[1] ②　[2] ④　[3] ①　[4] ③　[5] ②

問題2　[1] ④　[2] ②　[3] ③　[4] ②　[5] ④　[6] ②

問題3　[1] ②　[2] ③　[3] ④　[4] ③　[5] ①

問題4　[1] ②　[2] ③　[3] ①　[4] ③　[5] ③　[6] ②　[7] ②　[8] ①　[9] ③　[10] ①
　　　　[11] ③　[12] ②

問題5　[1] ④　[2] ③　[3-1] ④　[3-2] ①

문제 1 _______의 단어의 읽는 방법으로 가장 알맞은 것을 1·2·3·4에서 하나 고르시오.

1 동쪽 **방면**으로 가면 놀 곳이 많이 있다.

> **해설** 方은 음으로 ほう, 훈으로 かた라 읽고 面은 음으로 めん, 훈으로 おも/つら/おもて라 읽는다. 이 때는 둘 다 음독하여 方面은 ほうめん이라고 읽는다.

東 동쪽 | 方面 방면 | 遊ぶ 놀다 | ところ 곳 | たくさん 많이

정답 ②

2 간식은 **찬장** 안에 들어있어.

> **해설** 戸는 음으로 こ, 훈으로 と라 읽고 棚는 훈으로 たな라 읽는다. 이때는 둘 다 훈독하는데, たな의 첫 음절 た가 탁음으로 변하여 とだな라고 읽는다.

おやつ 간식 | 戸棚 찬장 | 中 안, 속 | 入る 들어가다, 들어오다

정답 ③

3 오늘 아침에 일어났더니 양동이의 물이 **얼어** 있었다.

> **해설** 凍은 음으로 とう, 훈으로 凍(こお)る, 凍(こご)える라 읽는다. 여기서는 동사 凍(こお)る를 뜻하는 것이다.

今朝 오늘 아침 | 起きる 일어나다 | バケツ 양동이 | 水 물 | 凍る 얼다

정답 ②

4 그녀는 자신의 이야기를 **자랑하**듯이 말하는 버릇이 있다.

> **해설** 自는 음으로 じ/し라 읽고 훈으로 自(みずか)ら라 읽는다. 또 慢은 음독하여 まん이라 한다. 自慢은 둘 다 음독하여 じまん이라고 읽는다.

彼女 그녀 | 自分 자기, 자신 | 話 이야기 | 自慢 자랑 | ～げに ～해 보이게, ～한 듯이 | 語る 말하다 | 癖 버릇

정답 ④

5 여동생은 과일 중에서 **배**를 가장 좋아한다고 했다.

> **해설** 梨은 음으로 り, 훈으로 なし라고 읽는다.

妹 여동생 | 果物 과일 | 梨 배 | 一番 가장, 제일 | 好きだ 좋아하다 | りんご 사과 | かき 감 | もも 복숭아

정답 ①

문제 2 _______의 단어를 한자로 쓸 때, 가장 알맞은 것을 1·2·3·4에서 하나 고르시오.

6 이쪽의 **응접실**에서 기다려 주세요.

> **해설** おうせつしつ란 '응접실'을 뜻하므로 여기서는 응접실에서 기다려 달라는 것이다. おうせつ는 응접을 뜻하고 바른 한자 표기는 4번이다.

応接室 응접실 | 待つ 기다리다

정답 ④

7 먹기 전에 테이블을 깨끗하게 **닦아** 둬.

해설 먹기 전에 탁자를 깨끗하게 닦으라는 말이다. 따라서 밑줄 부분은 '닦다'라는 뜻의 동사 ふく를 뜻하는 것이고, 한자로는 拭く 라고 표기한다.

食べる 먹다 | ～前に ～전에 | テーブル 탁자, 테이블 | きれいに 깨끗하게 | 拭く 닦다 | ～ておく ～해 두다 | 吹く 불다

정답 ①

8 하나 하나 손으로 쓰고 있으면 **수고**가 든다.

해설 일일이 손으로 쓰고 있다 보면 수고가 든다는 말이다. てま는 한자로 手間라고 쓴다.

手 손 | 手間がかかる 수고가 들다

정답 ③

9 **쓸데없는** 것은 말하지 않도록 해 주세요.

해설 쓸데없는 것은 말하지 않도록 해 달라는 것이다. よけい는 한자로 余計라고 쓴다.

余計な 쓸데없는 | ～ようにする ～(하)도록 하다

정답 ④

10 초등학생의 용돈은 500엔 정도가 **타당**하다.

해설 だとう란 '타당'을 뜻한다. 한자로는 妥当이라 쓰므로 정답은 2번이다.

小学生 초등학생 | 小遣い 용돈 | ～ぐらい ～정도, ～쯤 | 妥当だ 타당하다

정답 ②

문제 3 (　　　)에 넣을 것으로 가장 알맞은 것을 1·2·3·4에서 하나 고르시오.

11 일본에는 **미**해결의 사건이 아직도 많이 있다.

해설 해결되지 않은 사건이 많이 있다는 의미다. 따라서 해결되지 않음, 즉 미해결이라고 해야 하므로 정답은 未(み), 1번이다.

未解決 미해결 | 事件 사건 | まだまだ 아직도

정답 ①

12 세상이 **불**경기라고 해도 돈을 벌고 있는 회사도 있다.

해설 경기가 좋지 않아도 돈을 버는 회사가 있다는 말이 되어야 한다. 경기가 좋지 않다는 것은 불경기라고 하므로 정답은 不(ふ), 4번이 된다.

世の中 세상 | 不景気 불경기 | ～と言っても ～라고 해도 | 儲かる 벌이가 되다, 득이 되다 | 会社 회사

정답 ④

13 상대팀의 응원**단** 인원수가 매우 많아서 깜짝 놀랐다.

해설 상대팀을 응원하는 사람들이 너무 많아서 깜짝 놀랐다는 것이다. 따라서 응원하는 사람들, 응원하는 단체를 뜻하는 말이 되어야 하므로 정답은 3번, 団(だん)이다.

相手チーム 상대팀 | 応援団 응원단 | 人数 인원수 | とても 매우, 아주 | 多い 많다 | びっくりする 깜짝 놀라다

정답 ③

14 편의점에서 **신**상품을 발견하면 무심코 사고 만다.

> **해설** 편의점에서 어떤 상품을 발견하면 무심코 사게 되는지를 고르면 된다. 새로 나온 상품, 즉 신상품을 보면 사게 될 것이다. 따라서 정답은 新(しん), 1번이다.

コンビニ 편의점 | 新商品 신상품 | 見つける 발견하다 | つい 그만, 무심코 | 買う 사다

정답 ①

15 당신이 추억에 남는 **명**장면을 하나 가르쳐 주세요.

> **해설** 추억에 남는 장면을 '명장면'이라고 하므로 정답은 4번, 名(めい)이다.

思い出 추억 | 残る 남다 | 名場面 명장면 | 教える 가르치다

정답 ④

문제 4 (   )에 넣을 것으로 가장 알맞은 것을 1·2·3·4에서 하나 고르시오.

16 오늘 만날 약속을 **깜빡** 잊어버려, 나중에 친구에게 혼났다.

> **해설** 약속을 잊어버린 것이므로 깜빡 잊었다고 해야 할 것이다. 따라서 정답은 2번, うっかり(깜빡)이다.

今日 오늘 | 会う 만나다 | 約束 약속 | うっかり 깜빡 | 忘れる 잊다 | 後で 나중에 | 友達 친구 | 怒る 화내다 | すっきり 말쑥이, 산뜻하게 | ちゃっかり 빈틈없이, 약삭빠르게 | きっかり 두드러지게, 뚜렷이

정답 ②

17 4월에 들어온 **신입**사원 중에 아주 귀여운 아이가 있었다.

> **해설** 4월에 들어온 사원이므로 신입사원이라 하는 것이 가장 적절하다. 따라서 정답은 1번, 新入(しんにゅう)이다.

新入社員 신입사원 | かわいい 귀엽다 | 子 아이 | 窓際 창가 | 卒業 졸업 | 格別 각별(히)

정답 ①

18 새로 생긴 레스토랑은 행렬이 생길 정도로 **인기**인 것 같다.

> **해설** 레스토랑에 행렬이 생길 정도라면 인기가 있는 것이다. 그러므로 정답은 4번, 人気(にんき)이다.

新しい 새롭다 | できる 생기다 | レストラン 레스토랑 | 行列 행렬 | ～ほど ～정도, ～만큼 | 人気 인기 | ～らしい ～인 것 같다, ～인 듯하다 | 安心 안심 | 心配 걱정 | 満足 만족

정답 ④

19 차 선생님으로부터 올바른 **예절**을 배웠다.

> **해설** 차 선생님에게서 배울 수 있는 것을 넣어야 한다. 따라서 예의범절, 作法(さほう)가 정답이다.

お茶 (녹)차 | 正しい 올바르다 | 作法 예의범절, 예절 | 学ぶ 배우다 | 放送 방송 | 戦略 전략 | 手口 방법, 수단

정답 ③

20 옆집은 1년 이상 **집세**를 지불하고 있지 않다.

> **해설** 빈칸 뒤의 동사가 支払(しはら)우이므로 빈칸에는 금전적인 의미를 갖는 명사가 와야 한다. 따라서 여기서는 집세, 家賃(やちん)이 정답이다.

隣の家 옆집, 이웃집 | 以上 이상 | 家賃 집세 | 支払う 지불하다 | 工事 공사 | 食品 식품 | 虫歯 충치

정답 ①

21 이런 좁은 길에서 차를 **추월하는** 것은 위험하다.

> **해설** 차가 좁은 길에서 하면 위험한 행동을 골라야 한다. 여기서는 차를 추월하는(追い越す) 것이 위험하다고 하는 것이 가장 자연스러우므로 정답은 2번이다.

狭い 좁다 | 道 길 | 車 차 | 追い越す 추월하다 | 危険だ 위험하다 | 裏切る 배신하다, 배반하다 | 覆う (표면을) 덮다 | 怒る 화내다

정답 ②

22 오늘은 건강을 위해 하나 앞의 버스 **정류소**에서 내려 걸어서 돌아가야지.

> **해설** 빈칸 바로 앞에 バス(버스), 뒤에는 동사 降(お)りる(내리다)가 왔으므로 버스 정류소에서 내린다고 해야 한다. 따라서 정답은 정류소, 停留所(ていりゅうじょ)이다.

健康 건강 | 手前 자기 앞, 어떤 곳에 약간 못 미치는 범위 | バス 버스 | 停留所 정류소 | 降りる 내리다 | 歩く 걷다 | 帰る 돌아가다, 돌아오다 | 待合所 대합소 | 合流所 합류소 | 広場 광장

정답 ①

문제 5   ______의 단어에 의미가 가장 가까운 것을 1 · 2 · 3 · 4에서 하나 고르시오.

23 욕실의 뜨거운 물이 **넘치고** 있는 것을 알아챘다.

> **해설** 溢(あふ)れる는 '(가득 차서) 흘러 넘치다'라는 뜻이므로, 뜨거운 물이 넘치는 것을 알아챘다는 말이다. 따라서 こぼれる도 '넘쳐 흐르다'라는 뜻의 동사이므로 의미상 통하는 것은 4번, こぼれて이다.

お風呂 욕실 | お湯 뜨거운 물 | 気付く 알아차리다, 깨닫다 | 閉まる 닫히다 | はみ出る 비어져 나오다, 불거져 나오다 | 詰まる 막히다 | こぼれる 넘치다, 넘쳐 흐르다

정답 ④

24 한 달 걸려서 만든 작품이 **마침내** 완성되었다.

> **해설** ついに는 '마침내, 드디어'라는 뜻의 부사로, 여기서는 작품이 마침내 완성되었다는 것이다. 그러므로 의미상 비슷한 것은 1번의 とうとう(드디어, 마침내)이다.

１ヶ月 1개월, 한 달 | かける (시간 등이) 걸리다 | 作る 만들다 | 作品 작품 | ついに 마침내, 드디어 | 完成 완성 | とうとう 드디어, 마침내 | じわじわ 서서히, 조금씩 | 次々に 잇달아, 계속해서 | ますます 점점 더, 더욱더

정답 ①

25 새로 생긴 **사무실**은 흡연실이 따로 있다.

> **해설** オフィス란 '사무실, 회사'를 뜻하므로 비슷한 의미의 단어는 3번, 会社(かいしゃ)이다.

オフィス 사무실, 회사 | 喫煙ルーム 흡연실 | 別 별도 | 社会 사회 | 売店 매점

정답 ③

26 집을 새로 사기 위해서는 **막대한** 자금이 필요해진다.

> **해설** 莫大(ばくだい)란 '막대함'을 뜻하는 な형용사이므로, 막대한 자금이 필요하다는 말이다. 따라서 '(정도나 수량이) 매우 많음'을 나타내는 4번, 多大(ただい)가 정답이다.

莫大だ 막대하다 | 資金 자금 | 必要だ 필요하다 | 積極的だ 적극적이다 | 派手だ 화려하다 | 豪華だ 호화롭다 | 多大だ (정도나 수량이) 매우 많다

정답 ④

27 이제 슬슬 프린터의 잉크를 <u>교체해야</u> 할 때이다.

> **해설** 取替(とりかえ)란 '바꿈, 교체'를 뜻하므로 의미상 통하는 단어는 3번의 '교환', 交換(こうかん)이다.

そろそろ 이제 슬슬 | プリンター 프린터 | インク 잉크 | 取替え 바꿈, 교환 | ～なければならない ～하지 않으면 안 된다, ～해야 한다 | 頃 때, 시기 | 取り置き 따로 떼어둠, 남겨 둠 | 取引 거래 | 取扱い 취급, 처리

정답 ③

문제 6　다음 단어의 사용법으로 가장 알맞은 것을 1 · 2 · 3 · 4에서 하나 고르시오.

28 중얼중얼, 투덜투덜

1 어제 산 오렌지 주스는 <u>중얼중얼</u>이 들어 있어 매우 맛있다. [ぶつぶつ → 果肉(과육)]

2 그는 혼자서 살게 되고 나서 중얼중얼 말하는 횟수가 늘었다.

3 냄비가 <u>중얼중얼</u> 하면 불을 꺼 주세요 . [ぶつぶつ → ふつふつ(부글부글)]

4 나는 <u>중얼중얼</u> 딸기가 들어간 젤라토를 아주 좋아한다. [ぶつぶつ → 小さな(작은)]

> **해설** ぶつぶつ는 작은 소리로 혼자 말하는 모양(중얼중얼)과 불평을 하는 모양(투덜투덜)을 나타낸다. 이러한 의미로 적절하게 쓰인 것을 찾으면 2번, 혼자 살게 되면서 중얼중얼 말하게 되었다고 표현한 것이다.

ぶつぶつ 중얼중얼, 투덜투덜 | 昨日 어제 | オレンジジュース 오렌지 주스 | ～入り 들어감 | おいしい 맛있다 | 一人で 혼자서 | 回数 횟수 | 増える 늘다 | 鍋 냄비 | 火 불 | 止める 멈추다, 잠그다, 끄다 | いちご 딸기 | ジェラート 젤라토(아이스크림) | 大好きだ 아주 좋아하다

29 독립

1 회사를 그만두고 독립하는 것은 간단한 일이 아니다.

2 일본에서는 독립 남성이 늘어나고 있다고 합니다. [独立 → 独身(독신)]

3 그는 노래방에서 언제나 <u>독립</u>한 방식으로 노래 부른다. [独立 → 独特(독특)]

4 옆 자리의 파견사원은 <u>독립</u>이 많아서 시끄럽다. [独立 → 雑談(잡담)]

> **해설** 独立(どくりつ)은 '독립'을 뜻한다. 따라서 회사를 그만두고 독립한다고 표현한 1번이 바르게 쓰인 문장이다.

独立 독립 | 辞める 그만두다 | 簡単だ 간단하다 | 男性 남성 | 増える 늘다 | 歌い方 노래하는 방법 | 隣 옆 | 席 자리, 좌석 | 派遣社員 파견사원 | うるさい 시끄럽다

30 뻔뻔하다, 낯두껍다

1 선생님은 매일 <u>뻔뻔한</u> 학생을 조용히 시키는 데 고생하고 있다. [ずうずうしい → うるさい(시끄러운)]

2 싸게 해 주었는데도 덤도 바라다니 참으로 뻔뻔한 사람이다.

3 장마가 되면 <u>뻔뻔한</u> 날씨가 계속된다. [ずうずうしい → うっとうしい(울적한)]

4 나는 예전부터 <u>뻔뻔한</u> 곳이 있고, 자주 실수를 해 버린다. [ずうずうしい → そそっかしい(경솔한)]

> **해설** ずうずうしい는 뻔뻔스럽고 낯두껍다는 의미의 い형용사이다. 그러므로 싸게 해 줬는데도 덤도 바라다니 뻔뻔하다고 표현한 2번이 정답이다.

ずうずうしい 뻔뻔하다, 낯두껍다 | 毎日 매일 | 生徒 학생 | 静かだ 조용하다 | 苦労 고생, 수고 | 安い 싸다 | おまけ 할인, 덤 | ～てほしい ～하길 바라다 | ～とは ～하다니, ～란 | なんて 얼마나, 참으로 | 梅雨 장마 | 天気 날씨 | 続く 이어지다, 계속되다 | 昔 옛날 | よく 잘, 자주 | ミス 실수

31 검토

1 나는 중학생 때 검토부에 소속되어 있었다. [検討 → 剣道(검도)]

2 새 집을 살지 어떨지 아직 검토 중이다.

3 일본어 검토 1급을 따기 위해 통신교육을 받기로 했다. [検討 → 検定(검정)]

4 모르는 말을 인터넷으로 검토하자 많은 사이트가 나왔다. [検討 → 検索(검색)]

> **해설** 検討(けんとう)는 '검토'를 뜻하므로, 새 집을 살지 어떨지 아직 검토 중이라고 한 2번이 가장 적절하게 쓰인 문장이다.

検討 검토 | 中学生 중학생 | 所属 소속 | ～かどうか ～인지 어떤지 | ～級 ～급 | 取る (자격 등을) 따다 | 通信 통신 | 教育を受ける 교육을 받다 | ～ことにする ～(하)기로 하다 | 言葉 말, 언어 | インターネット 인터넷 | サイト 사이트

32 배웅하다

1 친구가 돌아가니까 거기 모퉁이까지 배웅하고 올게.

2 배웅한 모습의 사람이 다가온다고 생각했더니 친구였다. [見送った→見慣れた(눈에 익다, 낯익다)]

3 서류에 틀린 게 없는지 다시 한 번 배웅해 주세요. [見送る→見直す(다시 보다, 재검토하다)]

4 고층 맨션의 최상층에서 배웅하는 풍경은 절경이다. [見送る→見下ろす(내려다 보다)]

> **해설** 見送(みおく)る는 '배웅하다, 전송하다'라는 의미의 동사이다. 따라서 올바르게 쓰인 것은 친구가 돌아가니 배웅하고 온다고 표현한 1번이다.

見送る 배웅하다, 전송하다 | 角 구석, 모퉁이 | 格好 모양, 모습 | 近づく 접근하다, 다가가다 | 書類 서류 | 間違い 틀림, 실수 | もう一度 다시 한 번 | 高層マンション 고층 맨션, 고층 아파트 | 最上階 최상층 | 風景 풍경 | 絶景 절경

문제 7 다음 문장의 (   )에 넣을 것으로 가장 알맞은 것을 1 · 2 · 3 · 4에서 하나 고르시오.

33 전통과 문화는 각각의 나라에 따라 다른 **법이다.**

> **해설** 전통과 문화라는 것은 나라에 따라 각각 다른 것이 당연한 것이다. 따라서 '당연히 ～한 것(～인 법)'을 뜻하는 ～ものだ(～인 법이다, ～한 것이다)를 넣어야 한다.

伝統 전통 | 文化 문화 | それぞれ 각각 | 国 국가, 나라 | ～によって ～에 따라 | 違う 다르다 | ～ものだ ～인 법이다, ～한 것이다 | ～に違いない ～임에 틀림없다

정답 ①

34 친구가 갈 수 없게 되었기 때문에 혼자서 갈 **수 밖에 없다.**

> **해설** 친구가 갈 수 없게 되었다고 했으므로 혼자 갈 수 밖에 없을 것이다. 따라서 ～하는 수 밖에 방법이 없다고 할 때 사용하는 3번, ～しかない(～밖에 없다)가 정답이다.

～しかない ～밖에 없다 | ～にほかならない 바로 ～이다, ～임에 틀림없다 | ～はずがない ～일리가 없다 | ～おかげだ ～덕분이다

정답 ③

35 어떻게 할까 망설인 **끝에** 전부 버리기로 했다.

> **해설** 어떻게 할까 고민했다고 했고 전부 버리기로 했다고 했으므로, 어떻게 할까 망설인 끝에 결국 전부 버리기로 했다고 해야 한다. 따라서 빈 칸에는 ～あげく(～한 끝에)를 넣어야 한다.

迷う 망설이다 | ～あげく ～한 끝에 | 全部 전부 | 捨てる 버리다 | ～に先立って ～에 앞서서 | ～きり ～한 채 | ～に加えて ～에 더해서

정답 ④

36 저런 성실한 아이가 사람을 때릴 **리가 없다.**

> **해설** 앞에서 성실한 아이라고 했으므로 뒤에서는 사람을 때리지 않을 것이라 해야 한다. 즉 ～わけがない(～일 리가 없다)를 넣어 때릴 리가 없다고 하는 것이 가장 자연스럽다.

真面目だ 성실하다 | 殴る 때리다 | ～わけがない ～일 리가 없다 | ～わけにはいかない ～할 수는 없다 | ～に相違ない 틀림없이 ～이다

정답 ①

37 옆집 아주머니는 무슨 일이 있을 **때마다** 우리 집에 전화해 온다.

> **해설** 앞은 무슨 일이 있다는 것이고 뒤는 우리 집에 전화를 한다는 것이다. 따라서 무슨 일이 있을 때마다 우리 집에 전화를 한다고 해야 하므로 2번, ～たびに(～때마다)가 정답이다.

隣 옆집 | おばさん 아주머니 | ～たびに ～때마다 | うち 우리 | 電話 전화 | ～ばかりか ～뿐만 아니라 | ～を契機に ～을 계기로 | ～から言うと ～에서 보면

정답 ②

38 오늘 밤부터 내일 아침**에 걸쳐** 각지에서 세찬 비가 내릴 것입니다.

> **해설** 앞에 今夜(こんや)から(오늘 밤부터)가 왔고 뒤는 明日(あした)の朝(あさ)(내일 아침)라 했으므로 시간적인 범위를 나타내고 있음을 알 수 있다. 따라서 ～にかけて(～에 걸쳐서)를 넣어 오늘 밤부터 내일 아침에 걸쳐 각지에서 세찬 비가 올 거라고 해야 한다.

今夜 오늘 밤 | 朝 아침 | ～にかけて ～에 걸쳐서 | 各地 각지 | 激しい 격렬하다, 세차다 | 雨が降る 비가 내리다 | ～にわたって ～에 걸쳐 | ～にとって ～에 있어서 | ～に通して ～을 통하여

정답 ①

39 (선물을 할 때)

이쪽은 저희들 근처에서 맛있다고 소문난 구운 과자입니다. 꼭 여러분 모두 함께 **잡수세요.**

> **해설** 상대에게 선물을 하면서 건네는 말이다. 私(わたくし)ども라 하며 자신 쪽은 겸양으로 표현했고, 皆様(みなさま)로 상대 쪽은 높이고 있다. 따라서 상대에게 존경어를 쓰며 높여야 하므로 동사 召(め)し上(あ)がる(잡수시다)를 〈お+동사 ます형+ください〉를 이용해 표현한 3번이 정답이다.

贈り物 선물 | 私ども 저희들 | 近く 근처, 부근 | 評判 평판, 소문남 | 焼き菓子 구운 과자 | ぜひ 꼭 | 皆様 여러분 | 召し上がる 잡수시다(食べる의 존경어) | 味わう 맛보다 | いただく 먹다, 받다(食べる, もらう의 겸양어)

정답 ③

40 하시모토 "데구치 씨, 이 복사본을 회의실까지 들고 와 줄 수 있나?"
데구치 　　 "네, **알겠습니다.**"

> **해설** 복사본을 회의실까지 들고 와 주겠냐는 상사의 지시에 대한 알맞은 대답을 골라야 한다. 이 때는 상대의 말을 이해하고 받아들였다는 의미로, 일반적으로 承知(しょうち)しました/承知(しょうち)いたしました를 사용한다. 分(わ)かりました보다 정중한 표현이다.

コピー 복사본 | 会議室 회의실 | ~てくれる (남이 나에게) ~해 주다 | 承知 (사정 등을) 알고 있음, 승낙함 | 了解 이해함, 납득함 | 受ける 받다 | 分かる 알다, 이해하다

정답 ①

41 이번 발표는 예상**에 반해** 모두의 반응이 좋았다.

> **해설** 문맥상 자신의 예상과는 반대로 반응이 좋았다고 해야 한다. 따라서 2번, ~に反(はん)して(~에 반해서)가 적당하다.

今回 이번 | プレゼン 발표, 프레젠테이션 | 予想 예상 | ~に反して ~에 반해서 | みんな 모두 | 反応 반응 | ~の末に ~끝에 | ~にこたえて ~에 응해서

정답 ②

42 그 건에 대해서는 차라도 **하면서** 천천히 이야기합시다.

> **해설** 그 건에 대해서는 차라도 마시면서 이야기하자고 해야 할 것이다. 〈동사 ます형+つつ〉는 '~하면서'라는 뜻이므로 4번의 しつつ(하면서)가 알맞은 답이다.

件 건 | ~については ~에 대해서는 | ~つつ ~하면서 | ゆっくり 천천히 | ~たところ ~했더니 | ~た以上 ~한 이상 | ~ことなく ~하지 않고

정답 ④

43 저 녀석에게만은 절대로 질**까 보냐**.

> **해설** 문맥상 저 녀석에게는 절대로 지지 않겠다고 해야 연결이 자연스럽다. 따라서 ~ものか(~할까 보냐)를 넣어 절대 지지 않겠다는 강한 의지를 나타내야 한다.

あいつ 저 녀석 | 絶対 절대로 | 負ける 지다 | ~ものか ~할까 보냐 | ~わけだ ~할 만도 하다 | ~べきだ ~해야 한다 | ~ことか ~던지, 인지

정답 ①

44 자네 집 홋카이도**인가**.

> **해설** 상대방의 집이 홋카이도인지 확인하는 것이다. 문말(文末)에 ~っけ(~인가)를 넣어 끝맺으면 상대에게 확인하는 의미를 나타내므로 정답은 3번이다.

君 너, 자네 | 北海道 홋카이도 | ~っけ ~인가 | ~ということだ ~라는 것이다 | ~かのようだ (마치) ~인 듯하다 | ~げ ~한 듯함

정답 ③

문제 8 다음 문장의 ___★___ 에 들어갈 가장 알맞은 것을 1·2·3·4에서 하나 고르시오.

45 리조트지에서 **기후가 가장 좋은 곳**을 가르쳐 주세요.

> **해설** '리조트지 중에서'라고 했으므로 어떠한 곳, 즉 장소를 가르쳐 달라고 해야 한다. 따라서 마지막 칸에는 장소를 뜻하는 ところ(곳)가 와야 하므로 정답은 3번이다. 또 어떠한 곳인지에 대한 설명이 앞에 와야 하는데, 이것은 気候(きこう)が/いちばん/いい(기후가 가장 좋은)의 순서가 되어야 한다.

リゾート地 리조트지 | 気候 기후 | いちばん 가장, 제일 | ところ 곳 | 教える 가르치다

정답 ③ (4123)

46 마법의 프라이팬은 **주문하고 나서 도착할 때까지** 1년 반에서 2년 걸린다고 합니다.

> **해설** 빈칸 바로 뒤에 かかる(걸리다)가 왔으므로 시간을 나타내는 1 年半(ねんはん)から(1년 반부터)/ 2 年

(ねん)(2년)이 세 번째와 네 번째 칸에 와야 한다. 또, 주문하고 나서 도착할 때까지 그만큼의 시간이 걸리다는 의미이므로 注文(ちゅうもん)してから(주문하고 나서)/届(とどく)まで(도착할 때까지)가 앞에 와야 하므로 정답은 4번이다.

まほう 마법 | フライパン 프라이팬 | 注文 주문 | 〜てから 〜하고 나서 | 届く 닿다, 도착하다 | かかる (시간 등이) 걸리다 | 〜そうだ 〜라고 한다(전문)

정답 ④ (2413)

47 이 <u>마음에 드는 목걸이는 10년 전에 어머니에게서</u> 받은 것이다.

해설 목걸이를 어머니에게서 받았다는 것인데, ネックレス(목걸이) 앞에 お気(き)に入(い)りの(마음에 드는)가 와서 お気(き)に入(い)りの/ネックレス(마음에 드는 목걸이)가 되고, 이 마음에 드는 목걸이는 10년 전에 어머니에게서 받은 것이라고 해야 하므로 10年前(ねんまえ)に/母(はは)から(10년 전에 어머니로부터)가 이 뒤에 와야 한다. 따라서 정답은 1번이다.

お気に入り 마음에 듦 | ネックレス 목걸이 | 母 엄마, 어머니 | もらう 받다 | もの 것, 물건

정답 ① (1324)

48 자신이 보낸 <u>메일의 답장이 오지 않으면 재촉</u>하고 싶어진다.

해설 送(おく)った(보낸)에 이어져야 하므로 첫 칸에는 メールの(메일의), 두 번째 칸에는 返事(へんじ)가(답장이)를 넣어야 한다. 또 메일의 답장이 오지 않으면 재촉하고 싶어진다고 해야 연결이 자연스러우므로 来(こ)ないと/催促(さいそく)(오지 않으면 재촉)가 뒤에 이어져 답은 3번이 된다.

送る 보내다 | メール 메일 | 返事 답장 | 催促 재촉

정답 ③ (2143)

49 개인 정보의 <u>공개는 위험도 크기 때문에 신중히</u> 하지 않으면 안 된다.

해설 첫 칸은 個人情報(こじんじょうほう)の(개인 정보의) 뒤에 바로 연결되어야 하므로 公開(こうかい)は(공개는)를 넣어야 하고, 이것은 위험도 크기 때문에 신중히 해야 한다고 하여 뒤는 リスクも/大(おお)きいので/慎重(しんちょう)に(위험도 크기 때문에 신중히)의 순이 된다. 따라서 정답은 2번이다.

個人情報 개인 정보 | 公開 공개 | リスク 위험 | 慎重だ 신중하다

정답 ② (4321)

문제 9 다음 글을 읽고 글 전체의 내용을 생각하여, **50** 부터 **54** 안에 들어갈 가장 알맞은 것을 1·2·3·4에서 하나 고르시오.

최근에는 젊은 여성 사이에서 눈매를 강조하는 '메지카라 화장'이라는 것이 유행하고 있습니다. 여자 고등학생과 20대의 젊은 세대는 **50** 물론, 지금은 잡지 등의 영향도 있어 30대와 40대의 기혼 여성 세대에도 유행의 물결이 **51** 밀려오고 있는 것 같습니다.

여성은 누구든지 예뻐지고 싶다고 바라고, 저도 그 기분은 충분히 알지만, 화장(注1)의 악영향에 의해 콘택트렌즈를 사용하는 여성 사이에서 눈의 장애가 늘고 있는 것도 사실입니다.

이 '메지카라 화장'은 화장 방법뿐만 아니라 화장 지우기에도 주의가 필요합니다. 그 중에는 콘택트렌즈를 착용한 채로 화장을 지우는 사람도 있지만, 클렌징제가 눈에 들어가면 렌즈 **52** 더러워짐의 원인이 됩니다.

212

최근 늘고 있는 실리콘 하이드로겔 렌즈(注2)는 기름과 섞이기 쉽고 클렌징제의 기름 성분과 화학 반응을 일으켜 변형을 일으키는 렌즈인 것이 판명되고 있습니다. 렌즈의 변형에 의해 53-a 이물감이 생기거나 렌즈로서의 53-b 성능을 떨어뜨리게 될 수 있습니다.

또 욕조 안에서 마사지를 하면서 눈 화장 지우기는 54 얼핏 보면 기분이 좋을 것 같지만, 눈과 콘택트렌즈에 있어서는 그다지 권할 수 없습니다. 겨울철에 사용하는 핸드크림도 똑같이 유분을 함유하고 있어서 렌즈를 취급할 때는 주의가 필요합니다.

(注1) メイク : 화장
(注2) シリコーンハイドロゲルレンズ : 소프트 콘택트렌즈의 일종, 실리콘 하이드로겔 렌즈

---

50 1 차치하고 　　　　　　2 물론
　　　3 처럼 보여서 　　　　　4 라고 하면

해설 요즘 메지카라 화장이 여고생과 20대의 젊은 세대뿐만 아니라 30대와 40대의 기혼 여성 세대에도 유행하고 있다는 것이다. 따라서 ～はもちろん(~은 물론이고)을 이용해 여고생과 20대 여성은 물론이고 30대, 40대 기혼여성에게도 유행한다는 말이 되어야 한다. 따라서 빈칸에는 もちろん(물론)을 넣어야 한다.

51 1 밀려오고 있다 　　　　2 밀려오고 있을 뿐
　　　3 밀려오고 있는지 아닌지 　4 막 밀려오고 있던 중의

해설 30대와 40대의 기혼여성 세대에도 유행의 물결이 밀려오고 있는 것 같다고 해야 한다. 따라서 동사 押(お)し寄(よ)せる(밀려오다)를 ～ている의 형태로 만든 1번, 押(お)し寄(よ)せている(밀려오고 있다)가 정답이다.

52 1 변색 　　　　　　　　2 흐트러짐
　　　3 흐림 　　　　　　　　4 더러워짐

해설 빈칸 앞부분에서, 콘택트렌즈를 착용한 채로 화장을 지우는 사람도 있다고 했고, 이러다 클렌징제가 눈에 들어가면 렌즈에 줄 수 있는 영향으로 알맞은 것을 찾아야 한다. 알맞은 것은 4번, 汚(よご)れ(더러워짐)이다. 즉 렌즈 더러워짐의 원인이 된다는 것이다.

53 1 a 피트감 / b 성능 　　　2 a 이물감 / b 성능
　　　3 a 이물감 / b 수분 　　　4 a 피트감 / b 질

해설 a에는 렌즈의 변형에 의해 생길 수 있는 느낌을 골라야 하므로 뭔가 이물질이 들어간 느낌을 뜻하는 이물감, 즉 異物感(いぶつかん)을 넣어야 한다. 또 b에는 렌즈의 변형에 의해 무엇을 떨어뜨리게 되는지를 찾아야 하므로 렌즈의 성능, 즉 性能(せいのう)을 떨어뜨린다고 하는 것이 적절하다.

54 1 얼핏 보면 　　　　　　2 얼핏 보는 것은 차치하고
　　　3 얼핏 봤지만 　　　　　4 얼핏 보는 것뿐만 아니라

해설 욕조 안에서 마사지를 하면서 화장을 지우는 것은 기분이 좋을 것 같지만, 눈과 콘택트렌즈에 있어서는 그다지 권할 수 없다는 것이다. 즉 언뜻 보기에는 좋을 것 같지만 그렇지 않다는 의미이다. 따라서 빈 칸에는 1번, 一見(いっけん)すると(얼핏 보면)를 넣어야 한다.

最近 최근, 요즘 | 若い 젊다 | 間 사이 | 目元 눈가, 눈매 | 強調 강조 | メイク 화장 | 流行る 유행하다 | 世代 세대 | もちろん 물론 | 雑誌 잡지 | 影響 영향 | ミセス 미시즈, 기혼 여성 | 流行 유행 | 波 파도, 물결 | 押し寄せる 밀려오다, 쇄도하다 | 願う 바라다 | 気持ち 기분, 마음 | 十分に 충분히 | 悪影響 악영향 | コンタクトレンズ 콘택트렌즈 | 使用 사용 | 眼 눈 | 障害 장애 | 事実 사실 | 方法 방법 | ~だけでなく ~뿐만 아니라 | メイク落とし 화장 지우기 | 注意 주의 | 付ける 착용하다 | ~たまま ~한 채 | クレンジング剤 클렌징제 | 汚れ 더러워짐 | 原因 원인 | 油 기름 | なじむ 길들다, 하나로 융합되다 | 成分 성분 | 化学 화학 | 反応 반응 | 起こす 일으키다 | 変形 변형 | 判明 판명 | 異物感 이물감 | 生じる 생기다 | 性能 성능 | 落とす 떨어뜨리다 | ~かねない ~일지도 모른다, ~하기 쉽다 | お風呂 목욕, 욕실 | マッサージ 마사지 | アイ 눈 | 一見する 얼핏 보다 | ~そうだ ~인 것 같다 | あまり 그다지, 별로 | お勧め 권장 | 冬場 겨울철 | ハンドクリーム 핸드크림 | 同じく 같은 | 油分 유분 | 含む 포함하다, 머금다 | 扱う 취급하다, 다루다 | ~際 ~때 | 化粧 화장 | ソフト 소프트 | 一種 일종 | 乱れ 흐트러짐 | くもり 흐림 | フィット感 피트감 | 水分 수분 | 質 질

문제 10 다음 (1)에서 (5)의 글을 읽고, 뒤의 물음에 대한 답으로 가장 알맞은 것을 1·2·3·4에서 하나 고르시오.

> (1) 배를 따뜻하게 한다는 것은 즉 내장을 따뜻하게 한다는 것입니다. 내장을 따뜻하게 하면 혈액 순환이 좋아지고 여러 가지 부분의 내장의 기능이 좋아집니다. 그것은 즉 병에 잘 걸리지 않는다는 것입니다. 그 때문에 내장 주위는 물론 특히 배 주위는 일년 내내 절대로 차게 해서는 안 됩니다. 체온을 낮춰 버리면 그 결과 대사를 나쁘게 하고 몸 상태를 망쳐 버립니다. 그 때에 배를 따뜻하게 하고 있으면 몸 전체의 체온을 지킬 수가 있고 몸 상태를 정비할 수 있는 것입니다.

55 본문의 내용과 일치하는 것은 어느 것인가?

1 병에 걸리면 체온이 내려가기 때문에 결과적으로 몸 상태를 망치기 쉽다.
2 내장 주위는 혈액이 많기 때문에 차게 해서는 안 된다.
3 배를 따뜻하게 하면 몸의 표면 온도를 유지할 수 있기 때문에 병에 잘 걸리지 않는다.
4 내장을 따뜻하게 하면 병에 잘 걸리지 않는다.

해설 내장을 따뜻하게 하면 혈액순환이 좋아지고 여러 가지 부분의 작용이 좋아지는데, 그것은 즉 병에 걸리기 어렵다는 것을 뜻한다(内臓を温めると血液の循環がよくなり、~病気になりにくいということです)고 말하고 있다. 따라서 내장을 따뜻하게 하면 결국 병에 잘 걸리지 않는다는 의미이므로 정답은 4번이다.

お腹 배 | 温める 따뜻하게 하다 | すなわち 즉, 바로 | 内臓 내장 | 血液 혈액 | 循環 순환 | いろんな 여러 가지 | 働き 기능, 작용 | つまり 즉, 요컨대 | 病気 병 | ~にくい ~하기 어렵다 | 周り 주위, 주변 | ~はもちろん ~은 물론 | 特に 특히 | 一年中 일 년 내내 | 絶対に 절대로 | 冷やす 식히다 | ~てはいけない ~(해)서는 안 된다 | 体温 체온 | 下げる 내리다, 낮추다 | 結果 결과 | 代謝 대사 | 悪い 나쁘다 | 体調をくずす 몸 상태를 망치다 | 体 몸, 신체 | 全体 전체 | 守る 지키다 | 整える 정돈하다, 정비하다 | 表面 표면 | 温度 온도 | 保つ 지키다, 유지하다

(2) 일에는 고생과 혹독함, 스트레스 등이 늘 따르기 마련이다(注1), 하고 싶은 꿈을 이루는 일에 취직할 수 있는 사람은 적을 것이다. 일은 생활을 지탱하는 것과 동시에 사회의 일원(注2)으로서 사회와 이어지는 중요한 역할을 갖고 있다. 그러나 개중에는 '희망한 대로가 아니다'와 '생각한 것보다 힘들다'고 현실 도피(注3)를 하거나 책임 회피를 하며 바로 이직하는 사람도 있지만, 그것은 아주 유감스러운 일이다.

전직을 서두르지 않고 일의 의의와 즐거움을 실감하기 위해서는 '돌 위에도 삼 년'의 인내(注4)가 필요하다.

(注1) つきもの : 모든 일에 반드시 붙어서 돌아다닌다고 여겨지는 성질이나 상태, 부속물
(注2) 一員 : 단체를 구성하는 한 사람, 일원
(注3) 現実逃避 : 현실에 있는 어려움에서 도망가려고 하는 행위, 현실 도피
(注4) 辛抱 : 참음, 인내

---

56 필자의 의견과 일치하는 것은 어느 것인가?

1 3년간 참으면 반드시 일의 즐거움을 실감할 수 있게 된다.
2 **서둘러 전직하지 말고 3년 정도는 참고 같은 회사에서 일하는 편이 좋다.**
3 꿈을 이루는 일에 취직할 수 있는 사람은 얼마 안되기 때문에 현실 도피를 해도 어쩔 수 없다.
4 일은 사회와 이어지는 중요한 역할이 있기 때문에 어떤 일이라도 하는 편이 좋다.

해설 마지막 문장에서, 전직을 서두르지 않고 일의 의의와 즐거움을 실감하기 위해서는 '돌 위에도 삼 년'의 참을성이 필요하다(転職を焦らず、仕事の意義や楽しさを実感するには、「石の上にも三年」の辛抱が必要である)고 하고 있다. 따라서 적절한 설명은 2번, 초조해하며 전직하지 말고 3년 정도는 참고 같은 회사에서 일하는 편이 좋다는 것이다.

仕事 일, 직업 | 苦労 고생, 수고 | 厳しさ 혹독함, 엄격함 | ストレス 스트레스 | つきもの 부속물, 으레 따르기 마련인 것 | 夢をかなえる 꿈을 이루다 | 就く 취직하다, 취업하다 | 少ない 적다 | 支える 지탱하다, 떠받치다 | ～と同時に ～와 동시에 | 一員 일원 | つながる 이어지다, 연결되다 | 大事だ 중요하다 | 役割 역할 | 希望 희망 | ～通り ～대로 | しんどい 힘들다, 고단하다 | 現実 현실 | 逃避 도피 | 責任逃れ 책임 회피 | 離職 이직 | 残念だ 유감이다 | 転職 전직 | 焦せる 안달하다, 초조해하다 | 意義 의의 | 楽しさ 즐거움 | 実感 실감 | 石の上にも三年 돌 위에도 3년(어렵더라도 참고 견디면 반드시 성공함) | 辛抱 참음, 인내 | 我慢 참음 | 実感 실감 | 同じだ 같다 | わずかだ 조금, 얼마 안되다 | 仕方がない 어쩔 수 없다

---

(3) 자신에 대해 아는 방법의 하나로 '만남'이 있습니다. 만남이라고 하면 자신이라기보다 타인에 대해 아는 것이라고 생각하는 분도 있을지도 모릅니다. 하지만 만남이라는 것은 자신에 대해 아는 절호의 기회이기도 합니다. 또 타인을 앎으로써 자기자신에 대해 새로운 발견을 하는 경우도 있습니다. 그러나 평소에 같이 있는 사람과 만나도 그다지 효과는 없습니다. 가능한 한 다른 가치관을 가진 사람과 만나는 편이 보다 효과적이라고 할 수 있습니다.

---

57 필자가 말하는 '만남'이란 어떤 것인가?

1 타인에 대한 새로운 발견
2 타인에 대해 아는 좋은 기회
3 **자신에 대해 아는 좋은 기회**
4 친구를 만들기 위한 좋은 기회

 만남이라고 하는 것은 자신에 대해 아는 절호의 기회이기도 하며(出会いというのは自分のことを知る絶好の機会でもあります), 타인을 아는 것으로 자기자신에 대해 새로운 발견을 하는 경우도 있다(他人を知ることで自分自身について新たな発見をすることもあります)고 말하고 있다. 따라서 필자가 말하는 만남이란 '자신에 대해 아는 좋은 기회'라고 할 수 있다.

方法 방법 | 出会 만남, 마주침 | ~といえば ~라고 하면 | 他人 타인 | ~かもしれない ~일지도 모른다 | 絶好 절호 | 機会 기회 | 自分自身 자기자신 | 新ただ 새롭다 | 発見 발견 | 普段 평소 | 一緒に 함께 | 出会う 만나다, 마주치다 | あまり 그다지, 별로 | 効果 효과 | できるだけ 가능한 한 | 異なる 다르다 | 価値観 가치관

---

(4) 여름에 새까맣게 탄 아이들을 보면 건강하고 활기차게 보이지만, 자외선은 '검버섯·주름'의 원인이 될 뿐만 아니라 자외선 알레르기(注1)와 피부암, 눈병 등의 발병률(注2)을 높이고 피부의 면역력(注3)을 저하시키는 무서운 것입니다. 특히 자외선 양이 많은 남쪽 지역에서 사는 사람은 자외선을 쐬는 양이 많기 때문에 자외선에 의한 악영향을 받기 쉽기 때문에 주의가 필요합니다. 또 젊을 때에 자외선을 쐬면 쐴수록 피부암 발병률이 높아질 뿐만 아니라 발병하는 연령도 빨라지는 것이 밝혀졌기 때문에, 어렸을 때부터 자외선 차단제을 바르는 등 자외선을 쐬게 하지 않도록 하는 것이 중요합니다.

(注1) 紫外線アレルギー : 태양빛에 의해 피부에 나타나는 병적인 반응, 자외선 알레르기
(注2) 発症率 : 발병자와 감염자의 백분율, 발병율
(注3) 免疫力 : 바이러스나 세균 등으로부터 자기 자신의 몸을 지키는 힘, 면역력

58 이 글은 무엇에 대해 말하고 있는가?

1 **자외선의 영향**
2 햇볕타기의 종류
3 자외선 차단제의 종류
4 자외선이 강한 지역

 자외선은 '검버섯·주름'의 원인이 되며 자외선 알레르기와 피부암, 눈병 등의 발병률을 높이고 피부의 면역력을 저하시킨다고 하고 있다. 또한 젊을 때에 자외선을 쐬면 쐴수록 피부암 발병률이 높아질 뿐만 아니라 발병하는 연령도 빨라진다고 말하고 있다. 이것들은 모두 자외선의 영향에 대해 설명한 것이므로 정답은 1번이다.

真っ黒だ 새까맣다 | 日焼け 햇볕에 탐, 해에 그을림 | 健康的 건강적 | 元気だ 활기차다, 건강하다 | 紫外線 자외선 | しみ 얼룩, 검버섯 | しわ 주름, 구김살 | 原因 원인 | ~だけでなく ~뿐만 아니라 | 皮膚がん 피부암 | 発症率 발증률, 발병률 | 高める 높이다 | 免疫力 면역력 | 低下 저하 | 恐ろしい 무섭다, 두렵다 | 南 남쪽 | 地域 지역 | 暮らす 살다 | 浴びる 끼엿다, (햇볕 등을) 쐬다 | 悪影響を受ける 악영향을 받다 | 年齢 연령 | 日焼け止め 자외선 차단제 | 塗る 바르다, 칠하다 | 大切だ 중요하다

(5) 2012년 4월부터 중학생 수업에서 '약 교육'이 의무화되었다. 중학교 3학년의 보건 체육에서는 1~2시간을 이용해 의약품(注)의 구조와 약국과 약 판매점의 차이 등을 교육한다.

이 '약 교육'이 추가된 배경에는 후생노동성의 개정 약사법 시행이 있다. 동법에 의해 편의점 등에서 의약품 판매가 가능해졌는데, 편리해진 반면 의약품을 손쉽게 입수할 수 있게 되었기 때문에 의무교육 단계부터 의약품에 대한 교육을 실시하게 되었다.

각 학교의 판단에 의해 중학교에서는 2012년도부터, 고교에서는 2013년도부터 전면 실시하게 된다.

(注) 医薬品(いやくひん) : 병의 진단이나 치료, 예방에 사용되는 약, 의약품

---

59 '약 교육'의 의무화는 누구를 대상으로 실시되는가?

1 대학생 이상
2 고교생 이상
3 초등학생 이상
4 중학생 이상

해설 첫 문장에서 2012년 4월부터 중학교 수업에서 '약 교육'이 의무화되었다고 했고, 마지막 문장에서도 각 교의 판단에 의해 중학교에서는 2012년도부터, 고교에서는 2013년도부터 전면 실시하게 된다고 말하고 있다. 즉 '약 교육'의 의무화는 중학생 이상에서 실시되는 것이다.

教育 교육 | 義務化 의무화 | 保健体育 보건 체육 | 医薬品 의약품 | 仕組み 구조, 장치, 계획 | 薬局 약국 | 薬店 (약을 조제할 수 없고 판매 품목만 취급하는) 약국 | 違い 차이 | 追加 추가 | 背景 배경 | 厚生労働省 후생노동성 | 改正 개정 | 薬事法 약사법 | 施行 시행 | 販売 판매 | 可能 가능 | ~半面 ~반면 | 手軽 간편함, 손쉬움 | 入手 입수(손에 넣음) | 段階 단계 | ~に対する ~에 대한 | 行う 행하다, 실시하다 | 判断 판단 | 実施 실시 | 診断 진단 | 治療 치료 | 予防 예방 | 用いる 쓰다, 사용하다 | 対象 대상

문제 11 다음 (1)에서 (3)의 글을 읽고, 뒤의 물음에 대한 답으로 가장 알맞은 것을 1 · 2 · 3 · 4에서 하나 고르시오.

(1) 충치는 보이는 범위만이 아닙니다. 치아의 가장 바깥쪽의 에나멜질은 본래는 반투명하지만, 충치가 있으면 에나멜질이 하얗게 흐려지게 보이는 것입니다. 특히 숨은 충치(注) 부분은 주위 부분보다도 하얗게 보이기 때문에 ①'흰 점'이라고 불리고 있습니다. 이 숨은 충치가 하얗게 보이는 것은 얼음 안에 기포가 있으면 하얗게 보이는 것과 똑같이, 본래 반투명한 에나멜질 안에 작은 구멍이 많이 생겨 있었기 때문입니다. 여기를 전자현미경으로 봐 보면 표면 아래에 작은 구멍이 무수히 생겨 틈이 나 있는 것을 알 수 있습니다.

충치의 원인이 되는 것은 뮤탄스균 등 입 안에 사는 세균입니다. 세균은 당분을 먹고 '산'을 만들어냅니다. 이 산이 치아를 녹여버리기 때문에 치아에 구멍이 납니다. 당연히 "표면부터 조금씩 구멍이 생긴다……" 고 하는 것이 지금까지의 이미지였지만, ②그것은 오해였던 것입니다.

치아 표면의 에나멜질은 작은 "기둥"이 모인 구조를 하고 있는데, 이 기둥과 기둥의 빈틈에서 산이 스며들어 안이 먼저 녹아가는 것입니다.

이렇게 해서 우선 내부에 틈이 많은 상태의 부분이 넓어지고, 그 후 무언가의 계기로 표면이 무너져 내려 이른바 '충치 구멍'이 생깁니다.

우리들이 식사를 할 때마다 세균이 산을 내고 치아 속이 녹아갑니다. 그렇게 ③숨은 충치는 누구에게라도 생기는 것이지만, 표면 아래에 생기기 때문에 좀처럼 알아채기 어려운 것입니다.

(注)隠れ虫歯 : 치아 속의 충치

60 ①'흰 점'이라고 하는데, 왜 하얗게 보이는가?

1　입 속의 세균이 당분을 먹고 산을 만들어내기 때문에

2　에나멜질 안에 작은 구멍이 생겼기 때문에

3　치아에 구멍이 생겨 틈이 많은 상태가 되어 있기 때문에

4　세균이 산을 내보내 치아 속을 녹였기 때문에

해설 숨겨진 충치가 하얗게 보이는 것은, 얼음 안에 기포가 있으면 하얗게 보이는 것과 마찬가지로, 본래 반투명한 에나멜질 안에 작은 구멍이 많이 생겨 있었기 때문이라고 한다. 따라서 정답은 2번, 에나멜질 안에 작은 구멍이 생겼기 때문이다.

61 ②그것은 오해였던 것입니다라고 하는데, 왜 오해였다고 말하고 있는가?

1　식사를 할 때마다 치아 속이 녹기 쉬워지니까

2　치아 표면 기둥의 빈틈에서 산이 스며들어 치아 속을 먼저 녹여버리니까

3　세균이 내는 산은 치아 속이 아니라 표면부터 녹여가니까

4　표면에 구멍이 많이 생겨 거기에서 스며들어 가니까

해설 밑줄 바로 다음 문장에서, 치아 표면의 에나멜질은 작은 "기둥"이 모인 구조를 하고 있는데, 이 기둥과 기둥의 빈틈에서 산이 스며들어 안이 먼저 녹아가는 것(歯の表面のエナメル質は、小さな"柱"が集まった構造をしていますが、この柱と柱のスキマから酸がしみこみ、中が先に溶けていくのです)이라고 말하고 있다. 즉 흔히 치아의 구멍은 표면부터 생긴다고 오해를 하지만, 실은 치아 표면 기둥의 빈틈에서 산이 스며들어 안이 먼저 녹아간다는 것이다. 따라서 정답은 2번이 된다.

62 ③숨은 충치는 누구에게라도 생길 수 있는 것이라고 하는데, 그것은 왜인가?

1　치아 속은 원래 틈이 많고 구멍이 나 있으니까

2　인간이 먹는 것은 산을 만들어내기 쉬우니까

3　식사를 할 때마다 세균이 산을 내고 치아를 녹이니까

4　인간의 치아는 식사를 하면 구멍이 생기기 쉬우니까

해설 바로 앞 문장에서, 우리들이 식사를 할 때마다 세균이 산을 내고 치아 속이 녹아간다(わたしたちが食事をするたびに、細菌が酸を出し、歯の中が溶けていきます)고 했고, 그렇게 숨은 충치는 누구에게라도 생기는 것이라 하므로 정답은 3번이 된다.

虫歯 충치 | 範囲 범위 | 歯 치아 | 外側 바깥쪽 | 本来 본래 | 半透明 반투명 | 濁る 흐려지다, 탁해지다 | 隠れ虫歯 치아 속의 충치 | 部分 부분 | 周り 주위, 주변 | 呼ぶ 부르다 | 氷 얼음 | 気泡 기포 | 穴 구멍 | できる 생기다 | 電子顕微鏡 전자현미경 | 表面 표면 | 無数 무수 | スカスカ 틈이 많은 모양 | 原因 원인 | ミュータンス菌 뮤탄스균 | 細菌 세균 | 糖分 당분 | 酸 산 | 生み出す 만들어내다 | 溶かす 녹이다 | 誤解 오해 | 柱 기둥 | 集まる 모이다 | 構造 구조 | スキマ 빈틈 | しみこむ 스며들다, 배어들다 | 溶ける 녹다 | 状態 상태 | 広がる 넓어지다, 퍼지다 | きっかけ 계기 | 崩れ落ちる 무너져(허물어져) 내리다 | いわゆる 소위, 이른바 | ～たびに ～때마다 | なかなか 좀처럼 | 気付く 알아차리다, 눈치채다 | 穴が開く 구멍이 나다

---

(2) '①꿈은 오장(注1)의 번민'이라는 속담이 있습니다. 그것은 나쁜 꿈을 꾼 사람에게 '요즘 피곤하구나'라고 위로하기 위해 옛날부터 사용되어 온 말이지만, 이 속담이 반드시 미신은 아닌 것이 최근이 되어 과학적으로 증명되고 있습니다.

폭력적인 꿈은 램수면 행동 장애(注2)라고 불리는 수면 장애를 앓고 있는 경우에 꾸기 쉽다고 합니다. 또 뇌장애의 초기 증상으로도 알려져 있습니다.

또 ②저녁형 인간은 아침형 인간과 비교해 나쁜 꿈을 꾸기 쉽다고 합니다. 어떤 연구에서는 264명의 대학생을 모아 나쁜 꿈을 꾸는 빈도(注3)를 0부터 4로 평가해 받은 결과, 아침형 인간이 평균 1.23이었던 것에 대해 저녁형 인간은 평균 2.10으로, 1포인트 가까이 상회했습니다. 이것은 스트레스에 반응하는 호르몬의 일종인 스트레스호르몬 코르티솔의 분비가 새벽 녘에 절정을 맞이해, 그 시간대에 아직 잠이 들어 있으면 코르티솔이 상승하여 선명한 꿈과 나쁜 꿈을 꾸게 된다고 연구자들은 말하고 있습니다.

그러나 ③꿈을 꾸는 것은 나쁜 일만은 아닙니다. 꿈을 꾸는 것은 일상의 고민을 해결하는데 도움도 되고 있습니다. 시각적이고 비논리적인 꿈은 문제를 해결하기 위해 필요해지는 독창적인 사고를 기르는 데에도 도움이 되고 있습니다. 물론 꿈을 꾸는 이유에는 그 밖에도 있지만, 뇌를 재기동 시킨다고 하는 의미에서 꿈은 중요한 역할을 다하고 있는 것입니다.

(注1) 五臓 : 몸 속에 있는 다섯 가지 내장, 오장
(注2) レム睡眠行動障害 : 수면 중의 꿈의 내용에 반응해서 행동·언동이 실제로 나오는 것, 램수면 행동 장애
(注3) 頻度 : 어떤 것이 반복되는 정도, 빈도

63 ①꿈은 오장의 번민이라고 하는데, 그것은 어떠한 의미인가?

1 나쁜 꿈은 피로에서 생긴다는 의미
2 수면 장애를 앓고 있는 사람은 반드시 나쁜 꿈을 꾼다는 의미
3 스트레스가 많은 사람은 나쁜 꿈을 꾸기 쉽다는 의미
4 나쁜 꿈은 일상의 고민을 해결한다는 의미

해설 바로 다음 문장에서, 이 속담은 나쁜 꿈을 꾼 사람에게 '요즘 피곤하구나'라고 위로하기 위해 옛날부터 사용되어 온 말(それは悪い夢を見た人に「最近疲れているんだね」となぐさめるために昔から使われてきた言葉)이라고 했다. 즉 이것은 나쁜 꿈은 피로에서 생긴다는 것을 나타내는 속담이라 할 수 있다. 따라서 정답은 1번이다.

64 ②저녁형 인간은 아침형 인간과 비교해 나쁜 꿈을 꾸기 쉽다고 하는데, 그것은 왜인가?

1　저녁형 인간은 호르몬의 분비가 많아, 꿈의 내용을 기억하고 있는 사람이 많기 때문에

2　일상의 고민을 꿈 속에서 전부 해결하려고 하기 때문에

3　저녁형 인간은 시각적이고 비논리적인 꿈을 많이 꾸기 때문에

4　스트레스에 반응하는 호르몬이 새벽에 대량으로 분비되기 때문에

해설　스트레스에 반응하는 호르몬의 일종인 스트레스호르몬 코르티솔의 분비가 새벽 녘에 절정을 맞이해, 그 시간대에 아직 잠에 들어 있으면 코르티솔이 상승하여 선명한 꿈과 나쁜 꿈을 꾸게 된다고 설명하고 있다. 따라서 정답은 4번이다.

65　③꿈을 꾸는 것은 나쁜일만은 아닙니다라고 하는데, 그것은 왜인가?

1　스트레스에 의한 호르몬의 일종이 감소하기 때문에

2　뇌 장애를 개선하는 작용이 있기 때문에

3　생활하는 데에서의 고민 해결에 도움이 되기 때문에

4　내장기능의 정상적인 작용으로 이어지기 때문에

해설　바로뒤에서, 꿈을 꾸는 것은 일상의 고민을 해결하는 데에, 그리고 시각적이고 비논리적인 꿈은 문제를 해결하기 위해 필요해지는 독창적인 사고를 기르는 데에도 도움이 된다(夢を見ることは日常の悩みを解決する手助けにもなっています。視覚的で非論理的な夢は問題解決するために必要となる独創的な思考を育むのにも役立っています)고 하고 있다. 뇌를 재기동시킨다고 하는 의미에서 꿈은 중요한 역할을 다하고 있다고 하므로 알맞은 설명은 3번이 된다.

夢 꿈 | 五臓 오장 | 煩い 번민, 근심 | ことわざ 속담 | 夢を見る 꿈을 꾸다 | 疲れる 지치다, 피곤하다 | なぐさめる 위로하다 | 昔 옛날 | 必ずしも 반드시 ~(인) 것은 아니다 | 迷信 미신 | 科学 과학 | 証明 증명 | ~つつ ~(하)고 있다 | 暴力的 폭력적 | レム睡眠 램수면 | 行動障害 행동장애 | 患う 앓다, 병이 나다 | 場合 경우 | 初期 초기 | 症状 증상 | 夜型人間 저녁형 인간 | 朝型人間 아침형 인간 | 比べる 비교하다, 견주다 | 研究 연구 | 集める 모으다 | 頻度 빈도 | 評価 평가 | 結果 결과 | 平均 평균 | ~のに対して ~(인) 것에 대해 | 上回る 상회하다, 웃돌다 | 反応 반응 | 一種 일종 | 分泌 분비 | 明け方 새벽 녘, 동틀 녘 | ピーク 피크, 절정 | 向かえる 맞이하다 | 時間帯 시간대 | 眠りにつく 잠들다 | 上昇 상승 | 鮮明だ 선명하다 | 研究者 연구자 | 述べる 말하다, 진술하다 | 日常 일상 | 悩み 고민 | 解決 해결 | 手助け 거듦, 조력 | 視覚的 시각적 | 非論理的 비논리적 | 問題 문제 | 独創的 독창적 | 思考 사고 | 育む 기르다, 육성하다 | 役立つ 유용하다, 도움이 되다 | 理由 이유 | 脳 뇌 | 再起動 재기동 | 意味 의미 | 大切だ 중요하다 | 役割を果たす 역할을 다하다 | 内容 내용 | 言動 언동 | 実際 실제 | 繰り返す 반복하다, 되풀이하다 | 度合い 정도 | 疲労 피로 | 生じる 생기다 | 患う 병을 앓다 | ストレス 스트레스 | ホルモン 호르몬 | 覚える 기억하다, 외우다 | 全て 전부, 모두 | 大量 대량 | 減る 줄다 | 改善 개선 | 機能 기능 | 正常だ 정상이다 | つながる 이어지다

---

(3) 요즘 요리를 잘하는 배우가 인기를 모으고 있다. 텔레비전에서 산뜻한 웃는 얼굴로 솜씨(注1) 좋게 요리를 하는 모습을 보고 있으면 '요리를 잘하는 남성은 멋져!'라고 생각하게 되지만, ①가까이에 있는 요리하는 남자들은 인기 있는 것과는 인연이 없다(注2)고 한다.

　도내에서 일하는 어떤 남성은 남동생과 둘이 살고 있다. 절약을 위해 매일 교대로 도시락과 저녁 식사를 만들고 있기 때문에, 그 솜씨도 상당한 것이다. 하지만 그 남성도 남동생도 인기 있다는 것은 아니라고 한다.

점심은 동료 여성과 같이 도시락을 먹고 있지만, 남성이 요리 이야기를 시작하면 가볍게 흘려 듣는다(注3)고 한다. 가까이에 있는 독신 여성에게 물어보니 '요리를 하는 남성은 아는 지식(注4)이 많기 때문에 ②<u>이야기를 흘려 듣고 싶어지는 기분</u>은 안다'고 한다. 여성 입장에서 보면 여성이라고 해서 모두가 요리에 관심이 있는 것이 아니고 남성의 작은 지식이 여성에게는 자랑으로 들려 버리는 것 같다.

　이 남성은 요리 솜씨를 자랑하는 타입은 아니지만, 무릇 요리에 관심을 갖고 있는 남성은 요리 이야기를 하기 시작하면 관심을 강하게 말해 버리는 타입이 많다. 그와 같은 이야기는 남성끼리라면 의외로 의기투합하거나 하지만, 여성에게는 확실히 끌리지 않는 것(注5)이다.

　'결혼한다면 집안일을 분담할 수 있는 남성이 좋다'고 하는 여성은 많지만, 요리에 대해서는 무의식적으로 '아내 쪽 입장이 위'인 것을 바라고 마는 여성이 많을 것이다.

(注1) 手際 : 일을 처리하는 요령·솜씨
(注2) 無緣 : 인연이 없는 것
(注3) スルー : 받아넘기는 것. 일을 잘 지나가게 하는 것
(注4) うんちく : 어떤 분야에 대해서 쌓은 지식
(注5) ドン引き : 누군가의 행동으로 그 장소의 분위기가 갑자기 깨지는 것

66 ①<u>가까이에 있는 요리하는 남자들은 인기 있는 것과는 인연이 없다</u>고 하는데, 그것은 왜인가?

1　요리를 할 수 있는 남성은 멋지지만 다가가기 어렵기 때문에
2　요리는 여성이 하는 것이라고 생각하는 여성이 많기 때문에
3　**요리하는 남성은 아는 지식이 많아 자신의 솜씨를 자랑하는 타입이 많기 때문에**
4　여성이 모두 요리를 잘하는 남성에게 관심이 있는 것은 아니기 때문에

해설 두 번째 단락에서 요리를 잘하는 남성은 아는 지식이 많고, 여성이라고 해서 모두 요리에 관심이 있는 것은 아니니 남성의 작은 지식이 여성들에게는 자랑으로 들리게 되는 것 같다고 말하고 있다. 또 이러한 남성은 요리 이야기를 하면 강하게 말하는 타입이 많다고 했으므로 정답은 3번이 된다.

67 ②<u>이야기를 흘려 듣고 싶어지는 기분</u>이라고 하는데, 어떤 기분인가?

1　**관심이 없는 이야기를 듣는 것이 귀찮다고 하는 기분**
2　자신의 이야기를 하고 싶어서 근질근질한 기분
3　남성 쪽이 요리를 잘해서 유감스럽다는 기분
4　자신 쪽이 졌다고 하는 분한 기분

해설 남성의 요리 이야기를 들을 때 흘려 듣고 싶어지는 기분이란, 자신은 요리에 별로 관심도 없고 요리에 대한 남성의 작은 지식이 여성에게는 자랑처럼 들려(女性からしてみると、女性だからといって皆が料理に関心があるわけではなく、男性のちょっとした知識が女性たちには自慢に聞こえてしまうようだ) 듣고 싶지 않은 기분을 뜻한다고 볼 수 있다. 따라서 적절한 답은 1번이다.

 여성이 요구하는 남성이란 어떠한 남성인가?

1　상쾌한 웃는 얼굴로 솜씨 좋게 요리를 하는 남성

2　요리에 애착을 갖는 남성

3　집안 일 등에 전혀 참견하지 않는 남성

4　요리 이외의 집안일을 해 주는 남성

해설 마지막 부분에서, 요리에 대해 애착을 갖고 있는 남성은 여성에게는 확실히 끌리지 않는 것이라 하며, 결혼한다면 집안일을 분담할 수 있는 남성이 좋다고 하는 여성이 많다고 말하고 있다. 즉 정답은 4번, 여성은 요리 이외의 집안일을 해 주는 남성을 원한다고 볼 수 있다.

近頃 요즈음, 최근 | 料理 요리 | 上手だ 능숙하다, 잘한다 | 俳優 배우 | 人気を集める 인기를 모으다 | 爽やかだ 산뜻하다, 상쾌하다 | 笑顔 웃는 얼굴 | 手際 솜씨 | 様子 모습, 상태 | 素敵 멋짐 | 身近 신변, 자기와 관계가 깊음 | 無縁 무연, 인연이 없음 | 都内 도내 | 働く 일하다 | 節約 절약 | 交代 교대 | お弁当 도시락 | 夕食 저녁식사 | 腕前 솜씨 | モテる 인기가 있다 | 同僚 동료 | 軽い 가볍다 | スルーする 받아넘기다 | 独身 독신 | うんちく 온축(쌓아 올려 모음), 충분히 쌓아 모은 지식 | 知識 지식 | 自慢 자랑 | そもそも 무릇, 대저 | こだわり 구애됨 | 熱い 뜨겁다, 열렬하다 | 語る 말하다, 이야기하다 | 〜同士 〜끼리, 사이 | 意外と 의외로 | 意気投合 의기투합 | 確実に 확실히 | ドン引きする 끌지 않다 | 家事 가사, 집안일 | 分担 분담 | 無意識 무의식 | 妻 아내 | 立場 입장 | 望む 바라다 | 物事 사물, 매사 | 処理 처리 | 要領 요령 | 受け流す 받아넘기다 | やり過ごす 지나가게 내버려두다 | 分野 분야 | 蓄える (지식, 체력 등을 기르다, 쌓다 | 雰囲気 분위기 | 急に 갑자기 | しらける 흥이 깨져 어색한 분위기가 되다 | 近寄る 다가가다, 접근하다 | めんどうくさい 몹시 귀찮다, 성가시다 | うずうず 좀이 쑤시는 모양, 근질근질 | 悔しい 분하다, 유감스럽다 | 負ける 지다 | 一切 일절, 전혀 | 口を挟む 말참견하다 | 以外 이외

문제 12　다음 A와 B는 각각 아르바이트에 대해 쓰인 글이다. 두 개의 글을 읽고, 뒤의 물음에 대한 답으로 가장 알맞은 것을 1·2·3·4에서 하나 고르시오.

A

　최근의 학생은 아르바이트를 하고 있는지 어떤지에 관계없이, 부모에게 돈을 받고, 게다가 그것을 마치 자신의 돈인 것처럼 생각하고 있다. 라고 하는 논조가 있다.

　분명히 아르바이트도 하지 않고 부모로부터 받은 돈만으로 생활하는 것은 문제가 있다. 아르바이트를 통해 다양한 경험을 할 수 있을 것이고 많은 사람과의 만남이 있다고 생각하기 때문에 무언가 사정이 없는 한은 해야 할 것이다. 그러나 만일 아르바이트에 너무 힘을 써(注1) 중요한(注2) 학업이 소홀해질 것 같으면 오히려 하지 않는 편이 좋은 것일지도 모른다. 학생의 본분은 어디까지나 학업이고 아르바이트가 <u>그것</u>을 방해하는 일은 있어서는 안 되는 일이라고 생각하기 때문이다. 따라서 아르바이트를 하고 있지 않은 학생이 반드시 칠칠치 못하다고는 말할 수 없는 것은 아닌가?

B

　아르바이트가 학업의 방해가 되는지 어떤지 그것은 사람 각각의 사정에 따라 다를 것이다. 그러나 아르바이트를 하지 않고 대학과 집과의 왕복을 반복하는 생활이라면 나의 대답은 반대이다. 많은 경험을 하기 위한 수단으로써 아르바이트는 가장 손쉬운 수단이라고 나는 생각하고 있다. 집과 대학과는 또 다른 사회 경험이라는 의미에서 아르바이트는 자신이 희망하는 경험도 할 수 있고, 그것은 대학 졸업 후의 사회인으로의 길로도 되는 것은 아닌가.

또 아르바이트에서의 일은 현실적인 문제를 해결하기도 하고 자기자신이 책임을 갖는다고 하는 점에서도 적지 않게 실력을 기르기 위한 좋은 기회가 된다고 생각한다. 이와 같은 이유에서 나는 가능한 한 아르바이트는 하는 편이 좋다고 생각하고 있다.

(注1) 精を出す : 열심히 일하다
(注2) 肝心 : 가장 중요한 것

69 본문에 나와 있는 <u>그것</u>이란 무엇인가?

1 열심히 아르바이트를 하는 것
2 아르바이트로 좋은 경험을 하는 것
3 부모로부터 돈을 받는 것
4 공부하는 것

> **해설** 바로 앞에서, 학생의 본분은 어디까지나 학업이고 아르바이트가 그것을 방해하는 일은 있어서는 안 된다고 했다. 즉 학생의 본분이 학업이므로 아르바이트가 학업을 방해해서는 안 된다는 말이다. 따라서 여기서 '그것'이란 학업을 뜻하는 것이므로 정답은 4번 공부하는 것이다.

70 A와 B에 공통되는 사고방식은 어느 것인가?

1 무언가 문제가 없는 한 아르바이트는 하는 편이 좋다.
2 부모로부터 돈을 받는 것은 문제가 없다.
3 학업을 위해서도 아르바이트를 해야 한다.
4 아르바이트를 하고 있지 않아도 착실한 사람은 있다.

> **해설** A는 아르바이트를 통해 얻을 수 있는 이점이 많으므로 뭔가 사정이 없는 한은 해야 한다고 하면서, 단 학업에 방해되어서는 안 된다는 입장이다. B는 다양한 경험과 실력을 쌓기 위한 좋은 기회가 되므로 가능한 한 하는 편이 좋다고 말하고 있다. 따라서 양쪽 다 문제가 없는 한 아르바이트는 하는 편이 좋다는 의견이므로 정답은 1번이다.

~かどうか ~인지 어떤지 | ~に関わらず ~에 관계없이 | 親 부모 | もらう 받다 | しかも 게다가 | あたかも 마치, 흡사 | 論調 논조 | 確かに 분명히 | 生活 생활 | 問題 문제 | ~を通じて ~을 통해 | 様々だ 다양하다, 여러 가지다 | 経験 경험 | 出会い 만남 | 事情 사정 | ~限り ~(하는) 한 | もしも 만약, 만일 | 精を出す 힘내다, 열심히 힘쓰다 | ~過ぎる 너무 ~하다 | 肝心 중요, 요긴함 | 学業 학업 | 疎かだ 소홀하다, 등한시하다 | むしろ 오히려, 반대로 | ~かもしれない ~일지도 모른다 | 本分 본분 | あくまでも 어디까지나, 철저히 | 邪魔 방해 | したがって 따라서 | 必ずしも 반드시 ~인 것은 아니다 | だらしがない 칠칠치 못하다 | ~とは言えない ~(라)고는 말할 수 없다 | 異なる 다르다 | 往復 왕복 | 答え 대답, 답 | 否 부, 불찬성 | 手段 수단 | 手軽だ 간편하다, 손쉽다 | 違う 다르다 | 意味 의미 | 希望 희망 | 社会人 사회인 | 現実的 현실적 | 解決 해결 | 責任 책임 | 少なからず 적지 않게, 대단히 | 実力をつける 실력을 기르다 | 機会 기회 | 理由 이유 | 精いっぱい 열심히, 힘껏, 최대한으로 | 重要だ 중요하다 | 一生懸命 열심히 | アルバイト 아르바이트 | 親 부모 | 勉強 공부 | 共通 공통 | 考え方 사고방식 | しっかり 착실히, 열심히

　①부자의 공통점은 무엇일까? 나는 작년쯤부터 직업상 돈을 갖고 있는 사람들과 일을 하는 일이 많아졌다. 돈을 갖고 있는 기준으로는 평생 먹기에는 곤란하지 않을 것 같은 사람들이다. 구체적으로는 3억 이상의 자산을 갖고 있는 사람들이라고 하면 될까? 그리고 부자와 친구가 되는 것으로 알게 된 것이 여러 가지 있다. 이렇게 말해 버려서는 뭣하겠지만, 부자는 상당히 하나의 유형(注1)인 것이다.

　궁핍한 사람들은 다종다양(注2)하다. 굉장히 재미있는 녀석, 특이한 녀석이 있거나 최고로 좋은 녀석부터 최저로 나쁜 녀석까지 가지각색이지만, ②부자는 거의 유형이 없다. 아마 부자의 행동과 사고방식의 유형이 서로 비슷한(注3) 것은 그것 나름의 합리성이 있어서일 것이다.

　부자는 어쨌든 친절하다. 이상하다고 생각되는 친절한 일을 해 준다. 금전적인 면뿐만 아니라 '이런 거물(注4)이 이런 수고를 들여 주다니'라고 놀라는 일까지 해 주거나 한다.

　그리고 부자는 돈을 잘 쓴다. 낭비는 하지 않지만 필요한 것에는 돈을 쓰는 것이다. 잘 말할 수 없지만, 돈을 흐르게 한다고 하는 것을 의식하고 있는 것은 아닐까? 자신에게 모아 두지 않고 흐름을 좋게 하는 것으로, 보다 자신에게 돈이 들어오도록 하고 있는 것이라고 생각한다. 이른바 투자도 그렇지만, 젊은 사람과 앞으로의 사람을 지원(注5)하거나 하는 것에는 시간과 돈을 아끼지 않는다. 그것으로 보다 돈이 도는 것을 알고 있기 때문이다. 그러나 돈은 쓰지만 결코 낭비는 하지 않는 것이다.

　부자인 사람은 주위를 소중히 여긴다. 낭비는 일절 하지 않는 대신에 친구에게 선물을 하거나 나 같은 일반인에게 고급 저녁을 사주거나 한다. 이것은 그 행위를 투자라고 생각하고 있나 하고 생각하고 있었지만, 그렇게까지 합리적이지 않다. 단지 주위의 좋아하는 사람들을 소중히 여기고 싶다는 기분인 것 같다.

　그 외, 어쨌든 많은 책을 읽거나 강연을 듣거나 다른 사람에게서 배우는 등 공부를 좋아하는 것도 부자에게 공통되는 부분이다. 부자가 되고 싶다고 생각하는 사람은 흉내 내어 보면 좋은 일이 있을지도 모른다.

(注1) ワンパターン : 같은 행위를 반복하는 것
(注2) 多種多様 : 종류가 많고 여러 가지인 것, 다종다양
(注3) 似通う : 서로 매우 닮았다
(注4) 大物 : 기량이 크고 뛰어난 사람
(注5) 支援 : 힘을 빌려 줘 도와주는 것, 지원

71　①부자의 공통점 중에서 본문의 내용과 다른 것은 어느 것인가?

　1　돈을 모아 자신에게 돈이 많이 들어오도록 한다.
　2　낭비를 하지 않고 필요한 것에 돈을 쓴다.
　3　친구에게 선물을 하거나 한턱 내거나 한다.
　4　다른 사람의 이야기를 듣거나 책을 많이 읽고 공부한다.

　해설　부자는 돈을 자신에게 모아 두지 않고 흐름을 좋게 하는 것으로, 보다 자신에게 돈이 들어오도록 하고 있는 것이라고 말하고 있다. 따라서 돈을 모아 자신에게 돈이 많이 들어오도록 한 1번의 설명은 잘못된 것이다.

 ②부자는 거의 유형이 없다고 하는데, 왜인가?

1　부자는 직업상 재미있는 사람을 만나는 일이 없으니까

2　부자는 돈으로 무엇이든 해결하니까

3　부자의 행동과 사고방식의 유형에는 합리성이 있으니까

4　부자는 돈 이외에 흥미가 없으니까

　해설 바로 뒤의 문장에서, 아마 부자의 행동과 사고방식의 패턴이 서로 비슷한 것은 그것 나름의 합리성이 있어서일 것(おそらく、お金持ちの行動や考え方のパターンが似通っているのは、それなりの合理性があってのことなのだろう)이라고 말하고 있다. 그러므로 적절한 이유는 3번이다.

73　이 문장에서 가장 말하고 싶은 것은 어느 것인가?

1　부자는 다종다양한 흥미가 있고 돈을 불리는 것을 잘한다.

2　부자는 다른 사람에게 친절하게 해서 돈을 불리는 것이 중요하다고 생각하고 있다.

3　부자는 궁핍함은 모르는 기운이 있다.

4　부자에게는 공통되는 패턴이 몇 갠가 있다.

　해설 부자의 공통점이 무엇인지에 대해 말하고 있다. 부자는 친절하고 돈을 잘 쓰며, 주위를 소중히 여긴다. 또 공부를 좋아하는 것도 공통되는 부분이라고 한다. 즉 이 글은 부자에게 공통되는 몇 가지의 패턴에 대해 이야기하고 있는 것이다. 따라서 정답은 4번이다.

お金持ち 부자 | 共通点 공통점 | 去年 작년 | 仕事柄 직업상 | 基準 기준 | 一生 일생, 평생 | 具体的 구체적 | 資産 자산 | 気づく 알아채다 | 非常に 상당히 | 貧乏だ 가난하다 | 多種多様 다종다양 | すごく 굉장히 | 変わった 특이한 | 最高 최고 | 最低 최저 | ほとんど 거의, 대부분 | おそらく 아마, 어쩌면 | 似通う 서로 닮은 데가 있다, 비슷하다 | 合理性 합리성 | とにかく 여하튼, 어쨌든 | 異常 이상 | 金銭的 금전적 | 大物 거물, 큰 인물 | 手間をかける 수고를 들이다 | 驚く 놀라다 | 無駄遣い 낭비, 허비 | 流す 흐르게 하다, 흘리다 | 意識 의식 | 貯める 모으다 | 流れ 흐름 | いわゆる 소위, 이른바 | 投資 투자 | 支援 지원 | 惜しむ 아까워하다 | 決して 결코 | ～代わりに ～대신에 | 贈り物 선물 | 一般人 일반인 | 高級 고급 | おごる 한턱 내다, 사치하다 | 行為 행위 | ただ 그저, 단지 | 講演 강연 | 聴く 듣다 | 教える 가르치다 | 部分 부분 | 真似する 흉내 내다 | 種類 종류 | 互い 서로 | 器量 기량, 역량 | すぐれる 뛰어나다 | 貸す 빌려 주다 | ご馳走する 음식을 대접하다, 한턱내다 | 興味 흥미

문제 14　다음 페이지는 외국어 교육센터로부터의 공지이다. 아래 물음에 대한 답으로 가장 알맞은 것을 1 · 2 · 3 · 4에서 하나 고르시오.

외국어 교육센터로부터의 공지

아야메 대학 외국어 교육센터에서는 10월, 11월에 학내에서 독일어 검정 모의시험을 실시합니다. 이번에는 3 · 4학년이 무료 수험의 대상자가 되어 의욕이 있는 학생을 모집합니다. 여러분의 적극적인 응모를 기대하고 있습니다.

【대상자】 아야메 대학 3 · 4학년의 전 학부에서 독일어(독일어 A/B/C)를 수강 중 또는 수강이 끝난 분

【모집인수】 선착순 70명(선착순이기 때문에 빨리 신청해 주세요)

【모집 마감일】각 시험일 1주일 전 토요일 12시 반까지.
(마감일 전이라도 희망자가 모집인수에 이른 경우는 모집을 마감합니다.)

【시험일】①～③에서 골라 주세요. (응모자가 적은 경우는 모든 회의 수험이 가능하지만, 응모자가 다수인 경우는 어느
쪽인가 1회만 수험하게 됩니다.)
① 제7회 2012년 10월 6일(토) 2012교실 13:30～15:00 (필기 70분/구두 20분)
② 제8회 2012년 10월 20일(토) 2012교실 13:30～15:00 (필기 70분/구두 20분)
③ 제9회 2012년 11월 3일(토) 2015교실 14:00～15:30 (필기 70분/구두 20분)
(①과 ②는 13시 집합, ③은 13시 30분 집합. 시간 엄수)

필기시험이란?
듣기, 독해, 작문의 3부 구성이 되어 있습니다. 작문 이외는 마크시트 방식입니다.

구두시험이란?
시험은 2인 1조로 실시됩니다. 자기소개와 가까운 화제에 관한 질문·답변 등 독일어로의 기초적인 커뮤니케이션이 가능한지
어떤지가 시험됩니다.

【신청 방법】
 모집 마감일까지 학생증을 지참한 후 반드시 외국어 교육센터(별관 3층)로 와 주세요.
 외국어 교육센터 내에서 별도 신청서(성명, 학부, 학년, 희망하는 수준, 일정)를 기입해 받습니다.
 또한 이메일로의 신청은 접수하고 있지 않으니 주의해 주세요.

【비용】무료

【지참할 것】학생증, 필기용구(검은색 연필, 지우개)

【문의처】외국어 교육센터
TEL : 03-○○○○-×××× (평일 9:00～16:40)
E-mail : ayame-×××.ac.jp

74 무료로 수험할 수 있는 것은 다음 중 어느 학생인가?

1 아야메 대학 3학년으로, 독일에 여행간 적이 있는 학생
2 아야메 대학 2학년으로, 독일어 수업은 전부 수강이 끝난 학생
3 아야메 대학 4학년으로, 주 3회 역 앞에서 독일어 강좌를 수강하고 있는 학생
4 아야메 대학 3학년으로, 현재 독일어 A를 듣고 있는 학생

해설 3, 4학년생이 무료 수험의 대상이 된다고 하고 있고, 독일어 A/B/C를 수강 중이거나 수강이 끝난 사람(あ
やめ大学３・４年次生の全学部でドイツ語(ドイツ語A/B/C)を受講中または受講済みの方)이어
야 한다고 했으므로 정답은 4번이 된다.

75 공지의 내용과 맞지 않는 것은 어느 것인가?

1 응모자가 적은 경우는 시험일 전날이더라도 신청하면 무료 수험할 수 있다.
2 시험 시간은 전부 90분으로 작문 이외는 전부 마크시트에 기입한다.
3 신청하기 위해서는 외국어 교육센터에서 신청서에 기입해야 한다.
4 응모자가 적은 경우는 모든 회의 모의시험을 볼 수 있다.

 응모자가 적은 경우는 모든 회의 수험이 가능한 것이지, 시험일 전날이더라도 신청하면 무료 수험할 수 있는 것은 아니므로 정답은 1번이다. 시험 시간은 모두 1시간 30분, 즉 90분이고 필기시험은 작문 이외에는 마크시트 방식이다(2번). 신청은 모집 마감일까지 학생증을 지참하여 반드시 외국어 교육센터로 와 별도 신청서를 기입하라(3번)고 하고 있고, 응모자가 적으면 모든 회의 수험이 가능하다(4번).

外国語 외국어 | 教育 교육 | センター 센터 | お知らせ 알림, 공지 | 無料 무료 | 受験 수험 | ドイツ 독일 | 旅行 여행 | ドイツ語 독일어 | 授業 수업 | 受講 수강 | ～済み ～끝남 | 講座 강좌 | 受ける (수업을) 받다, (시험을) 치르다 | 応募者 응모자 | 試験日 시험일 | 前日 전날 | 申し込む 신청하다 | 作文 작문 | マークシート 마크시트 | 記入 기입 | 申込書 신청서 | 模擬試験 모의시험 | 検定 검정 | 実施 실시 | 対象者 대상자 | 意欲 의욕 | 募集 모집 | 積極的 적극적 | 応募 응모 | 期待 기대 | 受講中 수강 중 | または 또는, 혹은 | 人数 인원수 | 先着順 선착순 | 早め 조금 이른 듯함 | 締切日 마감일 | 希望者 희망자 | 達する 이르다, 달하다 | 締切る 마감하다 | 多数 다수 | いずれ 어느 것, 어느 쪽 | 筆記 필기 | 口頭 구두(입으로 말함) | 集合 집합 | 厳守 엄수 | 聞き取り 청취, 듣고 이해하기 | 読解 독해 | 構成 구성 | 方式 방식 | 自己紹介 자기소개 | 身近 신변, 자기와 관계가 깊음 | 話題 화제 | 質問 질문 | 返答 대답, 회답 | 基礎的 기초적 | ～かどうか ～인지 어떤지 | 試す 시험하여 보다 | 学生証 학생증 | 持参 지참 | お越し 오심 | 別途 별도 | 氏名 성명, 이름 | 学部 학부 | 学年 학년 | 希望 희망 | 日程 일정 | 受け付け 접수 | 注意 주의 | 費用 비용 | 筆記用具 필기용구 | 鉛筆 연필 | 消しゴム 지우개 | お問い合わせ先 문의처 | 平日 평일

問題1

問題1では、まず質問を聞いてください。それから話を聞いて、問題用紙の1から4の中から最もよいものを一つ選んでください。
では練習しましょう。

例

学校で先生と女の学生が話しています。女の学生はこのあと、何をしますか。

F：失礼します。

M：ああ、鈴木さん、休み時間なのに来てくれてありがとう。次の授業で使うプリントと教科書を教室に持って行く手伝いをお願いしたくてね。

F：ここにある教科書ですね。

M：そう、ありがとう。

F：プリントはどれですか。

M：それがまだコピーしていないから、それは私が持っていくよ。あと、教室に戻ったらみんなに教科書を配っておいてほしいんだ。

F：わかりました。

女の学生はこのあと、何をしますか。

1　プリントを持っていく
2　プリントと教科書を持っていく
3　教科書を持っていく
4　教科書を配る

最もよいものは3番です。解答用紙の問題1の例のところを見てください。最もよいものは3番ですから、答えはこのように書きます。
では始めます。

1番

大学で男性と女性が話しています。男性は、この後、どうしますか。

F：ねぇ、この後時間があれば、図書館で一緒に勉強しない？ゼミのレポートがちょっとむずかしくて。

M：うん、いいよ。でもその前に、ちょっと地下鉄の定期券を買いに行きたいんだけどいいかな？

문제 1

문제 1에서는 우선 질문을 들어 주세요. 그리고 나서 이야기를 듣고 문제 용지의 1부터 4 중에서 가장 알맞은 것을 하나 고르세요.
그럼 연습하겠습니다.

예

학교에서 선생님과 여학생이 이야기하고 있습니다. 여학생은 이후에 무엇을 합니까?

여 : 실례합니다.

남 : 아, 스즈키 씨, 쉬는 시간인데 와 줘서 고마워. 다음 수업에서 사용할 프린트와 교과서를 교실에 들고 가는 심부름을 부탁하고 싶어서.

여 : 여기에 있는 교과서군요.

남 : 그래, 고마워.

여 : 프린트는 어느 것이에요?

남 : 그게 아직 복사를 하지 않아서 그건 내가 들고 갈게. 그리고 교실에 돌아가면 모두에게 교과서를 나누어 주었으면 좋겠어.

여 : 알겠습니다.

여학생은 이후에 무엇을 합니까?

1　프린트를 들고 간다.
2　프린트와 교과서를 들고 간다.
3　교과서를 들고 간다.
4　교과서를 나누어 준다.

가장 알맞은 것은 3번입니다. 해답 용지의 문제 1의 예 부분을 봐 주세요. 가장 알맞은 것은 3번이므로 답은 이렇게 씁니다.
그럼 시작하겠습니다.

1번

대학에서 남성과 여성이 이야기하고 있습니다. 남성은 이후에 어떻게 합니까?

여 : 있잖아, 이후에 시간 있으면 도서관에서 같이 공부하지 않을래? 세미나 리포트가 좀 어려워서.

남 : 응, 좋아. 하지만 그 전에 잠깐 지하철 정기권을 사러 가고 싶은데 괜찮을까?

F：あれ？ 村田君、地下鉄で大学まで通ってたっけ？ 前はバスで通ってるって言ってなかったっけ？

M：うん、前はバスで通ってたんだけど、最近は実習で遅くなる日があってバスだと夜は本数が少ないから不便でね。

F：そっかー。それで地下鉄にしたんだね。

M：うん。でも、まだバスの回数券が残ってるんだけどね……。

F：そうなんだ。その回数券って誰でも使えるの？ 誰でも使えるなら私が使ってもいいけど。

M：ちょっとまって。ん〜、裏には何も書いてないから誰でも使えるんじゃないかな？ え〜っと、1回200円であと9枚残ってるんだけど、1,500円で買わない？

F：いいよ。でも今、財布持ってないから後ででもいいかな？

M：じゃ、後で図書館で渡すよ。

F：うん、わかった。

男性は、この後、どうしますか。

1　バスの回数券を女性に渡す
2　地下鉄の定期券を買いに行く
3　図書館に行く
4　ゼミのレポートをする

図書館 도서관 | 地下鉄 지하철 | 定期券 정기권 | 通う 다니다, 오가다 | 〜っけ 〜인가, 〜인가 | 実習 실습 | 本数 (버스의) 대수 | 回数券 회수권 | 財布 지갑 | 渡す 건네다

2番

男性と女性が同窓会について話しています。この男性はどうすることにしましたか。

F：あなた宛てに同窓会のお知らせが来てるわよ。

M：お〜岩井中学校の同窓会かー。懐かしいなー。幹事はえ〜っと花井か……。あいつ安い店が好きだから味はあまり期待できないかもな。

F：そうなんだ。ところで、同窓会はいつなの？

M：え〜っと、10月23日の16時からだって。でも確か再来週の週末って何か用事があったような気がするんだよな。ん〜ゴルフじゃなくて……なんだっけ。

F：そういえば洗車するとかいってなかったっけ？ 運動会がどうのって……。

여 : 어? 무라타 군 지하철로 대학까지 다니고 있었나? 전에는 버스로 다닌다고 하지 않았어?

남 : 응, 전에는 버스로 다녔는데, 요즘은 실습으로 늦어지는 날이 있어서 버스면 밤에는 운행수가 적으니까 불편해서.

여 : 그렇구나. 그래서 지하철 타는구나.

남 : 응. 하지만 아직 버스 회수권이 남아 있는데…….

여 : 그렇구나. 그 회수권은 누구든지 사용할 수 있는 거야? 누구든지 사용할 수 있으면 내가 사용해도 되지만.

남 : 잠깐 기다려. 음, 뒤에는 아무것도 써 있지 않으니까 누구든지 사용할 수 있는 거 아닌가? 그리고 1회 200엔으로 9장 남아있는데 1,500엔에 사지 않을래?

여 : 좋아. 근데 오늘 지갑 들고 오지 않았으니까 나중에라도 괜찮아?

남 : 그럼 나중에 도서관에서 줄게.

여 : 응, 알겠어.

남성은 이후에 어떻게 합니까?

1　버스의 회수권을 여성에게 건넨다.
2　지하철의 정기권을 사러 간다.
3　도서관에 간다.
4　세미나 리포트를 한다.

여자가 도서관에서 같이 공부하자고 하니, 남자는 그 전에 지하철 정기권을 사러 가고 싶다(그 전에, 좀 더 地下鉄の定期券を買いに行きたいんだけどいいかな？)고 했다. 따라서 남자는 도서관에 가기 전에 우선 지하철 정기권을 사러 갈 것이므로 정답은 2번이다.

2번

남성과 여성이 동창회에 대해 이야기하고 있습니다. 이 남성은 어떻게 하기로 했습니까?

여 : 당신 앞으로 동창회 공지가 와 있어.

남 : 오, 이와이 중학교 동창회인가. 그립구나. 간사는 음 하나이인가……. 그 녀석 싼 가게를 좋아하니까 맛은 별로 기대할 수 없을지도 모르겠네.

여 : 그렇구나. 그건 그렇고 동창회는 언제인 거야?

남 : 음, 10월 23일 16시부터래. 근데 아마 다 다음주 주말은 뭔가 볼 일이 있었던 것 같은데. 음, 골프가 아니라…… 뭐였더라.

여 : 그러고 보니까 세차한다 그러지 않았어? 운동회가 어떻다고…….

M：そうだ。会社の運動会があるんだった。忘れてた。

F：でも、運動会って夕方には終わってるんじゃない
　の？　だったら終わってから十分間に合うと思うん
　だけど。

M：それが、会社の人から運動会終わってから少し飲
　みに行かないかって誘われてて。

F：そうなんだ、運動会終わって飲みにいった後だっ
　たら疲れるし、やっぱりやめとけば？

M：ん〜そう思ったんだけど、福田先生も来られるみ
　たいだし、行かないわけにはいかないだろ。

F：そうね。先生が来られるなら挨拶だけしに行けば
　いいんじゃない？

M：うん。そうするよ。

この男性はどうすることにしましたか。

1　ゴルフに行く前に洗車をする
2　会社の同僚と飲みに行く
3　運動会には行かずに同窓会に行く
4　**運動会が終わってから同窓会に行く**

해설

同窓会 동창회 | お知らせ 알림, 공지 | 懐かしい 그립다 |
幹事 간사 | 再来週 다다음 주 | 洗車 세차 | 運動会 운동회 |
夕方 해질녘, 저녁때 | 十分 충분히 | 誘う 권유하다 | 疲れ
る 지치다, 피로해지다 | 〜わけにはいかない 〜(하)지 않
을 수 없다, 〜(해)야 한다 | 挨拶 인사

3番

電話で病院の診察予約をしようと思っています。　6月
3日の午前に診察予約する場合、どの番号を押せばい
いですか。

F：お電話ありがとうございます。こちらは川崎クリニッ
　ク自動音声電話予約サービスです。はじめに診察券番
　号4桁を入力し、最後にシャープを押してください。
　つづいて、診察予約は「1」を、予約の確認・変更・取
　り消しの場合は「3」を、電話予約サービスを終了した
　い場合は「9」を押してください。予約希望日を4桁で
　入力してください。例えば3月2日に診察をご希望さ
　れる場合、「0302」と入力してください。午前の診察を
　ご希望の方は「1」を、午後の診察をご希望の方は「2」
　を入力してください。6月3日午前で予約します。よ
　ろしければ「1」を、間違いであれば「3」を押してく
　ださい。ご予約を承りました。予約時間の5分前まで
　にご来院ください。ご利用ありがとうございました。

남 : 맞다. 회사 운동회가 있는 거였어. 잊고 있었다.

여 : 하지만 운동회는 저녁에는 끝나는 거 아니야? 그러면
　끝나고 나서 충분히 시간에 맞출 수 있다고 생각하는데.

남 : 그게, 회사 사람한테 운동회가 끝나고 나서 술 마시러
　가지 않겠는지 권유 받아서.

여 : 그렇구나, 운동회 끝나고 마시러 간 후면 피곤하고 한
　데 역시 그만 두는 게 어때?

남 : 음, 그렇게 생각했지만 후쿠다 선생님도 오시는 것 같
　고 가지 않을 수는 없을 거야.

여 : 그래. 선생님께서 오신다면 인사만 하러 가면 되는 것
　아니야?

남 : 응. 그렇게 할게.

이 남성은 어떻게 하기로 했습니까?

1　골프 하러 가기 전에 세차를 한다.
2　회사 동료와 술 마시러 간다.
3　운동회에는 가지 않고 동창회에 간다.
4　**운동회가 끝나고 나서 동창회에 간다.**

해설

남자는 운동회가 끝나고 술 마시러 가자는 권유를 받아서 동
창회에 갈 수 있을지 고민하고 있는데, 후쿠다 선생님도 오시
니 가지 않을 수 없다고 한다. 그러자 여자는 선생님께서 오
시면 인사만 하러 가면 되지 않나(先生が来られるなら挨
拶だけしに行けばいいんじゃない？)고 했고 이에 남자
는 그렇게 하겠다(うん。そうするよ)고 하므로 결국 운동
회가 끝나고 동창회에 갈 것이다. 그러므로 정답은 4번이다.

3번

전화로 병원의 진료 예약을 하려고 생각하고 있습니다. 6월 3일
오전에 진료 예약하는 경우 어느 번호를 누르면 됩니까?

여 : 전화 감사합니다. 이쪽은 가와사키 클리닉 자동음성전
　화 예약 서비스입니다. 처음으로 진찰권 번호 네 자리
　를 입력하고, 마지막으로 #을 눌러 주세요. 이어서 진
　료 예약은 1을, 예약 확인・변경・취소의 경우는 3을,
　전화 예약 서비스를 완료하고 싶은 경우는 9를 눌러
　주세요. 예약 희망일을 네 자리로 입력해 주세요. 예를
　들면 3월 2일에 진료를 희망하시는 경우는 0302로 입
　력해 주세요. 오전 진료를 희망하시는 분은 1을, 오후
　의 진료를 희망하시는 분은 2를 입력해 주세요. 6월 3
　일 오전으로 예약하겠습니다. 괜찮으시면 1을, 실수가
　있으면 3을 눌러 주세요. 예약을 받았습니다. 예약 시
　간의 5분 전까지 내원해 주세요. 이용 감사합니다.

6月3日の午前に診察予約する場合、どの番号を押せばいいですか。

1 0870# 1 0603 1 1
2 0870# 3 0302 2 1
3 0870# 9 0603 1 1
4 0870# 1 0302 1 1

診察 진찰 | 予約 예약 | 自動音声電話 자동음성전화 | ～桁 (수의) 자리, 자릿수 | 入力 입력 | 押す 누르다 | 確認 확인 | 変更 변경 | 取り消し 취소 | 終了 종료 | 希望 희망 | 間違い 실수, 잘못 | 承 る 삼가 받다, 삼가 듣다 | 来院 내원

4番

課長が社員にメールの署名について話しています。この社員はどのようにメールの署名を変更しなければなりませんか。

M : 昨日の本部長会議で、全社員のメールの署名を社内で統一することになりましたので、後で各自変更するようにしてください。変更する内容は次の通りです。
まず1行目には社名と事業部を入れてください。これまで名前を最初の行に入れていた人は今話した通りに変更するようにしてください。そして、その下には会社の住所を入れます。次に、自分の名前とEメールを入れます。その下には電話番号とFAX番号を入れます。最後に会社のホームページのURLを入れてください。ここで何か質問はありますか。

F : 山田課長、前は署名にキャッチコピーを入れるようにとおっしゃってましたが、今回もいれた方がいいのでしょうか。

M : キャッチコピーの件は会議でも話し合いましたが、統一が徹底されるまでは入れないことになりました。

F : そうですか、わかりました。それと、携帯番号は入れた方が便利だと思いますが、入れても構いませんか。

M : それも会議で意見が割れましたが、営業部以外は入れないことになりましたので、当分はその通りにしたがってください。

F : わかりました。

6월 3일 오전에 진료 예약하는 경우 어느 번호를 누르면 됩니까?

1 0870#1060311
2 0870#3030221
3 0870#9060311
4 0870#1030211

진료 번호 네 자리를 누른 후 #을 누른다. 그리고 진료 예약이므로 1을, 예약 희망일이 6월 3일이므로 0603을 누른 후, 오전 진료를 희망하므로 1, 6월 3일 오전으로 예약하는 것이 맞으므로 1을 누르면 된다. 따라서 정답은 1번이 된다.

4 번

과장이 사원에게 메일의 서명에 대해 이야기하고 있습니다. 이 사원은 어떻게 메일의 서명을 변경해야 합니까?

남 : 어제의 본부장 회의에서, 전 사원의 메일 서명을 사내에서 통일하게 되었기 때문에 나중에 각자 변경하도록 해 주세요. 변경하는 내용은 다음과 같습니다.
우선 1행째에는 사명과 사업부를 넣어 주세요. 지금까지 이름을 처음의 행에 넣었던 사람은 지금 말한 대로 변경해 주세요. 그리고 그 아래에는 회사의 주소를 넣습니다. 다음으로 자신의 이름과 이메일을 넣습니다. 그 아래에는 전화번호와 FAX번호를 넣습니다. 마지막으로 회사 홈페이지의 URL을 넣어 주세요. 여기에서 뭔가 질문은 있습니까?

여 : 야마다 과장님, 전에는 서명에 선전 문구를 넣도록 말씀하셨는데, 이번에도 넣는 편이 좋을까요?

남 : 선전 문구 건은 회의에서도 의논했지만, 통일이 철저해질 때까지는 넣지 않게 되었습니다.

여 : 그렇습니까? 알겠습니다. 그것과 휴대전화 번호는 넣는 편이 편리하다고 생각하는데, 넣어도 상관없습니까?

남 : 그것도 회의에서 의견이 나뉘었습니다만, 영업부 이외에는 넣지 않게 되었기 때문에, 당분간은 그대로 따라 주세요.

여 : 알겠습니다.

この社員はどのようにメールの署名を変更しなければなりませんか。

メール 메일 | 署名 서명 | 変更 변경 | 本部長 본부장 | 社内 사내 | 統一 통일 | 各自 각자 | 〜通り 〜같음, 〜대로 | 〜行 〜행, 〜줄 | 最初 최초, 처음 | 住所 주소 | 最後 최후, 마지막 | ホームページ 홈페이지 | 質問 질문 | キャッチコピー 선전 문구 | 徹底 철저 | 構う 상관하다 | 割れる 갈라지다, 분산되다 | 営業部 영업부 | 以外 이외 | 当分 당분간

5番

男子学生と女子学生が就職活動の服装について話しています。この女子学生はどのような服装で説明会に行きますか。

F：木村君、joyっていう会社知ってる？

M：ん〜、たしか、子供用のおもちゃを作ってる会社じゃなかったっけ？

F：うん、そうなの。今度、企業説明会に参加する予定なんだけど、ホームページに「服装は自由」って書いてあってね。それで、何を着て行けばいいか悩んでて……。やっぱりスーツかな？

M：ん〜最近増えてるよな、服装自由っていう会社。自由だったら俺はスーツじゃなくてもいいと思うんだけどな〜。

F：そっかー。でも、周りがみんなスーツで私一人だけ私服だと浮いちゃいそうで。逆にスーツ着て行ってみんなが私服で来てたら逆に浮いちゃうし。

M：ん〜むずかしいな。個性を重視するような会社だったら私服の方がいいと思うし、そうじゃなかったらスーツの方がいいのかも。ただ、自由って言っても、学校に来る時みたいなTシャツとジーンズとかだとまずい気がするけどね。

F：そうだよね。じゃ、会社の人が通勤するようなブラウスとスカートぐらいだったら大丈夫かな？

M：うん、いいんじゃない。そういえばそこの会社ってみんな制服着て働いてるの？それだとスーツの方がいいと思うけど。

F：ううん。そこは営業の人以外はみんな私服だよ。

M：じゃ、さっき言ってた服でいいんじゃない？

F：うん、そうするよ。ありがとう。

이 사원은 어떻게 메일의 서명을 변경해야 합니까?

첫 번째 줄에 사명과 사업부, 그 아래에는 회사의 주소, 다음으로 자신의 이름과 이메일, 전화번호와 FAX번호, 마지막으로 회사 홈페이지의 URL을 넣어야 한다. 따라서 이것에 맞게 변경한 것은 3번임을 알 수 있다.

5번

남학생과 여학생이 취직 활동의 복장에 대해 이야기하고 있습니다. 이 여학생은 어떠한 복장으로 설명회에 갑니까?

여 : 기무라 군, joy라고 하는 회사 알아?

남 : 음, 아마 어린이용 장난감을 만들고 있는 회사 아니었나?

여 : 응, 그래. 이번에 기업설명회에 참가할 예정인데, 홈페이지에 '복장은 자유'라고 써 있어. 그래서 무엇을 입고 가면 좋은지 고민하고 있어서……. 역시 정장인가?

남 : 음, 최근 늘고 있어, 복장 자유라는 회사. 자유라면 나는 정장이 아니더라도 괜찮다고 생각하는데.

여 : 그런가. 하지만 주위가 모두 정장이고 나 혼자만 사복이면 튈 것 같아서. 반대로 정장을 입고 가고 모두가 사복으로 와 있으면 반대로 튀게 되고.

남 : 음, 어렵네. 개성을 중시하는 회사라면 사복 쪽이 좋다고 생각하고, 그렇지 않으면 정장 쪽이 좋을지도 몰라. 단, 자유라고 해도 학교에 올 때 같은 티셔츠와 청바지 같은 거라면 좀 난처할 것 같은데.

여 : 그렇지. 그럼 회사 사람이 통근할 때 입는 것 같은 블라우스와 치마 정도라면 괜찮을까?

남 : 응. 괜찮지 않아? 그러고 보니 거기 회사는 모두 유니폼을 입고 일하고 있는 거야? 그렇다면 정장 쪽이 좋다고 생각하는데.

여 : 아니. 거기는 영업 쪽 사람 이외는 모두 사복이야.

남 : 그럼 아까 말했던 옷으로 되는 거 아냐?

여 : 응, 그렇게 할게. 고마워.

この女子学生はどのような服装で説明会に行きますか。

1　就職活動用のスーツ
2　ブラウスとスカート
3　Tシャツとジーンズ
4　会社の制服

就職活動 취직 활동 ｜ 服装 복장 ｜ 説明会 설명회 ｜ おもちゃ 장난감 ｜ 企業 기업 ｜ 参加 참가 ｜ 自由 자유 ｜ 悩む 고민하다 ｜ スーツ 슈트, 정장 ｜ 周り 주위, 주변 ｜ 私服 사복 ｜ 浮く 뜨다, 따로 떨어지다 ｜ 逆に 반대로 ｜ 個性 개성 ｜ 重視 중시 ｜ Tシャツ 티셔츠 ｜ ジーンズ 청바지 ｜ まずい 재미없다, 난처하다 ｜ 通勤 통근 ｜ ブラウス 블라우스 ｜ スカート 스커트, 치마 ｜ 制服 제복, 유니폼 ｜ 働く 일하다 ｜ 営業 영업

問題 2

問題 2 では、まず質問を聞いてください。そのあと、問題用紙のせんたくしを読んでください。読む時間があります。それから話を聞いて、問題用紙の 1 から 4 の中から最もよいものを一つ選んでください。
では練習しましょう。

例

食堂で男の人と女の人が話しています。男の人はどうして元気がないのですか。

F：どうしたの？ ご飯全然食べてないじゃない。
M：食欲がないんだよ。最近暑いから夜もよく眠れないんだ。
F：私も暑いの弱いけれど、食欲だけはあるわよ。彼女とけんかしてまだ仲直りしてないの？
M：うん、昨日も電話したんだけれど、出てもらえなくて。直接会って謝りたいんだけど、連絡が取れないんだよ。
F：それは大変ね。
M：明日のテストの勉強もしなきゃいけないのに、彼女のことを考えると何もしたくないんだよ。
F：それは暑さが原因じゃないわね。早く仲直りできるといいわね。
M：うん、今日も電話してみるよ。

이 여학생은 어떠한 복장으로 설명회에 갑니까?

1　취직 활동용 정장
2　블라우스와 치마
3　티셔츠와 청바지
4　회사의 유니폼

여자는 회사원들이 통근할 때 입는 블라우스와 치마 정도면 괜찮은지(じゃ、会社の人が通勤するようなブラウスとスカートぐらいだったら大丈夫かな？)묻는다. 이에 남자는 괜찮다고 하며 그 회사가 모두 유니폼을 입으면 정장이 좋다고 하자, 여자는 영업 쪽 사람 이외는 모두 사복이라고 한다. 결국 남자는 아까 말한 옷으로 괜찮겠다고 하고 여자도 그러겠다고 했으므로 결국 여자는 블라우스와 치마를 입고 갈 것이다.

문제 2

문제 2에서는 우선 질문을 들어 주세요. 그 후, 문제 용지의 선택지를 읽어 주세요. 읽는 시간이 있습니다. 그리고 나서 이야기를 듣고 문제 용지의 1부터 4 중에서 가장 알맞은 것을 하나 고르세요.
그럼 연습하겠습니다.

예

식당에서 남자와 여자가 이야기하고 있습니다. 남자는 왜 기운이 없는 것입니까?

여 : 무슨 일이야? 밥 전혀 안 먹었잖아.
남 : 식욕이 없어. 요즘 더우니까 밤에도 잠을 잘 못 자.
여 : 나도 더위에 약하지만 식욕만은 있어. 여자 친구랑 싸우고 아직 화해하지 않았지?
남 : 응, 어제도 전화했는데, 받아 주지 않아서. 직접 만나서 사과하고 싶지만 연락이 되지 않아.
여 : 그건 큰일이네.
남 : 내일 시험 공부도 해야 하는데, 여자 친구 일을 생각하면 아무것도 하고 싶지 않아.
여 : 그건 더위가 원인이 아니네. 빨리 화해했으면 좋겠네.
남 : 응, 오늘도 전화해 볼게.

男の人はどうして元気がないのですか。

1 お腹がいっぱいで食欲がないから
2 彼女とけんかして連絡が取れないから
3 テスト勉強ができないから
4 明日はテストがあるから

最もよいものは2番です。解答用紙の問題2の例のところを見てください。最もよいものは2番ですから、答えはこのように書きます。
では始めます。

1番

女性二人が話しています。女性がスマートフォンに買い替える理由は何ですか。

F1：それ、ケータイのパンフレットだよね。スマートフォンに変えるの？

F2：うん、ちょっと悩んだけどスマートフォンにしようかと思ってね。今日の4時までに営業の井上君にお願いしなきゃいけないから、どれにするか見てるところ。

F1：へ～そうなんだ。ついこの間まではまだ変えないって言ってたのにね。

F2：へへ。なんとなく変えたい気分になってね。

F1：何それ。なんか怪しいわね。もしかして彼氏がスマートフォンにしたからとか？

F2：ううん。実はあの彼氏とは少し前に別れたから……。それに、ほら、会社でもみんなスマートフォン使ってるじゃない。機能もたくさんあって面白そうだし、私もそろそろ変えるときかなと思ってね。

F1：そうだね。それだったら会社の割引券が出るまで我慢したら？ スマートフォンって結構高いし……。たしか、今月末ぐらいに配られるはずだよ。

F2：そうなんだけどね。もう変えようって決意したから割引券を待つのも面倒だし、それに営業の井上君に頼めば安くしてくれるって言うから別にいいんだ。ところで、ゆうこってどんなの使ってたっけ？

F1：私のはもう2年近く持ってるからけっこう古いわよ。使いやすいけど、画面が小さいから大きいのが欲しいな～って考えてるところ。それでまゆみはどれにする予定なの？

남자는 왜 기운이 없는 것입니까?

1 배가 불러서 식욕이 없기 때문에
2 여자 친구와 싸워서 연락이 되지 않기 때문에
3 시험 공부를 할 수 없기 때문에
4 내일은 시험이 있기 때문에

가장 알맞은 것은 2번입니다. 해답 용지의 문제 2의 예 부분을 봐 주세요. 가장 알맞은 것은 2번이므로 답은 이렇게 씁니다.
그럼 시작하겠습니다.

1번

여성 두 명이 이야기하고 있습니다. 여성이 스마트폰으로 새로 사서 바꾸는 이유는 무엇입니까?

여1 : 그거, 휴대전화 팸플릿이지. 스마트폰으로 바꾸는 거야?

여2 : 응, 좀 고민했는데, 스마트폰으로 할까 생각해. 오늘 4시까지 영업의 이노우에 군에게 부탁해야 하니까 어느 것으로 할지 보고 있는 중이야.

여1 : 어, 그렇구나. 바로 얼마 전까지는 아직 바꾸지 않겠다고 말했는데.

여2 : 헤헤, 어쩐지 바꾸고 싶은 기분이 들어서.

여1 : 뭐야 그거. 뭔가 이상하네. 혹시 남자 친구가 스마트폰으로 했으니까 라든가?

여2 : 아니. 실은 그 남자 친구와는 얼마 전에 헤어졌으니까……. 게다가 봐, 회사에서도 모두 스마트폰 사용하고 있잖아. 기능도 많이 있어서 재미있을 것 같고, 나도 이제 슬슬 바꿀 때인가 라고 생각해.

여1 : 그렇구나. 그렇다면 회사의 할인권이 나올 때까지 참는 게 어때? 스마트폰은 꽤 비싸고……. 아마 이번 달 말 정도에 배포될 거야.

여2 : 그렇긴 하지만. 이미 바꾸려고 결의했으니까 할인권을 기다리는 것도 귀찮고, 게다가 영업의 이노우에 군에게 부탁하면 싸게 해 준다고 하니까 별로 상관없어. 그런데 유코 씨는 어떤 것 쓰고 있었더라?

여1 : 내 것은 벌써 2년 가까이 가지고 있으니까 상당히 낡았어. 사용하기 쉽지만, 화면이 작아서 큰 것을 갖고 싶다고 생각하고 있는 중. 그래서 마유미는 어느 것으로 할 예정인 거야?

F 2 : 私、通勤の時に動画とか見たいからこの画面が大きいのにしようかと思ってね。井上君に聞いたら、写真もきれいに撮れるし、動画も見やすいからオススメだって言ってて。

女性がスマートフォンに買い替える理由は何ですか。

1 彼氏がスマートフォンにしたから
2 営業の井上君に頼むと安く買えるから
3 会社で割引券が出たから
4 **会社のみんながスマートフォンを使っているから**

단어

스마트폰 스마트폰 | 買い替える 새로 사서 바꾸다 | ケータイ 휴대전화 | パンフレット 팸플릿 | 変える 바꾸다 | 悩む 고민하다 | 営業 영업 | ついこの間 바로 얼마 전 | 怪しい 수상하다, 이상하다 | もしかして 어쩌면, 혹시 | 彼氏 남자 친구 | 実は 실은 | 少し前に 얼마 전에 | 別れる 헤어지다 | 機能 기능 | 割引券 할인권 | 我慢 참음, 인내 | 結構 제법, 꽤 | 配る 나누어 주다, 배포하다 | 決意 결의 | 面倒だ 귀찮다, 성가시다 | 頼む 부탁하다 | 古い 오래되다, 낡다 | 画面 화면 | 欲しい 원하다, 갖고 싶다 | 通勤 통근 | 動画 동영상 | 撮る (사진을) 찍다

2 番

母と娘が話をしています。娘はなぜ晩ご飯を食べないと言いましたか。

F 1 : めぐみ、今日の晩ご飯はめぐみの好きなオムライスにしようと思うんだけど、今日は早く帰ってこられる？

F 2 : ごめん、お母さん。今日はみきちゃんの家に寄って帰るからちょっと遅くなるかもしれない。それに私の分の晩ご飯は用意しなくていいよ。

F 1 : あら、そうなの？ みきちゃんの家で食べてくるの？ それだったらちゃんとみきちゃんのお母さんにも挨拶しなさいよ。

F 2 : 違うよ。みきちゃんの家に寄るのは前にみきちゃんから借りてた物を返しに行くだけ。みきちゃんの家で晩ご飯は食べないよ。

F 1 : そうなの？ じゃ、晩ご飯は食べないの？ またダイエット？ ダイエットもいいけど、少しぐらいご飯は食べた方がいいわよ。学校で倒れちゃったら大変だし。

여2 : 나 통근 때에 동영상 같은 걸 보고 싶으니까 이 화면이 큰 것으로 할까 생각해. 이노우에 군에게 물었더니 사진도 예쁘게 찍히고 동영상도 보기 쉬우니까 추천한다고 했어.

여성이 스마트폰으로 새로 사서 바꾸는 이유는 무엇입니까?

1 남자 친구가 스마트폰으로 했기 때문에
2 영업의 이노우에 군에게 부탁하면 싸게 살 수 있기 때문에
3 회사에서 할인권이 나왔기 때문에
4 **회사의 모두가 스마트폰을 사용하고 있기 때문에**

해설

왜 스마트폰으로 바꾸려고 하는지를 묻는 질문에, 회사에서도 모두 스마트폰을 사용하고 있는데(会社でもみんなスマートフォン使ってるじゃない), 기능도 많이 있어 재미있을 것 같고, 자신도 이제 바꿀 때라는 생각이 들었다고 한다. 따라서 정답은 4번, 회사의 모두가 스마트폰을 사용하고 있기 때문이다.

2 번

엄마와 딸이 이야기를 하고 있습니다. 딸은 왜 저녁밥을 먹지 않는다고 말했습니까?

여1 : 메구미, 오늘 저녁밥은 메구미가 좋아하는 오므라이스로 하려고 하는데, 오늘은 일찍 돌아올 수 있어?

여2 : 미안, 엄마. 오늘은 미키 집에 들러서 돌아오니까 좀 늦어질지도 몰라. 게다가 내 몫의 저녁밥은 준비하지 않아도 돼.

여1 : 어머, 그런 거야? 미키 집에서 먹고 올 거야? 그러면 확실히 미키 엄마에게도 인사해.

여2 : 아니야. 미키 집에 들르는 것은 전에 미키에게 빌린 물건을 돌려주러 가는 것뿐이야. 미키 집에서 저녁밥은 먹지 않을 거야.

여1 : 그래? 그럼 저녁밥은 안 먹는 거야? 또 다이어트? 다이어트도 좋지만, 조금쯤 밥은 먹는 편이 좋아. 학교에서 쓰러지면 큰일이고.

Ｆ２：うん。わかったよ。でも、今日はいい。口の中に
　　　出来物ができて痛くて食べられそうにないから。

Ｆ１：また口内炎ができたのね。めぐみは好き嫌いが多
　　　いからできやすいのかも。朝ご飯食べたらこのビ
　　　タミン剤でも飲んで行きなさい。

Ｆ２：うん。ありがとう、お母さん。

Ｆ１：これからはもうちょっと好き嫌いを減らさないと。

Ｆ２：はいはい。わかったよ。

娘はなぜ晩ご飯を食べないと言いましたか。

1　ダイエットをしているから
2　口の中に出来物ができて痛いから
3　学校の帰りにみきちゃんの家に行くから
4　晩ご飯が好きなものではなかったから

단어

娘 딸 ｜ 晩ご飯 저녁밥 ｜ オムライス 오므라이스 ｜ 寄る 들르다 ｜ 遅い 늦다 ｜ 分 분, 몫 ｜ 用意 준비 ｜ 挨拶 인사 ｜ 借りる 빌리다 ｜ 返す 돌려주다 ｜ ダイエット 다이어트 ｜ 倒れる 쓰러지다 ｜ 大変だ 힘들다, 큰일이다 ｜ 出来物 뾰루지, 종기 ｜ できる 생기다 ｜ 口内炎 구내염 ｜ 好き嫌い 좋아함과 싫어함, 좋아하는 것만을 취함 ｜ ビタミン剤 비타민제 ｜ 飲む (약을) 먹다 ｜ 減らす 줄이다

3番

男の子と女の子が劇場の座席表を見ながら話していま
す。女の子が前の方の席にしたいと言ったのはなぜで
すか。

Ｍ：何見てるの。

Ｆ：劇場の座席表。今度学校行事で演劇を見に行くん
　　だけど、前の席が良いかなーって思って。

Ｍ：そんな前に座るの？　もう少し後ろでもいいじゃん。

Ｆ：ちなみに一番後ろはもう空いてないよ。それに私
　　は視力が良くないから、前の席じゃないとよく見
　　えないの。

Ｍ：まぁ、前の方が舞台も見やすいし、音も聞こえや
　　すいからな〜。

Ｆ：そうそう、それに、この演劇は俳優が舞台から前
　　の客席に降りてくる演出があるみたい。

Ｍ：そうなんだ。だからみんな恥ずかしくて後ろの席
　　が埋まっちゃったのかな。

Ｆ：そうかもね。私たちも早く決めなきゃ。

Ｍ：じゃ、俺はゆかの隣の席にするよ。

여2 : 응. 알겠어. 하지만 오늘은 됐어. 입 안에 뾰루지가
　　　생겨서 아파서 먹을 수 있을 것 같지 않으니까.

여1 : 또 구내염이 생긴 거구나. 메구미는 좋아하는 것만
　　　먹는 일이 많으니까 생기기 쉬울지도 몰라. 아침 먹
　　　으면 이 비타민제라도 먹고 가.

여2 : 응. 고마워, 엄마.

여1 : 이제부터는 좀 더 음식 가리는 걸 줄여.

여2 : 응응. 알겠어.

딸은 왜 저녁밥을 먹지 않는다고 말했습니까?

1　다이어트를 하고 있기 때문에
2　입 안에 뾰루지가 생겨서 아프기 때문에
3　학교에서 돌아오는 길에 미키의 집에 가기 때문에
4　저녁밥이 좋아하는 것이 아니었기 때문에

해설

다이어트 하지 말고 밥 먹으라는 엄마의 말에, 딸은 입 안
에 뾰루지가 생겨서 못 먹을 것 같다(口の中に出来物が
できて痛くて食べられそうにないから)고 대답하고
있다. 따라서 정답은 2번이다.

3번

남자아이와 여자아이가 극장의 좌석표를 보면서 이야기하고 있
습니다. 여자아이가 앞쪽 자리로 하고 싶다고 말한 것은 왜입니
까?

남 : 뭐 보고 있는 거야?

여 : 극장 좌석표. 이번 학교 행사에서 연극을 보러 가는데,
　　앞자리가 좋을까 라고 생각해서.

남 : 그렇게 앞에 앉아? 조금 더 뒤라도 되잖아?

여 : 덧붙여 말하면 가장 뒤는 이제 비어 있지 않아. 게다가
　　난 시력이 좋지 않으니까 앞자리가 아니면 잘 보이지
　　않아.

남 : 뭐, 앞쪽이 무대도 보기 쉽고 소리도 들리기 쉬우니까.

여 : 그래 그래, 게다가 이 연극은 배우가 무대에서 앞자리
　　에 내려오는 연출이 있는 것 같아.

남 : 그렇구나. 그래서 모두 부끄러워서 뒷자리가 채워져
　　버린 건가.

여 : 그럴지도 몰라. 우리들도 빨리 결정해야 해.

남 : 그럼, 난 유카 옆 자리로 할게.

女の子が前の方の席にしたいと言ったのはなぜですか。

1 舞台が見やすいから
2 音が聞こえやすいから
3 視力が良くないから
4 俳優が舞台から降りてくるから

【단어】

劇場 극장 | 座席表 좌석표 | 席 자리, 좌석 | 行事 행사 | 座る 앉다 | 後ろ 뒤 | ちなみに 덧붙여서 (말하면) | 空く (공간, 시간이) 비다 | 視力 시력 | 舞台 무대 | 音 소리 | 聞こえる 들리다 | 演劇 연극 | 俳優 배우 | 客席 객석 | 降りる (탈 것 등에서) 내리다 | 演出 연출 | 恥ずかしい 부끄럽다, 창피하다 | 埋まる 가득 차다, 메워지다 | 隣 옆

4番

韓国大使館の職員とワーキングホリデービザを申請しに来た女性が話しています。女性が今日申請できなかった理由は何ですか。

F：ワーキングホリデービザを申請しに来たのですが。
M：はい。では、パスポートと申請書と活動計画書を提出してください。
F：ここにあります。
M：活動計画書は日本語と韓国語で作成した二つが必要です。
F：え、そうなんですか。では、日本語で作成した活動計画書を明日以降持ってくれば良いですか。
M：はい。ワーキングホリデーの申請時間は午前中までですので気をつけてください。

女性がワーキングホリデービザを今日申請できなかった理由は何ですか。

1 パスポートを忘れたから
2 日本語の活動計画書を忘れたから
3 韓国語の活動計画書を忘れたから
4 申請時間が過ぎていたから

【단어】

韓国大使館 한국대사관 | 職員 직원 | ワーキングホリデー 워킹 홀리데이 | ビザ 비자 | 申請 신청 | パスポート 패스포트, 여권 | 申請書 신청서 | 活動計画書 활동계획서 | 提出 제출 | 作成 작성 | 以降 이후 | 午前中 오전 중 | 気をつける 주의하다 | 忘れる 잊다 | 過ぎる 지나다

여자아이가 앞쪽 자리로 하고 싶다고 말한 것은 왜입니까?

1 무대가 보기 쉽기 때문에
2 소리가 들리기 쉽기 때문에
3 시력이 좋지 않기 때문에
4 배우가 무대에서 내려오기 때문에

【해설】

그렇게 앞에 앉을 거냐고 묻는 남자의 말에 여자는 가장 뒤는 벌써 자리가 찼고 자신은 시력이 좋지 않아서 앞자리가 아니면 잘 보이지 않는다(一番後ろはもう空いてないよ。それに私は視力が良くないから、前の席じゃないとよく見えないの)고 한다. 그러므로 정답은 3번, 시력이 좋지 않아서 이다.

4 번

한국대사관의 직원과 워킹 홀리데이 비자를 신청하러 온 여성이 이야기를 하고 있습니다. 여성이 오늘 신청할 수 없었던 이유는 무엇입니까?

여 : 워킹 홀리데이 비자를 신청하러 왔는데요.
남 : 네, 그럼 여권과 신청서와 활동계획서를 제출해 주세요.
여 : 여기에 있습니다.
남 : 활동계획서는 일본어와 한국어로 작성한 두 개가 필요합니다.
여 : 네, 그렇습니까? 그럼 일본어로 작성한 활동계획서를 내일 이후에 들고 오면 됩니까?
남 : 네. 워킹 홀리데이 신청 시간은 오전 중까지니까 주의해 주세요.

여성이 워킹 홀리데이 비자를 오늘 신청할 수 없었던 이유는 무엇입니까?

1 여권을 잊어버렸기 때문에
2 일본어 활동계획서를 잊고 왔기 때문에
3 한국어 활동계획서를 잊고 왔기 때문에
4 신청시간을 지났기 때문에

【해설】

활동계획서는 일본어와 한국어로 작성한 두 개가 필요하다는 말에 여자는 일본어로 작성한 활동계획서를 내일 이후에 가지고 오면 되는지 묻고 있다. 즉 정답은 2번, 오늘은 일본어 활동계획서를 안 들고 왔기 때문에 신청을 할 수 없는 것이다.

男の子と女の子が話しています。浜辺でバーベキューが禁止になった理由は何ですか。

F：ねぇ、西田君、神戸市にある須磨海浜公園でバーベキューが前面禁止になったって結構話題だけど、知ってる？

M：最近知ったけど、バーベキューに来る人たちが深夜になっても大きな声で騒いだり、打ち上げ花火で遊んだりしていたら、地元の住民たちから苦情が出ても文句は言えないよ。

F：そうだね。でも一番の理由は、ゴミの問題みたい。ゴミを片付けない人たちが多くて、それに対して我慢ができなくなった地元の住民が、市に文句を言ったんだって。

M：そうなんだ。確かにその捨てていったゴミで小さな子どもがケガをするかもしれないしね。

F：夏休みを前に少し残念なお知らせだね。

M：そうだね。マナーを守って夏休みを楽しもうよ。

浜辺でバーベキューが禁止になった理由は何ですか。

1　大きな声で騒いだから
2　打ち上げ花火で遊んだから
3　子どもがゴミでケガをしたから
4　**ゴミを片付けないから**

단어

浜辺 해변 | バーベキュー 바비큐 | 前面 전면 | 禁止 금지 | 結構 제법, 꽤 | 話題 화제 | 深夜 심야 | 騒ぐ 떠들다 | 打ち上げ花火 공중으로 쏘아 올리는 불꽃놀이 | 地元 그 지방 | 住民 주민 | 苦情 고충, 불만 | 文句を言う 불평하다 | ゴミ 쓰레기 | 片付ける 정리하다 | 我慢 참음, 인내 | 市 시 | 確かに 분명히, 확실히 | 捨てる 버리다 | ケガをする 다치다 | 夏休み 여름방학, 여름휴가 | 残念だ 유감이다 | お知らせ 알림, 공지 | マナー 매너 | 守る 지키다 | 楽しむ 즐기다

高校の職員室で先生と女子生徒が話しています。女子生徒が遅刻した理由は何ですか。

M：鈴木が遅刻するなんて珍しいな。寝坊でもしたのか。

F：遅刻してすみません。朝はちゃんと起きられたんですけど。

M：それなら、バスにでも乗り遅れたのか。

남자아이와 여자아이가 이야기를 하고 있습니다. 해변에서 바비큐가 금지된 이유는 무엇입니까?

여：있잖아, 니시다 군, 고베시에 있는 스마 해변공원에서 바비큐가 전면 금지되었다고 꽤 화제인데, 알고 있어?

남：최근에 알았는데, 바비큐 하러 오는 사람들이 심야가 되어도 큰 목소리로 떠들거나 쏘아 올리는 불꽃놀이로 놀거나 하고 있으면, 그 지방의 주민들로부터 불만이 나와도 불평할 수 없어.

여：그래. 하지만 가장 큰 이유는 쓰레기 문제인 것 같아. 쓰레기를 정리하지 않는 사람들이 많고, 그것을 참지 못하게 된 그 지방 주민이 시에 불만을 말했다고 해.

남：그렇구나. 분명히 그 버리고 간 쓰레기 때문에 어린 아이가 다칠지도 몰라.

여：여름방학을 앞두고 조금 유감스러운 소식이네.

남：그래. 매너를 지키고 여름방학을 즐기자.

해변에서 바비큐가 금지된 이유는 무엇입니까?

1　큰 목소리로 떠들었기 때문에
2　공중으로 쏘아 올리는 불꽃놀이로 놀았기 때문에
3　아이가 쓰레기 때문에 다쳤기 때문에
4　**쓰레기를 정리하지 않기 때문에**

해설

여자는 가장 큰 이유는 쓰레기 문제인 것 같다고 하며, 쓰레기를 정리하지 않는 사람들이 많고 그것을 참지 못하게 된 그 지방 주민이 시에 불만을 말했다고 한다. 따라서 정답은 4번, 쓰레기를 정리하지 않기 때문이다.

고교의 직원실에서 선생님과 여학생이 이야기하고 있습니다. 여학생이 지각한 이유는 무엇입니까?

남：스즈키가 지각하다니 드문 일이네. 늦잠이라도 잔 건가?

여：지각해서 죄송합니다. 아침에는 확실히 일어날 수 있었는데요.

남：그렇다면 버스라도 놓친 건가?

F：確かに、いつも乗るバスよりひとつ後のバスに乗ったには乗ったんですけど、バス停から学校まで歩きだったんです。

M：珍しいな。いつもはバス停から自転車で登校しているだろう？

F：はい。その自転車がパンクしていて乗れなかったんです。

M：そういうことか。明日からは遅刻しないように気をつけろよ。

女子生徒が遅刻した理由は何ですか。

1　バスに乗り遅れたから
2　**自転車がパンクしたから**
3　寝坊したから
4　歩いてきたから

단어

高校 고교 | 職員室 직원실 | 生徒 학생 | 遅刻 지각 | 珍しい 드물다, 진귀하다 | 寝坊 늦잠 | 乗り遅れる 늦어서 못 타다, 탈것을 놓치다 | いつも 평소 | バス停 버스 정류장 | 自転車 자전거 | 登校 등교 | パンクする 펑크 나다, 구멍 나다 | 気をつける 주의하다

여 : 확실히 평소 타는 버스보다 하나 뒤의 버스를 타기는 탔는데, 버스 정류장에서 학교까지 걸어왔어요.

남 : 드문 일이네. 평소에는 버스 정류장에서 자전거로 등교하고 있지?

여 : 네, 그 자전거가 펑크 나 있어서 탈 수 없었어요.

남 : 그런 거구나. 내일부터는 지각하지 않도록 주의해.

여학생이 지각한 이유는 무엇입니까?

1　버스를 늦어서 못 탔기 때문에
2　**자전거가 펑크 났기 때문에**
3　늦잠 잤기 때문에
4　걸어왔기 때문에

해설

여학생은 버스정류장부터 자전거를 타고 등교해야 하는데, 자전거가 펑크 나 있어서 타지 못해(その自転車がパンクしていて乗れなかったんです) 지각했다고 말하고 있다. 따라서 정답은 2번, 자전거가 펑크 났기 때문이다.

問題 3

問題3では、問題用紙に何もいんさつされていません。この問題は、全体としてどんな内容かを聞く問題です。話の前に、質問はありません。まず話を聞いてください。それから、質問とせんたくしを聞いて、1から4の中から、最もよいものを一つ選んでください。
では練習しましょう。

例

留守番電話のメッセージを聞いています。

F：ABC旅行の山田でございます。いつもご利用ありがとうございます。先日、お話した大阪行き航空券の予約ですが、往復で2名様のお席を予約できましたのでご連絡いたしました。お支払いについては、火曜日以降でしたら、私がお店にいますのでお待ちしています。また、お客様の必要に応じて大阪で宿泊されるホテルや観光ツアーもご用意していますので、お支払いでお店に来た時にでも、ご覧いただければと思います。では、失礼します。

문제 3

문제 3에서는 문제 용지에 아무것도 인쇄되어 있지 않습니다. 이 문제는 전체로서 어떤 내용인지를 묻는 문제입니다. 이야기 전에 질문은 없습니다. 먼저 이야기를 들어 주세요. 그리고 나서 질문과 선택지를 듣고, 1에서 4 중에서 가장 알맞은 것을 하나 고르세요.
그럼 연습하겠습니다.

예

자동 응답 전화의 메세지를 듣고 있습니다.

여 : ABC여행의 야마다입니다. 늘 이용해 주셔서 감사합니다. 일전에 말씀 드린 오사카행 항공권 예약입니다만, 왕복으로 두 분의 좌석을 예약할 수 있어서 연락 드렸습니다. 지불에 대해서는 화요일 이후면 제가 가게에 있으니까 기다리고 있겠습니다. 또 손님의 필요에 따라 오사카에서 숙박하실 호텔과 관광 투어도 준비하고 있으니 지불하러 가게에 오신 때에라도 봐 주시길 바랍니다. 그럼 실례하겠습니다.

何についてのメッセージですか。

1　旅行会社の営業日
2　おすすめツアーの紹介
3　支払い金額の案内
4　飛行機の予約確認

最もよいものは４番です。解答用紙の問題３の例のところを見てください。最もよいものは４番ですから、答えはこのように書きます。
では、始めます。

1番

専門家が話しています。

M：現在、日本人の４人に１人が悩んでいるとされる花粉症は、「現代病」と言われるほど私たちの生活に密接したアレルギーの１つです。花粉症の原因となる植物は季節で異なります。花粉症が増えている原因には、以下の５つがあげられています。スギ花粉の増加、気密性の高い住居、食生活の変化、大気汚染、ストレス社会。このような環境などの変化が原因で、花粉症が増加していると言われています。

何に関する話ですか。

1　現代病とは何かという話
2　花粉症が増える原因についての話
3　花粉症にならないための話
4　スギ花粉についての話

단어

専門家 전문가 | 悩む 고민하다 | 花粉症 꽃가루 알레르기 | 現代病 현대병 | 密接 밀접 | アレルギー 알레르기 | 原因 원인 | 植物 식물 | 季節 계절 | 異なる 다르다 | 増える 늘다, 증가하다 | スギ 삼나무 | 増加 증가 | 気密性 기밀성 | 住居 주거 | 食生活 식생활 | 変化 변화 | 大気汚染 대기오염 | ストレス 스트레스 | 環境 환경

2番

テレビでアナウンサーが話しています。

F：県庁では九州電力からの節電要請連絡を受け、電気使用量がピークとなる時間帯で10％以上の削減を目指します。そのため、来月の17日からサ

무엇에 대한 메시지입니까?

1　여행사의 영업일
2　추천 여행의 소개
3　지불 금액의 안내
4　비행기의 예약 확인

가장 알맞은 것은 4번입니다. 해답 용지의 문제 3의 예를 봐 주세요. 가장 알맞은 것은 4번이니까 답은 이렇게 씁니다.
그럼, 시작하겠습니다.

1번

전문가가 이야기하고 있습니다.

남：현재 일본인의 4명에 1명이 고민하고 있다고 여겨지는 꽃가루 알레르기는 '현대병'이라고 말해질 정도로 우리들의 생활에 밀접한 알레르기의 하나입니다. 꽃가루 알레르기의 원인이 되는 식물은 계절에 따라 다릅니다. 꽃가루 알레르기가 증가하고 있는 원인에는 이하의 5개를 들 수 있습니다. 삼나무 꽃가루의 증가, 기밀성이 높은 주거, 식생활의 변화, 대기 오염, 스트레스 사회. 이와 같은 환경 등의 변화가 원인으로 꽃가루 알레르기가 증가하고 있다고 합니다.

무엇에 관한 이야기입니까?

1　현대병이란 무엇인가 라고 하는 이야기
2　꽃가루 알레르기가 증가하는 원인에 대한 이야기
3　꽃가루 알레르기가 되지 않기 위한 이야기
4　삼나무 꽃가루에 대한 이야기

해설

꽃가루 알레르기가 증가하고 있는 원인에는 삼나무 꽃가루의 증가, 기밀성이 높은 주거, 식생활의 변화, 대기 오염, 스트레스 사회의 5가지를 들 수 있다고 하며, 이와 같은 환경 등의 변화가 원인이 된다고 했으므로, 이것은 꽃가루 알레르기의 증가 원인에 대한 것임을 알 수 있다.

2번

텔레비전에서 아나운서가 이야기하고 있습니다.

여：현청에서는 규슈 전력에서 절전 요청 연락을 받고 전기 사용량이 절정이 되는 시간대에서 10% 이상의 삭감을 목표로 합니다. 그 때문에 다음 달 17일부터 섬머 타임제

マータイム制を導入することが発表されました。県と県職員連合との間で、勤務時間を30分早め、午前8時半から午後5時15分、昼休み時間を30分遅らせて午後0時半から午後1時半とすることで合意したということです。以前からも積極的に行われていた早くから仕事を始め、早く仕事を終えるサマータイム制ですが、県庁が昼休み時間を変更したのは今回が初めての試みだそうです。

アナウンサーは「サマータイム制」を何だと言っていますか。

1 昼休み時間をずらすこと
2 10％以上の電気使用量を減らすこと
3 出勤時間を早め、退勤時間も早めること
4 九州電力からの節電要請

テレビ 텔레비전 | アナウンサー 아나운서 | 県庁 현청 | 電力 전력 | 節電 절전 | 要請 요청 | 連絡 연락 | 受ける 받다 | 電気使用量 전기 사용량 | ピーク 피크, 절정 | 時間帯 시간대 | 削減 삭감 | 目指す 목표로 하다 | サマータイム制 섬머 타임제 | 導入 도입 | 発表 발표 | 県職員 현 직원 | 連合 연합 | 勤務 근무 | 早める 앞당기다 | 遅らせる 늦추다 | 合意 합의 | 積極的 적극적 | 変更 변경 | 試み 시도

3番

女性が話しています。

F：子どものころ学校で、食後3分以内に3分間歯を磨けば虫歯にならないと教えられたことがあります。しかし実際には、あまり効果がないということを最近知りました。では、いつ歯を磨けば虫歯予防に効果があるのか。一般的に考え、食後に磨くという方が最も多いと思いますが、食事と一緒に菌を食べてしまうため、実際は一番菌が少ない状態が食後だと言われています。なので虫歯予防の効果を高めるには、食間でも食後でもなく、朝起きたときに磨くのが効果的なのです。朝起きたときの口の中のネバネバこそが口の衛生状態にとって最もよくないと言われています。朝起きてすぐ歯を磨くという習慣を身につけましょう。

를 도입하는 것이 발표되었습니다. 현과 현 직원 연합과의 사이에서 근무 시간을 30분 앞당겨, 오전 8시 반부터 오후 5시 15분, 점심 시간을 30분 늦춰 오후 0시 반부터 오후 1시 반으로 하는 것으로 합의했다고 합니다. 이전부터도 적극적으로 행해지고 있던 일찍부터 일을 시작하고, 일찍 일을 마치는 섬머 타임제인데, 현청이 점심시간을 변경한 것은 이번이 첫 시도라고 합니다.

아나운서는 '서머 타임제'를 뭐라고 말하고 있습니까?

1 점심 시간을 약간 변경하는 것
2 10% 이상의 전기 사용량을 줄이는 것
3 출근 시간을 앞당기고 퇴근 시간도 앞당기는 것
4 규슈 전력에서의 절전요청

현과 현 직원 연합과의 사이에서 근무 시간을 30분 앞당겨, 오전 8시 반부터 오후 5시 15분, 점심 시간을 30분 늦춰 오후 0시 반부터 오후 1시 반으로 하는 것으로 합의했다고 한다. 따라서 섬머 타임제란 3번, 출근 시간과 퇴근 시간을 30분 앞당기는 것이라 말할 수 있다.

3번

여성이 이야기하고 있습니다.

여 : 어렸을 때 학교에서 식후 3분 이내에 3분간 이를 닦으면 충치가 생기지 않는다고 배운 적이 있습니다. 하지만 실제로는 별로 효과가 없다고 하는 것을 최근 알았습니다. 그러면 언제 이를 닦으면 충치 예방에 효과가 있는 것인가? 일반적으로 생각해 식후에 닦는다고 하는 분이 가장 많다고 생각합니다만, 식사와 함께 균을 먹어 버리기 때문에 실제로는 가장 균이 적은 상태가 식후라고 합니다. 따라서 충치 예방의 효과를 높이기 위해서는 식간도 식후도 아니고 아침에 일어났을 때에 닦는 것이 효과적인 것입니다. 아침에 일어났을 때의 입 안의 찰기야말로 위생 상태에 있어 가장 좋지 않다고 합니다. 아침에 일어나 바로 이를 닦는다고 하는 습관을 몸에 익힙시다.

女性は何をすすめていますか。
1　食後の歯磨き
2　３分間の歯磨き
3　食間の歯磨き
4　朝起きてすぐの歯磨き

食後 식후 | 以内 이내 | 歯を磨く 이를 닦다 | 虫歯 충치 | 教える 가르치다 | 実際 실제 | 効果 효과 | 予防 예방 | 一般的 일반적 | 方 분 | 最も 가장 | 菌 균 | 食事 식사 | 状態 상태 | 高める 높이다 | 食間 식간 | ネバネバ 찰기, 끈기 | 衛生 위생 | 習慣 습관 | 身をつける 몸에 익히다, 기르다

4番

テレビ番組で女性が話しています。

F：こちらの番組では、ものまねができる出演者を募集しています。テレビ出演を経験してみたい方、ものまねに自信のある方はものまねしている姿を録画したテープと、住所、氏名、生年月日を記載した用紙と共に、ものまね番組出演者募集係まで郵送してください。応募資格は18歳以上の男女でものまねの種類は問いません。どなたでも応募していただけます。ただし、高校生以下の方の応募はご遠慮ください。応募締め切りは８月30日(水)必着です。当選された方にはこちらから電話またはメールにてご連絡いたします。みなさんのたくさんのご応募をお待ちしております。

この女性は何について説明していますか。
1　放送局の通訳スタッフ募集案内
2　番組プレゼントの応募案内
3　番組出演の募集案内
4　オーディション番組の募集案内

番組 방송 프로그램 | ものまね 흉내 | 出演者 출연자 | 募集 모집 | 自信 자신 | 姿 모습 | 録画 녹화 | テープ 테이프 | 住所 주소 | 氏名 성명 | 生年月日 생년월일 | 記載 기재 | 用紙 용지 | ～と共に ～와 함께 | ～係 ～담당 | 郵送 우송 | 応募 응모 | 資格 자격 | 男女 남녀 | 種類 종류 | 問う 묻다 | どなた 어느 분 | ただし 단, 다만 | 以下 이하 | 遠慮 삼감, 사양함 | 締め切り 마감 | 必着 필착(반드시 도착함) | 当選 당선 | または 또는 | 連絡 연락

여성은 무엇을 권하고 있습니까?
1　식후의 이닦기
2　3분간의 이닦기
3　식간의 이닦기
4　아침에 일어나 바로 이닦기

충치 예방 효과를 높이기 위해서는 아침에 일어났을 때에 닦는 것이 효과적이라고 하면서, 아침에 일어나 바로 이를 닦는 습관을 기르자고 말하고 있으므로, 정답은 4번 아침에 일어나 바로 이닦기이다.

4번

텔레비전 프로그램에서 여성이 이야기하고 있습니다.

여 : 이 프로그램에서는 흉내를 낼 수 있는 출연자를 모집하고 있습니다. 텔레비전 출연을 경험해 보고 싶은 분, 흉내에 자신이 있는 분은 흉내 내고 있는 모습을 녹화한 테이프와 주소, 성명, 생년월일을 기재한 용지와 함께 흉내 프로그램 출연자 모집 담당에게 우송해 주세요. 응모 자격은 18세 이상의 남녀로 흉내의 종류는 상관 없습니다. 어느 분이더라도 응모하실 수 있습니다. 단, 고교생 이하인 분의 응모는 삼가해 주세요. 응모 마감은 8월 30일(수)까지 반드시 도착해야 합니다. 당선된 분께는 이쪽에서 전화 또는 메일로 연락 드리겠습니다. 여러분의 많은 응모를 기다리고 있겠습니다.

이 여성은 무엇에 대해 설명하고 있습니까?
1　방송국의 통역 스텝 모집 안내
2　방송 프로그램 선물 응모 안내
3　방송 출연의 모집 안내
4　오디션 프로그램의 모집 안내

방송 프로그램에서 흉내를 낼 수 있는 출연자를 모집하고 있다(こちらの番組では、ものまねができる出演者を募集しています)는 안내이다. 또 응모 방법과 응모 자격 등이 이어지고 있으므로, 정답은 3번 방송 출연의 응모 안내이다.

社長が演説しています。

M: 我が社では、社員一人一人が会社の代表として仕事に取り組む姿勢を大切にしています。社員を単なる人材と考えるのではなく、会社の財産としての人材と考え、何よりも人を尊重します。社員一人一人が今自分に何ができるか、どうしたらお客様に満足していただけるかという興味と熱意を常に持ち、お客様の満足を追求してほしいです。経営者の皆様は、全員経営とお客様第一主義を意識して働いていただけたらと思います。

社長は経営者にどのようなアドバイスをしましたか。

1 　全員経営とお客様第一主義を意識すること
2 　社員を単なる人材として考えること
3 　興味と熱意を常に持つこと
4 　自分に何ができるかを追求すること

単어

演説 연설 | 我が社 우리 회사 | 社員 사원 | 代表 대표 | 取り組む 몰두하다 | 姿勢 자세 | 単なる 단순한 | 人材 인재 | 財産 재산 | 尊重 존중 | 満足 만족 | 興味 흥미 | 熱意 열의 | 常に 늘, 항상 | 追求 추구 | 経営者 경영자 | 全員経営 전원 경영 | 第一主義 제일주의 | 意識 의식 | 働く 일하다

問題 4

問題4では、問題用紙に何もいんさつされていません。まず文を聞いてください。それから、それに対する返事を聞いて、1から3の中から、最もよいものを一つ選んでください。
では、練習しましょう。

例

F: すみません、何か書くものお持ちではないですか。

M: 1 　あ、これでよかったらどうぞ。
　　2 　これで書いてはいけません。
　　3 　じゃ、持っているんですね。

最もよいものは1番です。解答用紙の問題4の例のところを見てください。最もよいものは1番ですから、答えはこのように書きます。
では始めます。

사장이 연설하고 있습니다.

남 : 우리 회사에서는 사원 한 명 한 명이 회사의 대표로서 일에 몰두하는 자세를 소중히 여기고 있습니다. 사원을 단순한 인재로 생각하는 것이 아니라, 회사의 재산으로서의 인재로 생각해 무엇보다도 사람을 존중합니다. 사원 한 명 한 명이 지금 자신이 무엇을 할 수 있는지, 어떻게 하면 손님을 만족시킬 수 있을까 라고 하는 흥미와 열의를 늘 가지고, 손님의 만족을 추구해 가고 싶습니다. 경영자 여러분은 전원 경영과 손님 제일주의를 의식하여 일할 수 있으면 좋겠습니다.

사장은 경영자에게 어떠한 조언을 했습니까?

1 　전원 경영과 손님 제일주의를 의식하는 것
2 　사원을 단순한 인재로서 생각하는 것
3 　흥미와 열의를 늘 갖는 것
4 　자신이 무엇을 할 수 있을지를 추구하는 것

해설

마지막 문장에서, 경영자 여러분은 전원 경영과 손님 제일주의를 의식하여 일할 수 있으면 좋겠다(経営者の皆様は、全員経営とお客様第一主義を意識して働いていただけたらと思います)고 했으므로 정답은 1번이 된다.

문제 4

문제 4에서는 문제 용지에 아무것도 인쇄되어 있지 않습니다. 먼저 문장을 들어 주세요. 그리고 그것에 대한 대한 응답을 듣고 1에서 3 중에서 가장 알맞은 것을 하나 고르세요.
그럼, 연습하겠습니다.

예

여 : 실례합니다, 뭔가 쓸 거 가지고 있지 않나요?

남 : 1 　아, 이것으로 괜찮다면 쓰세요.
　　2 　이것으로 써서는 안 됩니다.
　　3 　그럼, 가지고 있다는 거네요.

가장 알맞은 것은 1번입니다. 해답 용지의 문제 4의 예 부분을 봐 주세요. 가장 알맞은 것은 1번이니까 답은 이렇게 씁니다.
그럼 시작하겠습니다.

1番

F：会員証の登録には身分証明書が必要ですが、今何かお持ちですか。

M： 1　いいえ、お持ちしています。

　　 2　はい、学生証ならあります。

　　 3　いいえ、本人確認書類はありません。

단어

会員証 회원증 ｜ 登録 등록 ｜ 身分証明書 신분증명서 ｜ 持つ 가지다, 소지하다 ｜ 学生証 학생증 ｜ 本人 본인 ｜ 確認 확인 ｜ 書類 서류

2番

M：明日は営業していますか。

F： 1　朝は10時から営業しています。

　　 2　本日は営業しています。

　　 3　明日は定休日です。

단어

営業 영업 ｜ 朝 아침 ｜ 本日 오늘 ｜ 定休日 정기휴일

3番

F：何か飲みますか。

M： 1　はい。お願いします。

　　 2　コーヒーは飲めません。

　　 3　暑いですね。

단어

何か 무언가 ｜ 飲む 마시다 ｜ コーヒー 커피 ｜ 暑い 마시다

4番

M：コンピューターの調子がよくないんだけど、どうしたらいいかな？

F： 1　病院にいきなよ。

　　 2　大変だね。

　　 3　パソコン会社に電話して聞いてみるといいよ。

단어

コンピューター 컴퓨터 ｜ 調子 상태 ｜ 大変だ 힘들다, 큰일이다 ｜ パソコン会社 컴퓨터 회사 ｜ 聞く 묻다, 듣다

1번

여 : 회원증의 등록에는 신분증명서가 필요합니다만, 지금 무언가 가지고 있습니까?

남 : 1　아니요, 가지고 있습니다.

　　 2　네, 학생증이라면 있습니다.

　　 3　아니요, 본인 확인 서류는 없습니다.

해설

신분을 증명할 수 있는 뭔가를 가지고 있는지 묻고 있으므로, 학생증이라면 있다고 대답한 2번이 정답이다.

2번

남 : 내일은 영업합니까?

여 : 1　아침에는 10시부터 영업하고 있습니다.

　　 2　오늘은 영업하고 있습니다.

　　 3　내일은 정기휴일입니다.

해설

내일 영업을 하는지 묻고 있다. 따라서 3번, 내일은 정기휴일이라고 하는 것이 적절한 대답이다.

3번

여 : 무언가 마시겠습니까?

남 : 1　네, 부탁합니다.

　　 2　커피는 마실 수 없습니다.

　　 3　덥군요.

해설

무언가 마시겠는지 묻는 것이므로 1번, 마시겠다고 하며 부탁한다고 하는 것이 가장 알맞은 대답이다.

4번

남 : 컴퓨터 상태가 좋지 않은데, 어떻게 하면 좋을까?

여 : 1　병원에 가.

　　 2　큰일이네.

　　 3　컴퓨터 회사에 전화해서 물어보면 돼.

해설

컴퓨터 상태가 좋지 않은데 어떻게 해야 하는지 묻고 있다. 따라서 컴퓨터 회사에 전화해서 물어보는 것이 좋겠다고 한 3번이 정답이다.

5番

F：名古屋まで飛行機で何時間だっけ？

M：1　船でいけば？

　　2　そんなに遠いの？

　　3　飛行機で2時間くらいだよ。

단어

名古屋 나고야 | 飛行機 비행기 | 船 배 | 何時間 몇 시간 | ~っけ ~던가(불확실한 것을 상대방에게 확인함) | そんなに 그렇게 | 遠い 멀다 | ~くらい ~정도, ~쯤

6番

M：外は暑いから水分補給をよくしてね。

F：1　何で水が要るの？

　　2　わかった、ありがとう。

　　3　何でそんな事いうの？

단어

外 밖 | 水分 수분 | 補給 보급 | 何で 왜 | 水 물 | 要る 필요하다

7番

F：一緒に勉強するのは明日か明後日どっちがいい？

M：1　明日は買い物に行こうか。

　　2　明後日なら時間があるよ。

　　3　カフェに行こうか。

단어

一緒に 함께, 같이 | 勉強 공부 | 明後日 모레 | どっち 어느 쪽 | 買い物 쇼핑 | カフェ 카페

8番

M：午後6時に待ち合わせしようか。

F：1　6時半でもいいかな？

　　2　午前6時は早すぎるんだけど。

　　3　6人で予約したよ。

단어

午後 오후 | 待ち合わせ (시일, 장소를 정해 놓고) 만나기로 함 | 午前 오전 | 早い 이르다, 빠르다 | ~すぎる 너무 ~하다 | 予約 예약

5번

여 : 나고야까지 비행기로 몇 시간 걸리더라?

남 : 1　배로 가면?

　　2　그렇게 먼 거야?

　　3　비행기로 2시간 정도야!

해설

나고야까지 비행기 타고 몇 시간 걸리는지 확인하고 있다. 따라서 비행기 타고 2시간 정도 걸린다고 한 3번이 정답이다.

6번

남 : 밖은 더우니까 수분 보급을 잘 해.

여 : 1　왜 물이 필요한 거야?

　　2　알겠어, 고마워.

　　3　왜 그렇게 말하는 거야?

해설

밖이 더우니까 수분 보급을 잘 하라는 상대의 말에는 알겠다며 고맙다고 하는 것이 가장 적절한 대답일 것이다. 따라서 정답은 2번이다.

7번

여 : 같이 공부하는 것은 내일이나 모레 어느 쪽이 좋아?

남 : 1　내일은 쇼핑하러 갈까?

　　2　모레라면 시간이 있어.

　　3　카페에 갈까?

해설

같이 공부하는 것을 내일과 모레 중 언제로 할지를 묻고 있다. 둘 중 하나를 선택해야 하는데, 모레라면 시간이 있다는 것은 모레가 좋다는 뜻이므로 정답은 2번이다.

8번

남 : 오후 6시에 만날까?

여 : 1　6시 반이라도 될까?

　　2　오전 6시는 너무 빠른데.

　　3　6명으로 예약했어.

해설

남자는 오후 6시로 약속을 정할지 묻고 있다. 그러므로 6시 반으로 해도 될지를 묻는 1번이 가장 적절한 대답이다.

9番

F：昨日の宿題やってくるの忘れたから見せてくれない？

M：1　宿題とは何ですか？
　　2　忘れ物には気をつけないと。
　　3　仕方ないな。今日だけだよ。

단어

宿題 숙제 | 忘れる 잊다, 잊어 버리다 | 見せる 보여 주다 | 忘れ物 잊고 온 물건 | 仕方ない 어쩔 수 없다

10番

M：すいません、病院はどこにありますか。

F：1　この道をまっすぐ行けばあります。
　　2　薬局はそこにあります。
　　3　どうしましたか？

단어

病院 병원 | 道 길 | まっすぐ 똑바로 | 薬局 약국

11番

F：昨日はどうして来なかったの？

M：1　行きたかったなぁ。
　　2　今度どこかに遊びに行こうか。
　　3　行きたかったんだけど、用事があって。

단어

今度 이번, 다음 번 | 遊ぶ 놀다 | 用事 용무, 볼일

12番

F：この間の演劇どうだった？

M：1　よく寝れたよ。
　　2　とても面白かったよ。
　　3　面白い映画だったよ。

단어

この間 요전, 얼마 전 | 演劇 연극 | よく 잘, 자주 | 寝れる 잘 수 있다 | 面白い 재미있다 | 映画 영화

9번

여 : 어제 숙제 해 오는 것 잊어 버렸는데 보여 주지 않을래?

남 : 1　숙제란 뭡니까?
　　2　잊고 온 물건은 신경 써야 해.
　　3　어쩔 수 없네. 오늘만이야.

해설

어제 숙제 하는 것을 잊어 버렸으니 보여 달라는 말이다. 따라서 3번, 어쩔 수 없다면서 오늘만 보여 주겠다고 하는 것이 가장 적절한 답일 것이다.

10번

남 : 저기요, 병원은 어디에 있습니까?

여 : 1　이 길을 똑바로 가면 있습니다.
　　2　약국은 거기에 있습니다.
　　3　어쩐 일입니까?

해설

병원이 어디에 있는지 묻고 있다. 따라서 이 길을 똑바로 가다 보면 있다고 말한 1번이 정답이다.

11번

여 : 어제는 왜 안 온 거야?

남 : 1　가고 싶었어.
　　2　이번에 어딘가에 놀러 갈까?
　　3　가고 싶었는데, 볼일이 있어서.

해설

어제 왜 안 왔는지 묻고 있다. 따라서 3번, 가고 싶었지만 볼일이 있어서 못 갔다고 하는 것이 가장 적절한 대답이다.

12번

여 : 얼마 전의 연극 어땠어?

남 : 1　잘 잤어.
　　2　아주 재미있었어.
　　3　재미있는 영화였어.

해설

얼마 전에 본 연극이 어땠는지 묻고 있으므로 정답은 2번, 아주 재미있었다는 대답이 가장 적절하다.

問題 5

問題 5 では長めの話を聞きます。この問題には練習はありません。メモをとってもかまいません。

1番、2番

問題用紙に何もいんさつされていません。まず話を聞いてください。それから、質問とせんたくしを聞いて、1から4の中から、最もよいものを一つ選んでください。
では始めます。

1番

男性と女性が話しています。

M : 今度の飲み会はどこのお店を予約しようか。

F : 飲み会っていつだっけ？ すっかり忘れてた。

M : 今週の金曜日だよ。俺らが店を決めないといけないんだよ。

F : そうだったよね。いつも行く居酒屋じゃダメなの？

M : いいんだけど、今回人数が多いからさ。あそこじゃ全員は入らないだろ。

F : ん〜確かに。そういえば、こないだ部長が連れて行ってくださったお店ちょっと高かったけど、おいしかったしお店も広かったよね？

M : うーん。一応予算があるからな。あまり高いところはちょっと難しいかな。

F : そうかぁ。なら会社の裏にある居酒屋はどう？

M : ん〜そうだな。そこもいいけど、駅の近くにある居酒屋はどうかな？

F : 駅の近くなら帰るときに便利だし、あそこなら値段もお手ごろだね。

M : じゃあ、そこにしよう。俺が電話で予約するよ。

F : よろしく。あっ、でもホームページでコースとクーポンを見たいから、私が予約するわ。

M : わかった。じゃあ、お願いするよ。金曜日8時から20人で頼むよ。

二人はどの店を予約することにしましたか。

1　いつも行く居酒屋
2　部長が連れて行ってくれた店
3　会社の裏にある居酒屋
4　**駅の近くにある居酒屋**

문제 5

문제 5에서는 조금 긴 이야기를 듣습니다. 이 문제에는 연습은 없습니다. 메모를 해도 상관없습니다.

1번, 2번

문제 용지에 아무것도 인쇄되어 있지 않습니다. 먼저 이야기를 들으세요. 그리고 질문과 선택지를 듣고 1에서 4 중에서 가장 알맞은 것을 하나 고르세요.
그럼 시작하겠습니다.

1번

남성과 여성이 이야기하고 있습니다.

남 : 이번 회식은 어디 가게를 예약할까?

여 : 회식이 언제더라? 깜빡 잊고 있었어.

남 : 이번 주 금요일이야. 우리들이 가게를 정해야 해.

여 : 그랬었지. 항상 가는 선술집은 안 되는 거야?

남 : 괜찮지만, 이번에는 인원수가 많으니까. 거기라면 전원은 못 들어갈 거야.

여 : 음, 아마. 그리고 보니 얼마 전에 부장님께서 데려가 주신 가게 좀 비쌌지만, 맛있었고 가게도 넓었지?

남 : 음. 일단 예산이 있으니까. 너무 비싼 곳은 좀 어려운가.

여 : 그런가. 그렇다면 회사 뒤에 있는 선술집은 어때?

남 : 음, 글쎄. 거기도 좋지만, 역 근처에 있는 선술집은 어떨까?

여 : 역 근처라면 돌아갈 때에 편리하고, 거기라면 가격도 적당해.

남 : 그럼 거기로 하자. 내가 전화로 예약할게.

여 : 잘 부탁해. 아, 근데 홈페이지에서 코스랑 쿠폰을 보고 싶으니까 내가 예약할게.

남 : 알겠어. 그럼 부탁할게. 금요일 8시부터 20명으로 부탁해.

두 사람은 어느 가게를 예약하기로 했습니까?

1　항상 가는 선술집
2　부장님이 데리고 가 준 가게
3　회사 뒤에 있는 선술집
4　**역 근처에 있는 선술집**

해설

남자가 역 근처에 있는 선술집은 어떤지 물었고, 여성은 돌아갈 때 편리하고 가격도 적당하다며 좋다고 하여 결국 전화로 예약하겠다고 한다. 따라서 정답은 4번, 역 근처에 있는 선술집이다.

단어

会食 회식 | すっかり 깜빡 | 今週 이번 주 | 居酒屋 선술집 |
人数 인원수 | 全員 전원 | 入る 들어가다 | こないだ 요전,
얼마 전 | 連れていく 데리고 가다 | 一応 일단 | 予算 예산 |
裏 뒤, 안 | 便利だ 편리하다 | 値段 가격 | 手ごろだ 걸맞다,
적합하다 | コース 코스 | クーポン 쿠폰 | 頼む 부탁하다

2番

男女4人が話しています。

F1：ねぇ、せっかく夏休みに入るんだし、今度4人
　　でどこか遊びに行かない？

M2：そうだなー、水族館か、動物園か、遊園地か
　　……ぐらいかな？ ほかに何かあるかな。

F2：えー、せっかくならもう少し遠くに行こうよ。
　　一泊二日で旅行に行くとか。

M2：旅行ねぇ。よういちお前はどうしたい？ 近場で
　　遊ぶか泊まりで遊びに行くか。

M1：そうだねぇ。せっかくだから泊まりで遊びに行
　　こうか？

F1：うん、決定！ 私は沖縄に行って海で遊びたい
　　なぁ。

M2：沖縄この前行ったばかりなんだよ。ごめん。

F2：ん〜、夏でも涼しい北海道はどう？

M1：ごめん。北海道は来週友達と行くんだよ。

F1：せっかくだからみんなが行ったことない所に行
　　くのはどう？

M1：大阪は行ったことないなぁ。

M2：そういえば近いけど行ったことないなぁ。

F1：あっ、私も初めてだ。

F2：実は私も。なら今回はそこで決まり！

4人はどこへ行くことにしましたか。

1　水族館に行く
2　沖縄に行く
3　**大阪に行く**
4　北海道に行く

단어

男女 남녀 | せっかく 모처럼 | 水族館 수족관 | 動物園
동물원 | 遊園地 유원지 | 遠く 멀리 | 一泊二日 1박 2일 |
旅行 여행 | 近場 근처 | 泊まり 숙박 | 決定 결정 | 沖縄 오
키나와 | 〜たばかり 막 〜했음 | 涼しい 시원하다, 서늘하
다 | 北海道 홋카이도 | 大阪 오사카 | 決まり 정해짐, 결정

2번

남녀 4명이 이야기하고 있습니다.

여1 : 있잖아, 모처럼 여름휴가에 들어가는데, 이번에 4명
　　이 어딘가 놀러 가지 않을래?

남2 : 글쎄, 수족관이나 동물원이나 유원지나…… 그 정도
　　인가? 그것 말고 뭔가 있나?

여2 : 음, 모처럼이라면 조금 더 멀리 가자. 1박 2일로 여
　　행 간다거나.

남2 : 여행이라. 요이치 넌 어떻게 하고 싶어? 근처에서
　　놀던가 숙박하고 놀러 가던가.

남1 : 글쎄. 모처럼이니까 숙박으로 놀러 갈까?

여1 : 응, 결정! 나는 오키나와에 가서 바다에서 놀고 싶어.

남2 : 오키나와 얼마 전에 막 갔다 왔어. 미안.

여2 : 음, 여름에도 시원한 홋카이도는 어때?

남1 : 미안. 홋카이도는 다음 주에 친구와 갈 거야.

여1 : 모처럼만이니까 모두가 간 적이 없는 곳에 가는 건
　　어때?

남1 : 오사카는 간 적 없구나.

남2 : 그러고 보니 가깝지만 간 적이 없구나.

여1 : 앗, 나도 처음이다.

여2 : 실은 나도. 그렇다면 이번에는 거기로 결정!

네 명은 어디에 가기로 했습니까?

1　수족관에 간다.
2　오키나와에 간다.
3　**오사카에 간다.**
4　홋카이도에 간다.

해설

모처럼만의 여행이니 모두가 가 본 적이 없는 곳으로 가는
게 어떤가 하는 의견이 나왔고, 이에 모두 오사카는 가 본
적이 없다고 하며 거기로 결정하겠다고 했으므로 정답은
3번, 오사카에 가는 것이다.

まず話を聞いてください。それから、二つの質問を聞いて、それぞれの問題用紙の1から4の中から、最もよいものを一つ選んでください。
では始めます。

先生と男女2人が話しています。

M1：これから、修学旅行の観光コースをいくつか紹介しますので1つずつ選んでください。今回は4つのコースを紹介しますので、2日目と3日目の自由行動をどのように過ごしたいかを考えてくださいね。まず1つ目は「世界遺産と沖縄の歴史コース」です。このコースは、琉球王国時代の沖縄を感じさせる首里城と中村家住宅などの名所を回ります。2つ目は「やんばるアクティブコース」です。このコースはやんばるの大自然をとことん満喫し、カヌー体験や野菜や果物を収穫することもできて、最後はスパで身体の疲れをとります。3つ目は「那覇で楽しむおいしいものとお買い物コース」です。このコースは、ファッションから雑貨、地元の食材をおいしい料理とともに街の雰囲気を味わいます。最後は「南部戦跡・聖地を巡るコース」です。このコースは、沖縄戦の戦跡を訪れたあとに博物館へ行き、実際に戦争を体験した人の話を聞くことができます。

M2：ん〜どれにする？ せっかく沖縄に行くんだからカヌー体験も捨てがたいよな。

F　：うん、そうだね。2日目はそのカヌー体験にしようか。3日目はどうする？

M2：ん〜、世界遺産を見に行く？

F　：世界遺産も良いね。でも、博物館に行ってお話を聞いて見たい気もするなぁ。

M2：そうだね。実際に体験した人の話を聞けることってなかなか体験できないし、3日目はそれにしよう。

質問1

自由行動2日目はどのコースを選びましたか。

1　南部戦跡・聖地を巡るコース
2　世界遺産と沖縄の歴史コース
3　那覇で楽しむおいしいものとお買い物コース
4　やんばるアクティブコース

먼저, 이야기를 들어 주세요. 그러고 나서 두 질문을 듣고 각각 문제 용지의 1에서 4 중에서 가장 알맞은 것을 하나 고르세요.
그럼 시작하겠습니다.

선생님과 남녀 2명이 이야기하고 있습니다.

남1: 이제부터 수학여행 관광 코스를 몇 갠가 소개할 테니 1개씩 골라 주세요. 이번에는 4개의 코스를 소개할 테니 2일째와 3일째의 자유행동을 어떻게 보내고 싶은지를 생각해 주세요. 우선 첫 번째는 '세계유산과 오키나와의 역사 코스'입니다. 이 코스는 류큐 왕국 시대의 오키나와를 느끼게 하는 슈리성과 나카무라가 주택 등의 명소를 돕니다. 두 번째는 '얌바루 엑티브 코스'입니다. 이 코스는 얌바루의 대자연을 철저히 만끽하고 카누 체험과 야채와 과일을 수확할 수도 있고, 마지막은 스파에서 몸의 피로를 풉니다. 세 번째는 '나하에서 즐기는 맛있는 음식과 쇼핑 코스'입니다. 이 코스는 패션부터 잡화, 그 지방의 식재료로 만든 맛있는 요리와 함께 거리의 분위기를 맛봅니다. 마지막은 '남부 전적·성지를 순회하는 코스'입니다. 이 코스는 오키나와전의 전적을 방문한 후에 박물관으로 가서, 실제로 전쟁을 체험한 사람의 이야기를 들을 수 있습니다.

남2: 음, 어느 것으로 할래? 모처럼 오키나와에 가는 것이니까 카누 체험도 버리기 어려워.

여 ： 음, 그래. 이틀째는 그 카누 체험으로 할까? 3일째는 어떻게 할래?

남2: 음, 세계유산을 보러 갈래?

여 ： 세계유산도 좋지. 하지만 박물관에 가서 이야기를 들어 보고 싶은 생각도 들어.

남2: 그래. 실제로 체험한 사람의 이야기를 들을 수 있는 것은 좀처럼 체험할 수 없고, 3일째는 그것으로 하자.

질문1

자유행동 2일째는 어느 코스를 선택했습니까?

1　남부전적·성지를 순회하는 코스
2　세계유산과 오키나와의 역사 코스
3　나하에서 즐기는 맛있는 것과 쇼핑 코스
4　얌바루 엑티브 코스

じゆうこうどう みっか め
自由行動 3 日目はどのコースを選びましたか。

1 南部戦跡・聖地を巡るコース
2 世界遺産と沖縄の歴史コース
3 那覇で楽しむおいしいものとお買い物コース
4 やんばるアクティブコース

単語

修学旅行 수학여행 | 観光 관광 | 紹介 소개 | 〜ずつ 〜씩 | 〜目 〜째 | 自由行動 자유행동 | 過ごす 보내다, 지내다 | 世界遺産 세계유산 | 歴史 역사 | 琉球王国 류큐 왕국 | 時代 시대 | 感じる 느끼다 | 首里城 슈리성 | 中村家 나카무라가 | 住宅 주택 | 名所 명소 | 回る 돌다 | やんばる 얌바루(오키나와 섬 북부의 산지) | アクティブ 액티브, 활동적인 | 大自然 대자연 | とことん 철저히 | 満喫 만끽 | カヌー 카누 | 体験 체험 | 野菜 야채, 채소 | 果物 과일 | 収穫 수확 | 最後 최후, 마지막 | スパ 스파, 온천 | 疲れをとる 피로를 풀다 | 那覇 나하 | 楽しむ 즐기다 | ファッション 패션 | 雑貨 잡화 | 地元 그 고장 | 食材 식재료 | 〜とともに 〜와 함께 | 街 거리 | 雰囲気 분위기 | 味わう 맛보다 | 南部 남부 | 戦跡 전적 | 聖地 성지 | 巡る 순회하다 | 訪れる 찾아가다, 방문하다 | 博物館 박물관 | 実際 실제 | 戦争 전쟁 | 捨てる 버리다 | 〜がたい 〜하기 어렵다 | 気 생각, 마음 | なかなか 좀처럼

해설

남자가 카누 체험을 버리기 어렵다고 하자 여자는 2일째는 카누 체험으로 하자(2 日目はそのカヌー体験にしようか)고 했으므로 카누 체험을 하는 코스를 찾으면 된다. '얌바루 엑티브 코스'에서 대자연을 만끽하며 카누 체험을 하므로 정답은 4번이다.

질문2

자유행동 3일째는 어느 코스를 선택했습니까?

1 남부전적 · 성지를 순회하는 코스
2 세계유산과 오키나와의 역사 코스
3 나하에서 즐기는 맛있는 것과 쇼핑 코스
4 얌바루 엑티브 코스

해설

여자가 박물관에 가서 이야기를 들어 보고 싶다고 하자, 남자는 실제로 체험한 사람의 이야기를 들을 수 있는 것은 좀처럼 체험할 수 없으니 3일째는 그것으로 하자(実際に体験した人の話を聞けることってなかなか体験できないし、3 日目はそれにしよう)고 한다. '남부 전적 · 성지를 순회하는 코스'에서는 오키나와전의 전적을 방문한 후에 박물관으로 가서 실제로 전쟁을 체험한 사람의 이야기를 들을 수 있으므로 정답은 1번이 된다.

1교시 언어지식(문자 · 어휘 · 문법) · 독해

問題 1	1 ②	2 ①	3 ②	4 ④	5 ②

問題 2	6 ①	7 ④	8 ③	9 ②	10 ③

問題 3	11 ①	12 ②	13 ①	14 ③	15 ③

問題 4	16 ④	17 ②	18 ①	19 ③	20 ④	21 ②	22 ④

問題 5	23 ②	24 ④	25 ②	26 ②	27 ①

問題 6	28 ③	29 ③	30 ①	31 ④	32 ②

問題 7　33 ①　34 ②　35 ①　36 ②　37 ③　38 ③　39 ①　40 ④　41 ③　42 ④　43 ①　44 ④

問題 8　45 ④ (3421)　46 ④ (2143)　47 ④ (2341)　48 ③ (3241)　49 ① (3142)

問題 9	50 ①	51 ④	52 ②	53 ③	54 ①

問題 10	55 ②	56 ④	57 ②	58 ③	59 ①

問題 11　60 ②　61 ④　62 ③　63 ③　64 ④　65 ②　66 ①　67 ②　68 ②

問題 12	69 ②	70 ①

問題 13	71 ②	72 ④	73 ①

問題 14	74 ①	75 ③

2교시 청해

問題 1	1 ③	2 ③	3 ④	4 ①	5 ②

問題 2	1 ④	2 ①	3 ④	4 ③	5 ②	6 ④

問題 3	1 ②	2 ③	3 ①	4 ③	5 ④

問題 4　1 ③　2 ②　3 ①　4 ③　5 ②　6 ①　7 ①　8 ③　9 ②　10 ③　11 ②　12 ①

問題 5	1 ④	2 ②	3-1 ②	3-2 ④

문제 1 _______의 단어의 읽는 방법으로 가장 알맞은 것을 1·2·3·4에서 하나 고르시오.

1 일 때문에 해외로 **이주**하게 되었다.

> **해설** 移는 음으로 い, 훈으로 移(うつ)す/移(うつ)る라 읽고, 住는 음으로 じゅう, 훈으로 住(す)む/住(す)まう라 읽는다. 移住(이주)는 음독하여 いじゅう라 한다.
>
> 仕事 일, 직업 | 海外 해외 | 移住 이주 | ～ことになる ～하게 되다 | 移駐 이주(군대 등이 옮기는 것) | 理由 이유 | 移民 이민
>
> 정답 ②

2 내일 **새벽녘**에 출발합니다.

> **해설** 明은 음으로 めい/みょう, 훈으로 明(あ)かり/明(あか)るい/明(あ)ける 등으로 읽는데 여기서는 훈독하여 明(あ)け라 한다. 方은 음으로 ほう, 훈으로 かた라 읽는데 여기서는 훈독하지만 明(あ)け에 이어지면서 かた의 첫 음 か가 が로 탁음화되어 あけがた가 된다.
>
> 明日 내일 | 明け方 새벽녘 | 出発 출발
>
> 정답 ①

3 이번 시험은 어렵지만 **서로** 분발합시다.

> **해설** 互는 음으로 ご, 훈으로 互(たが)い라 읽는다. 여기서는 훈독하며 접두어 お가 붙어 お互(たが)い라 읽어야 한다.
>
> 今回 이번 | テスト 테스트, 시험 | 難しい 어렵다 | お互い 서로 | 頑張る 분발하다, 열심히 하다
>
> 정답 ②

4 여기 체육관은 토요일과 일요일만 시민에게 **개방**되어 있습니다.

> **해설** 開는 음으로 かい, 훈으로 開(あ)く/開(あ)ける/開(ひら)く/開(ひら)ける라 읽고, 放은 음으로 ほう, 훈으로 放(はな)す, 放(はな)つ, 放(はな)れる라 읽는다. 開放는 음독하여 かいほう라 하므로 정답은 4번이다.
>
> 体育館 체육관 | 土日 토요일과 일요일 | ～のみ ～만, ～뿐 | 市民 시민 | 開放 개방
>
> 정답 ④

5 지구의 **환경** 문제에 대해 각국에서 논의한다.

> **해설** 環은 음으로 かん, 境은 음으로 きょう/けい, 훈으로 境(さかい)라 읽는다. 環境은 둘 다 음독하여 かんきょう가 된다.
>
> 地球 지구 | 環境 환경 | 問題 문제 | ～について ～에 대해서 | 各国 각국 | 話し合う 논의하다, 의논하다
>
> 정답 ②

문제 2 _______의 단어를 한자로 쓸 때 가장 알맞은 것을 1·2·3·4에서 하나 고르시오.

6 이 서류를 **기일**까지 제출하도록 전달해 주세요.

> **해설** 서류를 기일까지 제출하도록 전달해 달라는 것이다. 따라서 きじつ란 '기일'을 뜻하므로 한자로는 期日라 쓰므로 정답은 1번이다.

書類 서류 | 期日 제출 | 提出 제출 | 〜までに 〜까지(는) | 伝える 전달하다, 전하다 | 期間 기간 | 期限 기한 | 期末 기말

정답 ①

7 **철야**로 공부했기 때문에 아주 졸립니다.

> **해설** 철야, 즉 밤 새서 공부하여 아주 졸리다는 것이다. てつやは '철야'를 뜻하므로 알맞은 한자는 徹夜, 정답은 4번이다.

徹夜 철야 | 勉強 공부 | とても 매우, 대단히 | 眠い 졸리다 | 一晩 하룻밤, 밤새 | 昼夜 주야, 낮과 밤

정답 ④

8 일전에 빌린 책은 다음 주 중에 **반납**해야 합니다.

> **해설** へんきゃく란 반각, 즉 빌린 물건을 소유주에게 반환하는 것을 뜻하며, 한자로는 返却라 표기하므로 정답은 3번이다.

先日 요전(날), 일전 | 借りる 빌리다 | 来週中 다음 주 중 | 返却 반납, 반환 | 〜なければならない 〜하지 않으면 안 된다, 〜해야 한다 | 変更 변경 | 返事 대답, 응답 | 偏見 편견

정답 ③

9 갑자기 **소나기**가 내리기 시작해서 집까지 달렸습니다.

> **해설** ゆうだち란 '소나기'를 뜻하며 갑자기 소나기가 내려 집까지 뛰어갔다는 말이다. 한자로는 夕立라 표기한다.

突然 돌연, 갑자기 | 夕立 소나기 | 降る (눈, 비 등이) 내리다 | 走る 달리다 | 夕方 저녁때 | 夕日 석양 | 夕焼 저녁놀

정답 ②

10 집 근처에 **수상한** 행동을 하고 있는 사람이 있었다.

> **해설** あやしい란 '이상하다, 수상하다'라는 의미의 い형용사이다. 따라서 여기서는 집 근처에 수상한 행동을 하는 사람이 있었다는 것이다. 올바른 한자 표기는 3번, 怪しいOLTH.

近所 근처, 이웃 | 怪しい 수상하다, 의심스럽다 | 行動 행동 | 忙しい 바쁘다 | 親しい 친하다

정답 ③

문제 3 (   )에 넣을 것으로 가장 알맞은 것을 1 · 2 · 3 · 4에서 하나 고르시오.

11 아들은 이를 닦는 것을 아주 **싫어**한다.

> **해설** 아들은 이 닦는 것을 아주 싫어한다고 하는 것이 흐름상 자연스럽다. 따라서 嫌(いや)がる(싫어하다), 즉 정답은 1번이다.

息子 아들 | 歯磨き 이 닦기 | 嫌がる 싫어하다 | 寒がる 추워하다

정답 ①

12 백화점 지하에서 과자 마음껏 **채워 넣기**를 하고 있다.

> **해설** 과자를 마음껏 채워 넣는다고 해야 할 것이다. 따라서 '채워 넣다'의 의미를 가진 동사 詰(つ)める를 넣어야 하므로 정답은 2번이다.

デパート 백화점 | 地下 지하 | お菓子 과자 | 詰める 채우다, 채워 넣다 | 〜放題 마음대로 〜함 | やる 하다 | 埋める 묻다, 메우다

정답 ②

13 유행하는 옷을 입고 남자친구와 데이트하러 갑니다.

> **해설** 바로 뒤의 行り 앞에 올 수 있는 말을 찾아야 한다. 따라서 流를 넣어 流行(はや)り, 즉 '유행'이라는 의미가 되어야 한다.
>
> 流行り 유행 | 服 옷 | 彼氏 남자 친구 | デート 데이트
>
> 정답 ①

14 분발해서 연습했기 때문에 이제 조금만 더하면 1위 선수에게 **따라붙는다**.

> **해설** 이제 조금만 더 하면 1위 선수에 따라붙고 그 수준에 이른다고 해야 한다. 따라서 付(つ)く를 넣어 追(お)い付(つ)く(따라붙다)라는 동사가 되어야 한다.
>
> 練習 연습 | あと 앞으로 | ～位 ～위 | 選手 선수 | 追い付く 따라붙다 | 追い越す 추월하다 | 追い出す 내쫓다, 몰아내다 | 追い掛ける 뒤쫓아 가다
>
> 정답 ③

15 오늘 **일어난 일**은 두 사람만의 비밀로 하자.

> **해설** 뒤에서 두 사람만의 비밀로 하자고 했으므로 오늘 있었던 일을 비밀로 하자고 하는 것이 가장 적절할 것이다. 따라서 일어난 일, 사건 등을 뜻하는 단어 出来事(できごと)가 되어야 하므로 정답은 3번이다.
>
> 今日 오늘 | 出来事 일어난 일, 사건 | 秘密 비밀
>
> 정답 ③

문제 4   (   )에 넣을 것으로 가장 알맞은 것을 1 · 2 · 3 · 4에서 하나 고르시오.

16 **설마** 이렇게 좋은 점수를 받을 수 있을 거라고 생각하고 있지 않았다.

> **해설** 좋은 점수를 받을 수 있을 거라고 생각하지 않았다고 했으므로 예상치 못한 결과가 나왔다는 말과 호응할 수 있는 부사를 찾아야 한다. 여기서는 4번, まさか(설마)를 넣어 설마 그러리라고는 생각하고 있지 않았다고 해야 연결이 자연스럽다.
>
> まさか 설마 | 良い 좋다 | 点数 점수 | 取る (점수를) 받다 | ～なんて ～(하)다니 | どうも 아무리 해도, 어쩐지, 아무래도 | いずれ 어느 것, 어쨌든 | およそ 대강, 대체로
>
> 정답 ④

17 바쁜 생활을 보내고 있으면 가끔 여유롭고 **느긋한** 생활을 동경한다.

> **해설** 바쁜 생활과는 대조적이며 ゆっくりと(느긋하게)와 의미상 통하는 단어를 찾아야 한다. 따라서 '무사태평하고 느긋함'을 뜻하는 呑気(のんき)를 넣어야 한다.
>
> 生活 생활 | 送る 보내다 | たまに 가끔 | ゆっくりと 느긋하게, 천천히 | 呑気だ 느긋하다, 무사태평하다 | 憧れる 동경하다 | 派手だ 화려하다 | 独特だ 독특하다 | 見事だ 훌륭하다, 보기 좋다
>
> 정답 ②

18 이 지도를 **확대** 복사해서 사용해 주세요.

> **해설** 이 지도를 복사해서 사용해 달라는 것인데, 어떻게 복사하는 것인지에 대한 말이 빈칸에 들어가야 한다. 따라서 확대하여 복사해 달라고 하는 것이 가장 자연스러우므로 정답은 1번, 拡大(かくだい)이다.
>
> 地図 지도 | 拡大 확대 | コピー 복사 | 使う 사용하다 | 観測 관측 | 景色 경치 | 関係 관계
>
> 정답 ①

19 감기에 걸렸는지 **재채기**가 멈추지 않는다.

해설 감기에 걸렸을 때 나타날 수 있는 증상을 골라야 한다. 따라서 정답은 3번, くしゃみ(재채기)이다.

風邪を引く 감기에 걸리다 | くしゃみ 재채기 | 止まる 멈추다 | 笑い 웃음 | 涙 눈물 | 拍手 박수

정답 ③

20 피곤하시죠? **잠깐 쉽**시다.

해설 앞 문장에서 피곤하냐고 했으므로 흐름상 쉬자는 말이 들어가야 한다. 따라서 '잠깐 쉼'을 뜻하는 4번의 一休(ひとやす)み를 넣어 잠깐 쉬자고 해야 한다.

疲れる 지치다, 피로해지다 | 一休み 잠깐 쉼 | 一通り 대충, 대강 | 一段階 한 단계 | 一時間 한 시간

정답 ④

21 어제는 일이 바빠서 **허둥지둥**하고 있었습니다.

해설 일이 바빴다고 했으므로 바쁠 때의 모습을 나타내는 표현을 찾아야 한다. ばたばた는 급해서 쩔쩔매는 모습을 나타내는 나타내므로 정답은 2번이다.

仕事 일, 직업 | 忙しい 바쁘다 | ばたばた 허둥지둥(급해서 쩔쩔매는 모양), 푸드득(날개 등을 계속 움직이는 모양) | うとうと 꾸벅꾸벅(조는 모양) | はらはら 하늘하늘(머리카락 등이 부드럽게 흩어지는 모양), 조마조마(조바심 나는 모양) | がたがた 부들부들(몹시 떠는 모양), 덜커덩덜커덩(단단한 물건이 부딪쳐 나는 소리)

정답 ②

22 내일의 체육 대회를 위해 학생은 **의욕**에 넘쳐 있다.

해설 내일이 체육 대회라 했으므로 학생들이 내일 있을 체육 대회에 대해 열심히 하고자 하는 마음, 즉 의욕에 넘쳐 있다고 해야 할 것이다. 따라서 정답은 4번, やる気(き)(의욕)이다.

体育祭 체육 대회 | ～に向け ～을 향해, ～을 위해 | 生徒 학생 | やる気 할 마음, 의욕 | 満ち溢れる 넘쳐 흐르다 | 勇気 용기 | 覇気 패기 | 意気 기세, 기개

정답 ④

문제 5 ______의 단어에 의미가 가장 가까운 것을 1 · 2 · 3 · 4에서 하나 고르시오.

23 여름이 되면 금방 목이 **마르다**.

해설 渇(かわ)く는 '(목이) 마르다'라는 의미의 동사이므로 여름이 되면 금방 목이 마른다는 말이다. 이것과 의미상 통하는 것은 2번, 乾燥(かんそう)する(건조하다)이다.

夏 여름 | すぐに 바로, 곧 | 喉 목 | 渇く (목이) 마르다 | 暑い 덥다 | 乾燥する 건조하다 | 潤う 축축해지다, 넉넉해지다 | 膨らむ 부풀다

정답 ②

24 어제 운전을 하고 있다가 앞차에 **부딪쳤다**.

해설 ぶつかる는 '부딪치다'라는 의미의 동사로 어제 운전하다가 앞차에 부딪쳤다는 말이다. 따라서 이것과 비슷한 의미인 것은 衝突(しょうとつ)する(충돌하다)이므로 정답은 4번이다.

運転 운전 | 車 차, 자동차 | ぶつかる 부딪치다 | 離れる 떨어지다, 멀어지다 | 抜かす 빠뜨리다, (사이를) 거르다 | 止まる 멈추다, 서다 | 衝突する 충돌하다

정답 ④

25 크리스마스 케이크를 가족 모두 **나눠서** 먹었습니다.

> **해설** わける는 '나누다'라는 뜻의 동사로 여기서는 가족이 나눠 먹었다는 것이다. 따라서 의미상 통하는 것은 분배하다, 分配(ぶんぱい)する이므로 정답은 2번이 된다.

クリスマスケーキ 크리스마스 케이크 | 家族(かぞく) 가족 | みんなで 모두 함께 | わける 나누다, 분할하다 | 交(ま)ぜる 섞다, 혼합하다 | 分配(ぶんぱい)する 분배하다 | 増(ふ)やす 늘리다 | 切(き)る 자르다

정답 ②

26 콘서트 회장에 사람이 **계속해서** 들어온다.

> **해설** 続々(ぞくぞく)とと는 '속속, 잇달아'라는 의미의 부사이다. 따라서 콘서트 회장에 사람이 계속해서 들어온다는 말이므로 이것과 의미상 통하는 것은 2번, どんどん(잇따라, 계속해서)이다.

コンサート 콘서트 | 会場(かいじょう) 회장 | 続々(ぞくぞく)と 속속, 잇달아 | 入(はい)る 들어가다, 들어오다 | たくさん 많이 | どんどん 잇따라, 계속해서, 척척 | いっぱい 가득

정답 ②

27 작년의 보너스보다 올해의 보너스는 **약간** 높았다.

> **해설** やや는 '약간, 조금'이라는 뜻의 부사로 여기서는 올해의 보너스가 다소 높았다는 의미다. 그러므로 정답은 1번, 少(すこ)し(조금)이다.

去年(きょねん) 작년 | ボーナス 보너스 | ～より ～보다 | 今年(ことし) 올해, 금년 | やや 약간, 조금 | 高(たか)い 높다, 비싸다 | 少(すこ)し 조금 | 大体(だいたい) 대부분, 대강 | 大変(たいへん) 매우, 대단히

정답 ①

문제 6　다음 단어의 사용법으로 가장 알맞은 것을 1 · 2 · 3 · 4에서 하나 고르시오.

28 **몹시 귀찮다**

1 친구와 즐겁게 노는 것이 <u>몹시 귀찮다</u>. [面倒くさい → いい(좋다)]

2 맛있는 것을 많이 받아서 <u>몹시 귀찮다</u>. [面倒くさい → うれしい(기쁘다)]

3 먹은 후에 식기를 씻는 것이 <u>몹시 귀찮다</u>.

4 손수 만든 요리를 먹는 것이 <u>몹시 귀찮다</u>. [面倒くさい → 楽(たの)しい(즐겁다)]

> **해설** 面倒(めんどう)くさい는 '몹시 귀찮다'는 뜻이므로, 먹은 후에 식기를 씻는 것이 몹시 귀찮다고 한 3번이 정답이다.

面倒(めんどう)くさい 몹시 귀찮다 | 友達(ともだち) 친구 | 楽(たの)しい 즐겁다 | 遊(あそ)ぶ 놀다 | おいしい 맛있다 | もらう 받다 | ～た後(あと)に ～한 후에 | 食器(しょっき) 식기 | 洗(あら)う 씻다 | 手作(てづく)り 수제, 손수 만듦 | 料理(りょうり) 요리

29 **마음 든든하다**

1 어머니가 <u>마음 든든한</u> 가방을 갖고 있습니다. [力強い → 丈夫(じょうぶ)な(튼튼한)]

2 태풍으로 <u>마음 든든한</u> 비가 내리기 시작했습니다. [力強い → 激(はげ)しい(세찬)]

3 아버지의 <u>마음 든든한</u> 말에 용기를 받았습니다.

4 이 카메라는 <u>마음 든든해서</u> 잘 촬영할 수 있습니다. [力強い → 丈夫(じょうぶ)な(튼튼해서)]

(해설) 力強(ちからづよ)いは '마음 든든하다'라는 의미의 い형용사이다. 따라서 아버지의 마음 든든한 말에
용기를 얻었다고 한 3번이 적절하게 쓰인 것이다.

力強い 마음 든든하다 | 母 엄마, 어머니 | かばん 가방 | 台風 태풍 | 雨が降る 비가 내리다 | 父 아빠, 아버지 | 言葉 말,
언어 | 勇気 용기 | カメラ 카메라 | うまく 솜씨 좋게, 잘 | 撮影 촬영

30 긴장하다

1 좋아하는 사람에게 고백하는 것은 긴장됩니다.

2 긴장한 결과가 나와서 놀랐습니다. [緊張する → 意外な(의외의)]

3 긴장한 몸을 위해 긴장합니다. [緊張します → 運動(튼튼한)]

4 모두 함께 긴장된 생일 파티를 했습니다. [緊張する → 楽しい(즐거운)]

(해설) 緊張(きんちょう)するは '긴장하다'이라는 뜻으로, 단어의 의미를 적절히 사용한 것은 1번, 좋아하는
사람에게 고백하면 긴장된다고 한 문장이다.

緊張する 긴장하다 | 好きだ 좋아하다 | 告白 고백 | 結果 결과 | ビックリする 깜짝 놀라다 | かたい 긴장하다, 딱딱하다
| 体 몸 | みんなで 모두 함께 | 誕生会 생일 파티

31 우승

1 시험에 대비해서 숙제를 확실히 해서 우승했습니다. [優勝 → 合格(합격)]

2 싸움을 하면 반드시 사과하고 우승합시다. [優勝 → 仲直り(화해)]

3 피아노 연주회에서 잘 칠 수 있도록 우승합니다. [優勝 → 練習(연습)]

4 이번 올림픽에서는 우승하겠습니다.

(해설) 優勝(ゆうしょう)는 '우승'을 뜻하므로 이번 올림픽에서 우승하겠다고 한 4번이 가장 자연스러운 문장
이다.

優勝 우승 | 試験 시험 | ～に向けて ～을 위해 | 宿題 숙제 | しっかり 확실히, 착실히 | やる 하다 | 喧嘩 싸움 | 必ず 반
드시, 꼭 | 謝る 사과하다 | ピアノ 피아노 | 演奏会 연주회 | 弾く (피아노를) 치다 | 今度 이번, 다음 번 | オリンピック
올림픽

32 시끄럽다, 잔소리가 심하다

1 이 지역은 시끄러운 발전을 보여주고 있다. [やかましい → 目覚ましい(눈부신)]

2 어머니가 언제 결혼하냐고 잔소리가 심하다.

3 그는 비가 들어올 것 같은 시끄러운 곳에 살고 있다. [やかましい → みすぼらしい(초라한)]

4 당신이 있어 줘서 정말로 시끄럽다. [やかましい → 頼もしい(믿음직하다)]

(해설) やかましいは '시끄럽다, 잔소리가 심하다'라는 뜻의 い형용사이다. 그러므로 정답은 2번, 어머니가 언
제 결혼하냐고 시끄럽게 잔소리가 심하다는 것이다.

やかましい 시끄럽다, 잔소리가 심하다 | 地域 지역 | 発展 발전 | 見せる 보이다 | 結婚 결혼 | 彼 그, 그 사람 | 雨 비 | 入
る 들어오다, 들어가다 | ところ 곳 | 住む 살다 | 本当に 정말로

33　저는 사장님 **밑에서** 10년간 일했습니다.

> **해설** 앞부분에 사장님이 왔고 뒤에 10년간 일했다고 했으므로 사장님 밑에서 일했다고 하는 것이 자연스럽다.
> 따라서 정답은 1번, 〜もとで(〜밑에서)이다.

社長 사장 | 〜もとで 〜밑에서 | 〜年間 〜년간 | 働く 일하다 | 〜(さ)せていただく 〜하게 해 받다, 〜하다 | 〜すえに 〜끝에

정답 ①

34　아침 일찍 일어났**는데도 불구하고** 천천히 준비해서 학교에 지각했다.

> **해설** 아침에 일찍 일어났다면 학교에 지각하지 않는 것이 보통인데 학교에 지각했다고 했으므로, 역접의 의미
> 를 갖는 구문이 들어가야 한다. 따라서 〜にもかかわらず(〜임에도 불구하고)를 넣어 일찍 일어났는데
> 도 불구하고 천천히 준비하는 바람에 지각했다고 해야 할 것이다.

朝早く 아침 일찍 | 起きる 일어나다 | 〜にもかかわらず 〜임에도 불구하고 | のんびり 천천히, 느긋하게 | 準備 준비 | 遅刻 지각 | 〜ので 〜했기 때문에 | 〜からには 〜한 이상에는 | 〜一方で 〜하는 한편으로

정답 ②

35　희망**하는** 상품은 없지만 그것에 가까운 상품은 있습니다.

> **해설** 앞에 希望(희망)가 왔으므로 '희망에 부합하는 상품'이라는 의미가 되어야 한다. 즉 여기서는 〜に沿(そ)っ
> た(〜에 따른)을 넣어 희망하는 상품이 없다고 하는 것이 가장 자연스럽다.

希望 희망 | 沿う 따르다, 부합하다 | 商品 상품 | 近い 가깝다 | 比べる 비교하다 | 向ける 향하다 | 反する 반하다

정답 ①

36　저금을 하고 싶은데 매일 쇼핑을 하고 있어서는 돈이 줄어들**기만 한다**.

> **해설** 저금을 하고 싶은데 실제로는 매일 쇼핑을 하고 있다면 돈은 줄어들기만 할 것이다. 그러므로 어떠한 상
> 태로만 진행되고 있음을 나타내는 표현, 〜一方だ(〜하기만 하다)를 넣어 줄어들고만 있다고 해야 한다.

貯金 저금 | 〜のに 〜인데도 | 毎日 매일 | 買い物 쇼핑 | お金 돈 | 減る 줄다 | 〜一方だ 〜하기만 하다 | 限定 한정 | 事情 사정 | 現象 현상

정답 ②

37　늘 우산을 가지고 있었는데 오늘**만** 가지고 있지 않아서 비에 젖었다.

> **해설** 평소에는 우산을 가지고 다니는데 오늘만 가져 오지 않아서 비에 젖었다고 해야 한다. 즉 빈칸에는 '〜만,
> 〜뿐'이라는 한정의 의미를 나타내는 표현이 들어가야 한다. 따라서 3번, 〜にかぎって(〜에 한해서)가
> 정답이다.

いつも 언제나, 늘 | 傘 우산 | 〜にかぎって 〜에 한해서 | 濡れる 젖다 | 〜にかかわらず 〜에 관계없이 | 〜だけなら 〜뿐이라면 | 〜にくわえて 〜에 더해서

정답 ③

38　게시판 정보에 따르면 내일 강의는 쉰**다고 한다**.

> **해설** '게시판 정보'라는 것이 정보원이 되는 것이고 이것을 통해 알게 된 내용이 강의는 쉰다는 것이다. 그러므
> 로 뒤는 전해 듣거나 하여 알게 된 내용을 전달할 때 쓰는 표현인 3번, 〜ということだ(〜라고 한다)가
> 가장 적당하다.

掲示板 게시판 | 情報 정보 | 〜によると 〜에 따르면 | 講義 강의 | 休み 쉼, 휴식 | 〜ということだ 〜라고 한다 | 〜というものだ 〜라는 것(법)이다 | 〜どころではない 〜할 상황이 아니다 | 〜かのようだ (마치) 〜인 듯하다

정답 ③

39 (메일에서)

사토입니다. 죄송합니다만, 감기 때문에 이번 여행은 **결석할 수밖에는 없습니다.**

> **해설** 앞에서 죄송하다고 했고 감기에 걸렸다고 했으므로 결국 감기로 여행을 갈 수 없다고 해야 할 것이다. 따라서 그것밖에 방법이 없을 때 사용하는 ～ほかない로 대답한 1번, 欠席(けっせき)ほかはありません(결석할 수밖에는 없습니다)가 정답이다.

メール 메일 | 風邪(かぜ) 감기 | ～のため ～때문에 | 旅行(りょこう) 여행 | 欠席(けっせき) 결석 | ～ほかない ～밖에 없다 | ～わけがない ～할 이유가 없다 | ようす 상황, 이유

정답 ①

40 야마다 "야마구치 씨 회사를 그만둘 것 같아."

다나카 "부장님이 몇 번을 **논의를 하신들** 그녀의 마음은 바뀌지 않는다고 생각해요."

> **해설** 야마구치 씨가 회사를 그만둘 것 같다고 했고 그녀의 마음은 바뀌지 않을 거라는 말이 뒤에 왔으므로, 부장님이 이야기를 해 봐도 결국 마음이 안 바뀔 것이고 소용없을 거라는 것이다. 그러므로 빈칸에는 ～たところで(～한들, ～해 보았자)를 이용한 4번, 話し合いをされたところで(논의를 하신들)를 넣어야 한다.

辞(や)める 그만두다 | ～らしい ～인 것 같다, ～인 듯하다 | 部長(ぶちょう) 부장 | 何度(なんど) 몇 번 | 話し合(あ)い 의논, 논의 | ～たところで ～한들, ～해 보았자 | 気持(きも)ち 마음 | 変(か)わる 바뀌다

정답 ④

41 아내가 계속해서 새로운 것을 사기 **때문에** 집에 물건이 넘치고 있다.

> **해설** 앞은 아내가 계속해서 물건을 산다고 하고 뒤는 집에 물건이 넘치고 있다고 하므로, 결국 계속해서 물건을 사기 때문에 집에 물건이 넘쳐난다는 것이다. 즉 빈칸에는 이유를 나타낼 수 있는 표현이 와야 하므로 3번, ～ものだから(～이기 때문에, ～이니까)가 정답이 된다.

妻(つま) 아내 | 次々(つぎつぎ)と 계속해서 | 新(あたら)しい 새롭다 | 買(か)う 사다 | ～ものだから ～이기 때문에, ～이니까 | 物(もの) 물건 | 溢(あふ)れる 넘치다 | ～ものの ～하기는 하나, ～하기는 했지만 | ～ものなら ～할 수 있으면 | ～はともかく ～은 차치하고, ～은 어쨌든

정답 ③

42 그녀와 전화를 하**면서** 내일의 시험에 대해 생각하고 있었다.

> **해설** 앞은 그녀와 전화를 한다는 것이고 뒤는 내일 시험에 대해 생각하고 있었다고 하므로, 전화를 하면서 시험에 대해 생각하고 있었다고 해야 연결이 자연스럽다. 그러므로 〈동사 ます형+つつ(～하면서)〉를 이용해 빈칸에는 つつ를 넣어야 한다.

電話(でんわ)をする 전화를 하다 | ～つつ ～하면서 | ～のこと ～에 관해서 | 考(かんが)える 생각하다 | ～たところ ～했더니

정답 ④

43 아이들**은 그렇다 치고** 어른까지 떠들어서 매우 폐를 끼쳤습니다.

> **해설** 빈칸 뒤에 어른까지 떠들었다고 했으므로 앞에는 '아이들은 그렇다 치고, 아이들은 어쨌든 간에'라는 의미의 표현을 넣어야 함을 알 수 있다. 따라서 정답은 1번, ～はともかく(～은 어쨌든)이다.

子供(こども)たち 아이들 | ～はともかく ～은 차치하고, ～은 어찌됐든 | 大人(おとな) 성인, 어른 | 騒(さわ)ぐ 떠들다 | 迷惑(めいわく)を掛(か)ける 폐를 끼치다 | ～だけなら ～뿐이라면 | ～ばかりに ～바람에, ～탓에 | ～に反(はん)して ～에 반해서, ～와는 반대로

정답 ①

44 이 재판은 법률**에 따라서** 평등하게 행한다.

> **해설** 재판은 법률에 의거해 행하는 것이므로 '～에 따라, ～에 근거하여'라는 의미를 나타내는 표현을 찾아야 한다. 그러므로 4번, ～にしたがって(～에 따라서)가 정답이다.

裁判 재판 | 法律 법률 | ～にしたがって ～에 따라서 | 平等に 평등하게 | 行う 행하다 | ～に先立て ～에 앞서서 | ～にこたえて ～에 응해서 | ～に際して ～에 즈음해서

정답 ④

문제 8 다음 문장의 ___★___에 들어갈 가장 알맞은 것을 1 · 2 · 3 · 4에서 하나 고르시오.

45 내일의 날씨에 따라서는 대회가 중지될 가능성도 있습니다.

(해설) ～次第(しだい)では(～에 따라서는)는 명사에 바로 접속하므로 天候(てんこう) 뒤에 오고, 明日(あした)와 天候(てんこう) 사이에 두 단어를 연결하는 の가 와야 한다. 그리고 날씨에 따라서는 대회가 중지될 수 있다고 해야 하므로 大会(たいかい)가 마지막에 온다. 순서는 の/天候/次第では/大会이므로 정답은 4번이다.

天候 날씨 | ～次第では ～에 따라서는 | 大会 대회 | 中止 중지 | 可能性 가능성

정답 ④ (3421)

46 네가 그렇게까지 말하는 이상에는 너 좋을 대로 해.

(해설) 그 에 연결되어야 하므로 첫 칸에는 まで가 와서 '그렇게까지'라는 의미가 되어야 한다. 또 ～からには(～한 이상에는)가 들어간 구문이므로 그 다음은 言うからには(말하는 이상에는)이 오며, 마지막 칸에 自分(じぶん)이 와서 자신이 좋을 대로 하라는 말이 된다. 따라서 まで/言う/からには/自分의 순이므로 정답은 4번이다.

おまえ 너, 자네 | そこまで 그렇게까지 | ～からには ～한 이상에는 | 自分 자기, 자신 | 好きにする 마음 내키는 대로 하다, 제 마음대로 하다

정답 ④ (2143)

47 A "저 여성의 아름다움을 무언가에 비유하면 뭐라고 생각해?"
B "음～, 짐작도 안 가. 너는 상당히 저 여성에게 빠졌군."

(해설) 例(たと)える는 '～에 비유하다'라는 뜻의 동사이므로 何(なに)かに例(たと)える가 되어야 하며 비유하면 뭐라고 생각하는지 묻는 것이 자연스러운 연결이 되므로 다음에 と/何(なん)だと가 이어진다. 따라서 정답은 4번이다.

女性 여성 | 美しさ 아름다움 | 何か 무언가 | 例える 비유하다 | 見当がつく 짐작이 가다 | 君 너, 자네 | 相当 상당히 | 夢中 몰두함, 빠짐

정답 ④ (2341)

48 내가 여기까지 계속하는 것이 가능했던 것은 사장님 밑에서 좋은 동료와 함께 일할 수 있었기 때문입니다.

(해설) 続(つづ)けることが(계속하는 것이)에 연결되어야 하므로 첫 칸은 できた가 들어가 '가능했다'는 말이 되어야 하고, 이어서 のは(～것은)가 와서 '계속할 수 있었던 것은'이라는 의미가 되어야 한다. 또 사장님 밑에서 좋은 동료와 일했다고 해야 하므로 社長(しゃちょう)のもとで의 순서가 된다. 정답은 3번이다.

続ける 계속하다 | ～ことができる ～할 수 있다 | ～もとで ～밑에서 | 同僚 동료 | ～とともに ～와 함께

정답 ③ (3241)

49 이번 출장은 상당히 피곤했던 것 같아 돌아오고 나서 밥도 먹지 않고 자고 말았다.

(해설) 출장이 피곤했던 것 같고 그래서 돌아와서는 밥도 안 먹고 잤다고 해야 연결이 자연스럽다. 따라서 疲(つか)れた(피곤했다)에 とみえて(～처럼 보이고)가 와서 피곤해 보인다고 하고, 뒤에 帰(かえ)ってから(돌아오고 나서)의 순서가 되므로 정답은 1번이다.

문제 9 다음 글을 읽고 글 전체의 내용을 생각하여, 50 부터 54 안에 들어갈 가장 알맞은 것을 1 · 2 · 3 · 4 에서 하나 고르시오.

최근에는 아침 식사를 하지 않는 사람이 50 늘고 있는 것 같습니다. 성장기의 아이조차도 먹고 있지 않거나 또는 먹어도 과자 같은 것이어서 영양적으로 치우침이 눈에 띕니다.

51-a 하지만 본래 아침 식사는 하루를 시작하는 활력으로 아주 51-b 중요한 것입니다. 마음도 몸도 건강하기 위해서 아침 식사가 왜 중요한 것인지 생각해 봅시다.

아침 식사에는 뇌의 작용과 건강에 깊은 관계가 있고, 아침 식사를 거르는 습관이 계속되면 몸이 지치기 쉬워지기도 하고, 공부와 일에 집중할 수 없는 등 52 다양한 증상을 초래하기 쉬워집니다. 또 아침 식사를 하는 것으로 뇌를 포함한 전신의 체온이 올라가기 때문에 활동적으로 행동할 수 있다고 조사에서 밝혀졌습니다.

맛있게 아침 식사를 먹기 위해서는 밤늦게나 자기 전까지 먹는 것을 그만두도록 하는 것과 생활 리듬을 개선하여 일찍 자고 일찍 일어나는 습관을 기르는 것이 중요합니다. 이상은 알고 있어도 전부 갖추어진 아침 식사를 하는 것은 53 상당히 어려운 일입니다. 전혀 먹지 않는 사람은 우선 조금이라도, 예를 들면 바나나 1개라도 무언가 입에 넣고 나서 나가도록 해 봅시다. 매일 조금 일찍 일어나는 습관으로 생활을 보다 풍요롭고 건강하게 보낼 수 있도록, 어른도 아이도 확실히 아침 식사를 54 하기를 바랍니다.

50 1 늘고 있는 　　　　　2 퍼지고 있는
　　3 한정되어 있는 　　　4 진행되고 있는

해설 바로 뒤 문장에서 성장기 아이들조차도 먹지 않거나 먹어도 과자 같은 것을 먹는다고 하므로, 아침을 먹지 않는 사람이 늘고 있다고 해야 할 것이다. 따라서 정답은 1번, 増えてきている(늘고 있다)이다

51 1 a 그러자 / b 충분한 것입니다 　　2 a 그러자 / b 중요한 것입니다
　　3 a 하지만 / b 충분한 것입니다 　　4 a 하지만 / b 중요한 것입니다

해설 바로 앞 문장에서 아침 식사를 하지 않는 사람이 늘어나 영양적으로 치우치는 것이 눈에 띈다고 했고, 빈칸 뒤는 본래 아침 식사는 하루 시작의 활력이 된다고 했으므로, 두 문장은 역접의 의미를 갖는 접속사로 연결해야 한다. 따라서 a는 けれども(하지만)가 된다. 또 하루의 활력이 되는 것이라면 중요한 것이라 할 수 있으므로 b는 大切なものです(중요한 것입니다)가 적당하다.

52 1 한결 같은 　　　　　2 다양한
　　3 일방적인 　　　　　4 귀중한

해설 앞에서 아침 식사에는 뇌의 작용과 건강에 깊은 관계가 있고, 아침 식사를 거르는 습관이 계속되면 몸이 지치기 쉽고 공부와 일에 집중할 수 없는 등의 증상이 나타난다고 하고 있다. 즉 앞에서 말한 것과 같은 여러 가지, 다양한 증상이 일어나기 쉽다고 해야 하므로 정답은 2번, 様々な(여러 가지)이다.

53 1 자꾸 2 점점

3 **상당히** 4 겨우

해설 바로 앞 문장에서 말하고 있는 이상적인 것은 알고 있어도 전부 갖추어진 아침 식사를 하는 것은 매우 어려운 일일 것이다. 따라서 알맞은 부사는 3번, なかなか(상당히, 꽤)이다.

54 1 **하기를 바랍니다** 2 하고 싶을까요?

3 할 수 있는 것입니다 4 할 수 없는 것입니다

해설 전혀 아침 식사를 하지 않는 사람은 조금이라도 먹고 나서 나가도록 하고, 매일 조금 일찍 일어나는 습관을 들이며 아침 식사를 하기를 권하고 있는 글이다. 따라서 아침 식사를 하기를 바란다는 말로 끝맺어야 할 것이다. 따라서 정답은 1번, とってほしいものです(하기를 바랍니다)이다.

近頃 최근, 요즘 | 朝食 조식, 아침 식사 | 増える 늘다, 증가하다 | 成長期 성장기 | ～でさえ ～조차 | または 또는 | お菓子 과자 | 栄養的に 영양적으로 | かたより 치우침 | 目立つ 눈에 띄다 | 本来 본래 | スタート 스타트, 시작 | 活力 활력 | 心 마음 | 体 몸 | 健康 건강(함) | なぜ 왜, 어째서 | 脳 뇌 | 働き 작용, 기능 | 深い 깊다 | 関係 관계 | ～抜き ～뺌, ～거름 | 習慣 습관 | 続く 이어지다, 계속되다 | 集中 집중 | 様々な 여러 가지, 다양한 | 症状 증상 | 招く 초래하다, 초대하다 | 含める 포함하다 | 全身 전신 | 体温 체온 | 上がる 오르다 | 止める 멈추다 | 活動的に 활동적으로 | 行動 행동 | 調査 조사 | 明らかだ 분명하다, 명백하다 | 夜遅く 밤늦게 | 生活リズム 생활 리듬 | 改善 개선 | 早く 일찍, 빨리 | つける 붙이다, 익히다 | 理想 이상 | わかる 알다, 이해하다 | そろう 갖추어지다, 모이다 | なかなか 상당히, 꽤 | 全く 전혀, 완전히 | まず 먼저, 우선 | 例えば 예를 들면 | 出かける 외출하다, 나가다 | 早起き 일찍 일어남 | より 보다 | 豊かだ 풍요롭다, 풍부하다 | 過ごす 보내다, 지내다 | しっかりと 확실히 | とる 먹다, 섭취하다 | 伸びる 펴지다, 발전하다 | 限る 제한하다, 한정하다 | 進む 나아가다, 진행하다 | そうすると 그렇게 하니, 그러자 | 十分だ 충분하다 | 一様だ 한결같다, 똑같다 | 一方的だ 일방적이다 | 貴重だ 귀중하다 | だんだん 점점 | ぎりぎり 빠듯함

문제 10 다음 (1)에서 (5)의 글을 읽고, 뒤의 물음에 대한 답으로 가장 알맞은 것을 1 · 2 · 3 · 4에서 하나 고르시오.

(1) 매직아워란 태양이 진 후에 몇 십 분 정도 볼 수 있는 옅은 빛이 남아 있는 시간대이다.

　태양이 모습을 감추고 있기 때문에 자연환경에서 끝없이 그림자가 없는 상태가 만들어져 아직 주변에 남은 빛이 비춰지고 있는, 밤이라고도 낮이라고도 말할 수 없는 아주 짧은 이 시간대가 하루 중에서 자연의 풍경을 가장 아름답게 사진이나 영화 촬영을 할 수 있다고 한다. 빛의 색이 부드럽고 따뜻한 금색으로 빛나게 보이는 것에서 골든아워(황금빛 시간)라고도 불린다.

55 매직아워란 어떠한 것인가?

1 태양이 진 후에 볼 수 있는 빛이 없는 아름다운 시간대

2 **태양이 모습을 감춘 후 남은 빛이 비춰지고 있는 짧은 시간대**

3 자연환경에서 끝없이 그림자가 없는 밝은 시간대

4 하루 중에서 자연 풍경을 가장 아름답게 촬영할 수 있는 어두운 시간

262

 첫 문장에서 매직아워란 태양이 진 후에 몇 십 분 정도 볼 수 있는 옅은 빛이 남아 있는 시간대라 설명하고 있다. 또 두 번째 문장에서 태양이 모습을 감추고 있기 때문에 자연환경에서 끝없이 그림자가 없는 상태가 만들어져 아직 주변에 남은 빛이 비춰지고 있는, 밤이라고도 낮이라고도 말할 수 없는 아주 짧은 이 시간대라 했으므로 정답은 2번이다.

マジックアワー 매직아워 | 太陽 태양 | 沈む (태양 등이) 지다, 가라앉다 | 数十分 수십 분 | ほど 정도 | 見られる 볼 수 있다 | 薄い 옅다, 연하다 | 明かり 빛 | 残る 남다 | 時間帯 시간대 | 姿 모습 | 消す 지우다, 끄다 | 自然環境 자연환경 | 限りない 한없다, 끝없다 | 影 그림자 | 状態 상태 | 辺り 근처, 주위 | 光 빛 | 照らす 비추다 | ～とも ～라고도 | 昼 낮 | ほんの 그저 명색뿐인, 불과 | わずか 조금, 약간 | 風景 풍경 | 最も 가장 | 写真 사진 | 映画 영화 | 撮影 촬영 | 色 색 | ソフトだ 소프트, 부드럽다 | 暖かい 따뜻하다 | 金色 금색, 황금빛 | 輝く 빛나다 | 見える 보이다 | ゴールデンアワー 골든아워 | 呼ばれる 불리다 | 明るい 밝다 | 暗い 어둡다

---

(2) 남성은 양복과 인연이 있어 양복 없이는 좀처럼 살아갈 수 없는 것. 매일 입고 출근한다는 사람이 있다면, 결혼식 등 특별한 날에만 입는다고 하는 사람도 있을 것이다. 입을 기회가 많기 때문일수록 다시 한 번 양복을 입은 자신의 모습이나 상대의 모습을 보는 것이 중요한 것이다.

양복의 인상을 좌우하는 것은 크기감. 균형을 조금 잘못하면 한순간에 보기 싫게 되고 만다. 입었을 때에 등에 주름이 잡히지 않는지는 가장 먼저 체크할 항목. 여기에 주름이 생기지 않는 것으로 좋은 양복인지 아닌지, 깔끔하게 입었는지 알 수 있다.

56 양복을 입을 때에 무엇에 신경 쓰면 좋다고 말하고 있는가?

1　한순간에 보기 싫게 되고 마는 것
2　좋은 양복인지 아닌지 확인하는 것
3　양복의 인상을 좌우하는 것
4　등에 주름이 생기지 않는 것

 입었을 때에 등에 주름에 잡히지 않는지는 가장 먼저 체크할 항목(着たときに、背中にしわが寄っていないかは最も先にチェックする項目)이라고 했고 등에 주름이 생기지 않는 것으로 좋은 양복인지 아닌지, 깔끔하게 입었는지 알 수 있다고 했으므로 정답은 4번이다.

男性 남성 | スーツ 슈트, 양복 | 縁 인연 | なし 없음 | なかなか 좀처럼(뒤에 부정어가 옴) | 生きる 살다 | 着る 입다 | 出勤 출근 | 結婚式 결혼식 | 特別だ 특별하다 | 機会 기회 | ～こそ ～야말로 | 姿 모습 | 相手 상대 | 見直す 다시 보다, 재검토하다 | 大事だ 중요하다 | 印象 인상 | 左右 좌우 | サイズ感 사이즈감, 크기감 | バランス 밸런스, 균형 | 一歩 한 걸음, 한 단계 | 間違える 잘못하다, 틀리게 하다 | 一瞬 일순간, 한순간 | かっこ悪い 보기 싫다 | 背中 등 | しわ 주름 | 寄る (주름, 구김 등이) 지다, 잡히다 | 先に 먼저 | チェック 체크 | 項目 항목 | ～かどうか ～인지 어떤지 | きちんと 정확히, 깔끔하게 | 気をつける 주의하다, 신경 쓰다 | 述べる 말하다, 기술하다 | 確認 확인

(3) 식량 부족에 시달리는 케냐이지만, 스마트폰이 80달러에 판매되고 있고, 하루 2달러 미만으로 생활하는 사람이 인구의 40% 이상을 차지하는 케냐에서, 이미 35만 대 이상이나 팔렸다고 보고되고 있다.

많은 사람이 힘든 생활을 하고 있는 상황 속에서도 이만큼 스마트폰이 보급되어 있는 것에서 빈부의 차(注)를 느끼지 않을 수 없다. 빈부의 차는 아프리카 전체에서 말할 수 있는 것이다. 하루 2달러 미만으로 생활하고 있는 사람들도 머지않아 휴대전화를 가지게 되는 때가 온다. 빈부의 차가 점점 더 커지지 않게 하기 위해서도 국제 사회는 아프리카에 주목할 필요가 있을 것이다.

(注) 貧富の差 : 가난한 것과 부유한 것의 경제 격차, 빈부의 차

57 케냐에서 스마트폰이 팔리고 있는 것에서 무엇을 말할 수 있는가?

1 스마트폰이 케냐 사람들의 생활을 괴롭히고 있다.

2 케냐를 포함해 아프리카 전체에 빈부의 차가 확대되고 있다.

3 40% 이상의 사람이 스마트폰을 사용하고 있다.

4 빈부의 차가 원인으로 케냐의 사람들은 식량 부족에 고생하고 있다.

해설 많은 사람이 힘든 생활을 하고 있는 상황 속에서도 스마트폰이 이만큼 보급되고 있는 것에서 빈부의 차를 느낄 수 있으며, 이러한 빈부의 차는 아프리카 전체에서 말할 수 있는 것(多くの人々が苦しい生活をしている状況の中でも〜貧富の差はアフリカ全体に言えることだ)이라고 했으므로 정답은 2번이다.

食料 식량, 식료 | 不足 부족 | 苦しむ 괴로워하다, 시달리다 | ケニア 케냐 | スマートフォン 스마트폰 | ドル 달러 | 販売 판매 | 未満 미만 | 人口 인구 | 以上 이상 | 占める 차지하다 | 既に 이미 | 売れる 팔리다 | 報告 보고 | 多く 많음 | 苦しい 괴롭다, 힘들다 | 状況 상황 | 普及 보급 | 貧富 빈부 | 差 차이 | 感じる 느끼다 | 〜ざるをえない 〜(하)지 않을 수 없다 | いずれ 머지않아 | 携帯電話 휴대전화 | ますます 점점, 더욱더 | 国際社会 국제 사회 | 注目 주목 | 貧しい 가난하다 | 富める 부유하다 | 経済格差 경제 격차 | 含める 포함하다 | 広がる 넓어지다, 확대되다 | 原因 원인

(4) 『어린 왕자』는 전 세계 나라에 알려져 있는 유명한 책입니다. 책 속에서 어린 왕자는 '중요한 것은 눈에 보이지 않는 거야'라고 말했습니다. 현대 사회가 되어 우리들은 눈에 보이는 것을 확실한 것으로 여기고, 보다 풍족한 것을 손에 넣는 일에 중점을 두고 생활하고 있습니다. 바쁜 매일 속에서는 뜻밖의(注) 순간에 느끼는 행복, 작은 행복을 잊어버리기 쉽습니다. 진정한 행복, 정말로 중요한 것은 무엇인가를 생각하게 하는 인기 있는 한 권입니다.

(注) ふとした : 뜻밖이다, 평범한

58 『어린 왕자』는 왜 인기가 있는 책인가?

1 전 세계의 나라에 알려져 있는 유명한 책이니까

2 보다 풍족한 것을 손에 넣는 방법이 쓰여 있으니까

3 정말로 중요한 것을 생각하게 해 주니까

4 정말로 중요한 것은 눈에 보이지 않으니까

 바쁜 매일 속에서는 작은 행복을 잊어 버리기 쉬운데, 이러한 진정한 행복, 정말로 중요한 것은 무엇인가를 생각해 낼 수 있는 책(本当の幸せ、本当に大切なものは何なのかを思い出すことのできる人気の一冊です)이라고 말하고 있으므로 정답은 3번이 된다.

星 별 | 王子様 왕자님 | 世界中 전 세계 | 国 나라 | 知られる 알려지다 | 有名だ 유명하다 | 現代社会 현대 사회 | 確かだ 확실하다, 분명하다 | 豊かだ 풍요롭다, 풍부하다 | 重点 중점 | おく 두다, 놓다 | ふとした 문득 | 瞬間 순간 | 幸せ 행복 | 忘れる 잊다 | ~がちだ ~하기 쉽다, ~하는 경향이 있다 | 思い出す 생각해내다 | 人気 인기 | 一冊 한 권 | 思いがけない 의외이다, 뜻밖이다 | ちょっとした 평범한 | 方法 방법

(5) 해외 유학을 하는 일본인 학생이 줄고 있다. 경기가 나쁘고 취직난 등이 겹쳐 '내향적(注)'인 사고방식이 진행되고 있다. 젊은이들이 해외로 가지 않는 이유가 되고 있는 것은 무엇인가? 산업능률대학이 2010년에 전국의 신입 사원 400명에게 물었더니 '해외 근무를 희망하지 않는다'가 49%이고, 이유는 위험을 동반할 확률이 높다, 능력에 자신이 없다 등이 많았다. '해외 근무에 적극적이 될 것'이라고 생각하는 대책을 물으니 어학 연수(58%)가 가장 많아 언어의 벽에 부딪치고 있는 모습을 엿볼 수 있다.

(注) 内向き : 국제 사회에 나갈 의욕이 없고 국내에서의 생활에 안주하는 것, 내향적

59 본문의 내용과 맞지 않는 것은 어느 것인가?

1 젊은이가 해외 근무를 희망하지 않는 이유는 해외가 위험하기 때문이다.
2 어학 연수 등을 하는 것으로 해외 근무에 적극적이 될 것이라고 생각하는 대답이 많았다.
3 해외 근무를 희망하지 않는 젊은이가 400명 중 절반 가까이였다.
4 불경기와 취직난이 겹쳐 '내향적'인 사고방식이 진행되고 있다.

 해외 근무를 희망하지 않는다는 것에 대한 이유에 위험을 동반할 확률이 높다(理由は危険を伴う確率が高い)고 했으나, 이는 해외가 위험하다는 것이 아니라 해외에 나가게 되면서 생길 수 있는 여러 가지 불안한 요소들을 뜻하는 것이다. 따라서 정답은 1번이며 2~4번의 내용은 모두 본문에서 언급하고 있다.

海外留学 해외 유학 | 減る 줄다 | 景気 경기 | 悪い 나쁘다 | 就職難 취직난 | 重なる 겹치다 | 内向き 내향형 | 考え方 사고방식 | 若者 젊은이 | 産業 산업 | 能率 능률 | 全国 전국 | 新入社員 신입 사원 | 尋ねる 묻다 | 勤務 근무 | 危険 위험 | 伴う 동반하다 | 確率 확률 | 能力 능력 | 自信 자신 | 積極的 적극적 | 対策 대책 | 語学研修 어학 연수 | 言葉 언어, 말 | 壁 벽 | ぶつかる 부딪치다 | 様子 모습, 상황 | うかがう 엿보다 | 意欲 의욕 | 国内 국내 | 安住 안주 | 答え 대답, 응답 | 半分 반, 절반 | ~近く 수량이 ~에 가까움 | 不景気 불경기 | 進む 진행되다

 다음 (1)에서 (3)의 글을 읽고, 뒤의 물음에 대한 답으로 가장 알맞은 것을 1 · 2 · 3 · 4에서 하나 고르시오.

---

(1) 세계에서는 유럽과 미국의 금융 위기가 원인으로 심한 '경제 위기(注1)'가 발생하고 있습니다. 당연히 경영에 불안을 떠안은 경영자도 적지는 않겠지요.

그러나 경제 위기라고는 해도 모든 기업이 도산(注2)한다는 것은 아닙니다. 원래 경제는 살아 있는 것이며, 좋은 시기 · 나쁜 시기를 반복하는 법인 것입니다. 그래서 잊어서는 안 되는 것이, 지금 존재하는 기업은 어느 곳이든 다양한 위기를 극복해 온 과거가 있다고 하는 것입니다. 사장을 중심으로 간부 사원(注3)부터 일반 사원까지 하나가 되어 지금까지의 경영 환경 변화에 대응(注4)해 왔기 때문에 오늘이 있는 것입니다.

경영이 순조롭게 향상되고 있거나 혹은 좋을 때에는 사원의 일할 의식이 해이해지기 쉬워지는 것 같습니다. 이것이 불황(注5) 때가 되면 사원에게도 위기감이 생겨, 불황 극복을 위해 스스로 진지하게 생각하고 일하게 되는 것입니다. <u>이 때야말로</u> '과제를 발견하고 자신의 능력을 최대로 발휘해 그것을 해결하고 나아가 자신의 목표를 스스로 달성하려고 하는 사원'을 육성할 수 있는 것입니다.

불황을 두려워해서는 안 됩니다. 불황에서 도망치지 말고 사내의 해이함을 다잡고 개선이 필요한 점을 전력으로 개선해 가는 것이 중요합니다. 불황 때야말로 진짜 공부를 할 수 있는 좋은 기회인 것입니다.

(注1) 経済危機 : 경제가 나쁜 상태, 경제가 위험한 상태, 경제 위기
(注2) 倒産 : 회사가 망하는 것, 도산
(注3) 幹部社員 : 회사에서 중심이 되어 사원을 모으는 위쪽 지위의 사원, 간부 사원
(注4) 対応 : 상황에 응하는 것, 대응
(注5) 不況 : 경기가 나쁜 것, 불황

---

60 경제란 어떤 것이라고 말하고 있는가?

1 모든 기업이 도산한다고 하는 것
2 좋고 나쁜 시기를 반복하는 것
3 사장을 중심으로 사원이 하나가 되어 대응하는 것
4 경제 위기를 극복하는 것

> **해설** 본문넷째 줄에서 원래 경제는 살아 있는 것이며, 좋은 시기, 나쁜 시기를 반복하는 법(もともと経済は 生き物であり、良い時期・悪い時期を繰り返すものなのです)이라고 말하고 있다. 따라서 맞는 설명은 2번이다.

61 <u>이 때야말로</u>라고 하는데, 여기에서는 어떠한 때인 것인가?

1 경영이 순조로워 사원이 일할 의욕이 해이해져 있는 때
2 불황으로 회사가 도산했을 때
3 사원이 여러 가지 불황과 여러 가지 위기를 극복해 왔을 때
4 사원이 위기를 느끼고 자신부터 생각해 일을 하게 되었을 때

> **해설** 밑줄바로 앞 문장에서 불황 때가 되면 사원에게도 위기감이 생겨 불황 극복을 위해 스스로 진지하게 생각하고 일하게 되는 것(これが不況時になると、社員にも危機感が出てきて、不況克服のために、自ら真剣に考え、働くようになってくるものです)이라고 했으므로, 이 때란 바로 사원이 위기감을 느껴 스스로 진지하게 생각하고 일하는 시기를 가리키는 것이다.

62 이 글에서 필자가 가장 말하고 싶은 것은 무엇인가?

1 불황을 두려워하지 말고 분발하여 일하는 것이 중요하다.

2 불황 때는 사원에게도 위기감이 생겨 진지하게 생각해 일하기 때문에 불황은 좋은 것이다.

3 불황인 때야말로 사원과 회사가 성장하는 좋은 기회인 것이다.

4 불황에서 도망치지 말고 개선이 필요한 점을 개선하면 경기가 좋아진다.

해설 필자는 불황을 두려워하지 말고 이 때야말로 개선이 필요한 점을 개선해가는 좋은 기회로 삼자고 말하고 있다. 따라서 불황을 사원과 회사가 성장하는 좋은 기회라고 말한 3번이 정답이다.

欧米 구미, 유럽과 미국 | 金融 금융 | 危機 위기 | 経済 경제 | 起こる 일어나다 | 当然 당연히 | 経営 경영 | 不安 불안 | 抱える 떠안다 | 〜とはいえ 〜라고 해도 | 企業 기업 | 倒産 도산 | もともと 원래 | 生き物 살아 있는 것, 생물 | 時期 시기 | 繰り返す 반복하다, 되풀이하다 | 乗り越える 뛰어넘다, 극복하다 | 過去 과거 | 中心 중심 | 幹部 간부 | 一般 일반 | 変化 변화 | 対応 대응 | わけ 의미, 뜻 | 順調に 순조롭게 | 伸びる 늘다, 신장하다 | あるいは 혹은 | 意識 의식 | 緩む 느슨해지다 | 不況 불황 | 克服 극복 | 自ら 스스로 | 真剣に 진지하게 | 課題 과제 | 発見 발견 | 最大に 최대로 | 発揮 발휘 | 解決 해결 | 目標 목표 | 達成 달성 | 育てる 기르다, 육성하다 | 恐れる 두려워하다 | 逃げる 도망치다 | 社内 사내 | 引き締める 다잡다, 죄다 | 改善 개선 | 全力 전력 | 状態 상태 | つぶれる 망하다, 도산하다 | 位 직위, 지위 | 応じる 응하다 | 育つ 자라다

---

(2) 일에 익숙해지면 일의 양도 책임도 늘어, 매일 바빠 정시(注1)에 퇴근(注2)할 수 없는 회사원이 많이 있다. 일을 대충 끝마치지 않는 것도 물론 중요한 일이지만, 주위의 상사와 동료가 아직 일을 하고 있기 때문에 좀처럼 먼저 돌아갈 수 없어서 있는다는 사람도 적지 않을 것이다.

그러나 실은 약간의 궁리로 일을 빨리 정확하게 끝마치고 산뜻하게 정시에 퇴근하는 방법이 있다. 우선 첫 번째는 꼭 돌아가고 싶어지는 즐거운 예정을 넣는 것이다. '가끔은 빨리 돌아가고 싶다'고 하는 애매한 이유가 아니라, 몇 주일이나 전부터 기대하고 있어 그것을 위해 노력할 수 있는 예정이다. 두 번째는 아침 일찍 출근하는 것이다. 이른 아침 통근은 전철도 혼잡하지 않고, 회사 안은 전화도 울리지 않고, 주위 사람의 동작도 신경 쓰이지 않기 때문에 집중해서 일할 수 있다. 마지막으로 정시에 퇴근하는 동료를 만드는 것이다. 자신만이 정시에 퇴근하는 것이 아니기 때문에 주위의 비판도 줄고, 정시에 일이 끝나지 않을 때는 일을 도와주거나 도움을 받거나 하면서 정시에 돌아가기 위해 동료와 일을 서로 협력할 수도 있다.

정시에 퇴근하는 날을 만들면 몸에도 피로가 쌓이지 않고 정신적으로도 여유가 생기기 때문에 일, 사생활 양쪽에 좋은 결과가 생길 것이다.

(注1) 定時 : 일정한 시간, 정해진 시간, 정시
(注2) 退社 : 일을 마치고 돌아가는 것, 퇴근

---

63 정시에 퇴근할 수 없는 이유는 무엇인가?

1 일이 많고 동료가 협력해 주지 않기 때문에

2 일을 대충 끝마치지 않는 것이 중요하기 때문에

3 일이 늘어 자신의 일이 끝나도 혼자 먼저 돌아가기 어렵기 때문에

4 상사와 동료가 일을 하고 있어서 끝나는 것을 기다리고 있기 때문에

해설 첫 단락에서 일에 익숙해지면 일의 양도 책임도 늘어(仕事に慣れてくると仕事の量も責任も増えて ～) 매일 바쁘게 정시에 퇴근할 수 없는 회사원이 많이 있다고 했고, 주위의 상사와 동료가 아직 일을 하고 있기 때문에 좀처럼 먼저 돌아갈 수 없다고 하는 사람도 적지 않을 것(周りの上司や同僚がまだ仕事をしているためなかなか先に帰れないでいるという人も少なくはないだろう)이라고 했으므로 적절한 이유는 3번이다.

64 정시에 퇴근하는 방법으로 바른 조합은 어느 것인가?

1 즐거운 예정을 넣는다, 아침에는 천천히 출근, 동료의 일을 돕는다.
2 애매한 예정을 넣는다, 이른 아침에 출근, 동료와 같이 돌아간다.
3 멋진 예정을 넣는다, 혼잡한 전철로 출근, 동료의 일을 협력한다.
4 **즐거운 예정을 넣는다, 이른 아침에 출근, 동료와 일을 협력한다.**

해설 두 번째 단락에 정시에 퇴근하는 방법이 제시되고 있다. 꼭 돌아가고 싶어지는 즐거운 예정을 넣는 것(絶対に帰りたくなる楽しい予定を入れること), 아침 일찍 출근하는 것(朝早く出勤すること), 정시에 퇴근하는 동료를 만드는 것(定時で退社する仲間を作ること)(동료와 일을 서로 협력하는 것) 이렇게 세 가지이므로 정답은 4번이다.

65 정시에 퇴근하는 이점은 무엇인가?

1 정시에 돌아갈 수 있기 때문에 즐거운 예정을 넣을 수 있다.
2 **체력적으로도 정신적으로도 여유가 생겨 생활에 좋은 효과가 난다.**
3 일찍 출근하여 정시에 퇴근하기 때문에 생활 리듬이 건강해진다.
4 일이 끝나지 않을 때도 동료와 서로 협력할 수 있다.

해설 마지막 문장에서 답을 찾을 수 있다. 몸에도 피로가 쌓이지 않고 정신적으로도 여유가 생기기 때문에 일, 사생활 양쪽에 좋은 결과가 날 것(定時で退社する日を作ると体にも疲れがたまらず、精神的にも余裕ができるため仕事、私生活の両方に良い効果が出るだろう)이라고 하므로 알맞은 설명은 2번이다.

慣れる 익숙해지다 | 量 분량, 양 | 責任 책임 | 増える 늘다 | 定時 정시 | 退社 퇴근 | 手を抜く (해야 할 일을 하지 않고) 겉날려서 마치다 | もちろん 물론 | 周り 주위 | 上司 상사 | 同僚 동료 | 実は 실은, 사실은 | 工夫 궁리, 고안 | 正確に 정확히 | すっきりと 산뜻하게 | 絶対に 절대로 | 予定 예정 | たまには 가끔은 | あいまいだ 애매하다 | 楽しみにする 낙으로 삼다, 기대하다 | ～に向けて ～을 위해, ～을 향해 | 努力 노력 | 出勤 출근 | 通勤 통근 | 混む 붐비다, 혼잡하다 | 鳴る 소리 나다, 울리다 | 周囲 주위 | 動作 동작 | 集中 집중 | 仲間 동료 | 批判 비판 | 手伝う 돕다 | 協力し合う 서로 협력하다 | 疲れがたまる 피로가 쌓이다 | 精神的 정신적 | 余裕 여유 | できる 생기다 | 私生活 사생활 | 両方 양쪽 | 効果 효과 | 一定 일정 | 一人で 혼자서 | 早朝 조조, 이른 아침 | 体力的 체력적 | リズム 리듬 | 健康 건강

(3) 여성 중에는 '결혼하면 어떻게든 된다!'고 생각하고 있는 사람이 적지 않습니다. 그리고 조건이 좋은 남성과 결혼을 하려고 표면적인 것에만 눈을 돌리고 있는 사람도 있습니다. ①이와 같은 여성은 자신은 아무것도 가지고 있지 않다고 생각해 조금이라도 조건이 좋은 남성을 찾는 것입니다.

하지만 결혼했다고 해서 편해지는 것이 아니라 일과 가사의 양립(注), 육아의 양립 등, 더욱더 힘들어지는 경우도 있는 것입니다.

누구든지 언젠가는 반드시 자신의 인생과 마주 대해야 하는 순간이 옵니다. 아무리 남편이 좋은 회사에 근무하고 있어도, 아이가 좋은 학교에 입학해도 자신의 ②마음속에 빈틈이 생긴 것 같은 느낌이 드는 것입니다. 이 마음 속의 빈 틈을 메우려면 자신은 자신의 인생을 살 수 밖에 없습니다. ③자아 찾기는 여러 가지 경험을 하여 자신을 갈고 닦는 것이라고 합니다. 경험이 자신을 성장시키고 자신감을 가질 수 있는 계기도 되는 것입니다. 조금이라도 흥미가 있는 것을 찾아 보고 용기를 내서 해 보는 등 무언가 시작해 보는 것이 중요합니다.

결혼은 인생에 있어 중요한 경험입니다. 하지만 그것을 도망갈 길로 여기거나 인생의 전부라고 생각하지 말고 자신이 살아갈 길, 진정한 행복이란 무엇인가를 찾아 발견했으면 합니다.

(注) 両立(りょうりつ) : 두 개의 일을 동시에 문제 없이 할 수 있는 것, 양립

66 다음 중 ①<u>이와 같은 여성</u>에 해당되는 사람은 어느 것인가?

  1 월급이 1년에 2천만 엔 이상 되는 남성과 결혼하고 싶은 여성
  2 수입과 얼굴보다도 성격이 상냥한 남성과 결혼하고 싶은 여성
  3 자신은 아무것도 갖고 있지 않기 때문에 똑같은 남성과 결혼하고 싶은 여성
  4 결혼하면 정신적으로 의지가 되는 남성과 결혼하고 싶은 여성

  해설 '이와 같은 여성'은 바로 앞에서 말하는 결혼하면 어떻게든 된다고 생각하는 여성, 그리고 조건이 좋은 남성과 결혼하려고 표면적인 것에만 눈을 돌리는 여성을 뜻한다. 따라서 표면적인 조건을 중시하는 1번이 정답이다.

67 ②<u>마음속에 빈틈을 메우기</u> 위해서는 어떻게 하면 된다고 말하고 있는가?

  1 남편과 아이를 위해 일을 한다.
  2 여러 가지 경험을 해서 자신을 갈고 닦아 성장시킨다.
  3 자아 찾기를 위해 흥미가 없는 것도 해 본다.
  4 남편과 아이를 좋은 회사, 좋은 학교에 다니게 한다.

  해설 바로 뒤의 문장에서 마음속의 빈틈을 메우려면 자신은 자신의 인생을 살 수 밖에 없으며, 이러한 자아 찾기는 여러 가지 경험을 하여 자신을 갈고 닦는 것이며, 경험이 자신을 성장시켜서 자신감을 갖게 하는 계기도 된다(この心の中の隙間を埋めるには〜経験が自分を成長させ、自信が持てるきっかけにもなるです)고 했으므로 알맞은 설명은 2번이다.

 필자가 생각하는 ③자아 찾기란 무엇인가?

1 조금이라도 조건이 좋은 남성과 결혼하는 것
2 **용기를 내서 흥미 있는 일을 시작해 보는 것**
3 마음의 빈틈을 메우는 것
4 일과 집안일을 양립시키는 것

해설 필자가 생각하는 자아 찾기는 조금이라도 흥미 있는 것을 찾아 보는 것, 용기를 내서 해 보는 것 등, 뭔가 시작해 보는 것이 중요하다고 했으므로 정답은 2번이다.

なんとか 어떻게든 | 条件 조건 | 表面的 표면적 | 目を向ける 눈길을 돌리다 | 探す 찾다 | 楽になる 편안해지다 | 家事 가사, 집안일 | 両立 양립 | 育児 육아 | さらに 더욱더 | 向き合う 마주 대하다 | 瞬間 순간 | 夫 남편 | 勤める 근무하다 | 隙間 빈틈 | 感じがする 느낌이 들다 | 埋める 메우다 | 自分探し 자신 찾기, 자아 찾기 | 磨く 갈고 닦다 | 成長 성장 | きっかけ 계기 | 興味 흥미 | 調べる 조사하다 | 勇気 용기 | 逃げ道 도망가는 길 | 全て 전부 | 生き方 살아가는 법, 삶의 태도 | 探し見つける 찾아 발견하다 | 同時に 동시에 | 当てはまる 적합하다 | 給料 급료 | 年 한 해, 1년 | 収入 수입 | 顔 얼굴 | 性格 성격 | 優しい 상냥하다, 부드럽다 | 精神的 정신적 | 頼りになる 의지가 되다 | 通う 다니다

문제 12 다음의 A와 B는 각각 취직에 대해 쓰인 글이다. 두 개의 글을 읽고, 뒤의 물음에 대한 답으로 가장 알맞은 것을 1 · 2 · 3 · 4에서 하나 고르시오

A

내가 취직할 때에 생각하는 것은 회사의 크기와 지명도, 급료와 많은 휴일 등입니다. 물론 자신이 하고 싶은 일, 직업도 중요하지만, 취직은 앞으로의 인생 대부분을 차지하고 매우 중요한 것입니다. 경기가 나쁜 세상에서 일반적으로 유명하고 큰 회사는 급료와 휴일이 확실하게 되어 있고 안정감 있는 이미지가 있습니다. 그런 회사에서 다양한 사람과 만나고 경험을 쌓아 가는 일도 하나의 사고방식이라고 생각하고 있습니다. 그 때문에 내가 취직할 때는 회사의 이름으로 선택합니다. 나는 이제부터 취직 활동에 들어가는데, 이런 점에서 라이벌도 많고 힘들지도 모릅니다. 하지만 크고 유명한 회사에 들어가기 위해 열심히 준비해서 반드시 합격하고 싶습니다. 이 목표를 달성할 때까지는 포기하지 않고 계속 시험을 보려고 생각하고 있습니다.

B

나는 내가 하고 싶은 일이라면 어떤 회사라도 좋다고 생각하고 있습니다. 회사의 크기를 문제 삼는 사람도 있지만 나에게는 문제가 되지 않습니다. 현대 사회는 경제의 악화 등 결코 좋은 환경이 아닙니다. 이 때문에 유명한 회사라 하더라도 결코 괜찮다고는 할 수 없겠지요. 취직 자리를 결정하는 것은 살아가는 데에서 가장 중요하고, 이러한 시대야말로 자신에게 적합한 일을 선택해 자신을 살려 가는 것이 중요하다고 생각합니다. 나는 취직할 때에 회사의 이름과 크기는 생각하지 않습니다. 이제 곧 취직 활동의 시기가 되는데, 라이벌이 많은지 어떤지는 모릅니다. 나는 회사의 대소를 생각하지 않고 시험을 보려고 생각하고 있기 때문에 내가 희망하는 회사, 일에 합격하면 그 시점에서 취직 활동을 끝내려고 생각하고 있습니다.

69 A의 사고방식과 가장 가까운 것은 다음 중 어느 것인가?

1 큰 회사에서는 하고 싶은 것을 할 수 있다.
2 큰 회사는 모든 것이 확실하게 되어 있다.
3 취직할 때에 회사의 이름은 관계없다.
4 큰 회사에서는 다양한 경험을 할 수 있다.

해설 A는 취직할 때에 회사의 크기와 지명도, 급료와 휴일이 많은지를 생각한다는 입장으로, 일반적으로 유명하고 큰 회사는 급료와 휴일이 확실하게 정해져 있고 안정적인 이미지가 있다고 했다. 따라서 정답은 2번, 큰 회사는 모든 것이 확실하게 되어 있다는 것이다.

70 A와 B의 공통된 사고방식은 다음 중 어느 것인가?

1 취직은 인생 속에서 매우 중요하다.
2 회사는 크면 클수록 좋다.
3 경제가 나빠도 유명한 회사는 문제없다.
4 자신이 하고 싶은 것을 할 수 있는 회사에 취직해야 한다.

해설 A는 취직이 앞으로의 인생 대부분을 차지하고 있고 매우 중요한 것이라고 말하고 있으며, B 역시 취직 자리를 결정하는 것은 살아가는 데에 있어 매우 중요하다고 했으므로, 둘의 공통된 사고방식은 1번, 취직은 인생에서 매우 중요하다는 것이다.

就職 취직 | 知名度 지명도 | 給料 급료, 월급 | 休日 휴일 | もちろん 물론 | 職業 직업 | 人生 인생 | 大部分 대부분 | 占める 차지하다 | 景気 경기 | 世の中 세상 | 一般的 일반적 | 安定感 안정감 | イメージ 이미지 | 出会う 우연히 만나다 | 経験 경험 | 積む 쌓다 | 名前 이름 | 選ぶ 고르다, 선택하다 | 活動 활동 | ライバル 라이벌, 경쟁자 | 大変だ 힘들다, 큰일이다 | 頑張る 분발하다 | 準備 준비 | 合格 합격 | 目標 목표 | 達成 달성 | 諦める 단념하다, 포기하다 | 受ける (시험을) 보다, 응시하다 | 現代社会 현대 사회 | 経済 경제 | 悪化 악화 | 決して 결코 | 大丈夫だ 괜찮다 | 就職先 취직 자리 | 決める 결정하다 | 適する 적합하다 | 生かす 살리다, 발휘하다 | もうすぐ 이제 곧 | 時期 시기 | 大小 대소, 큼과 작음 | 受かる (시험에) 합격하다 | 時点 시점

문제 13 다음 글을 읽고, 뒤의 물음에 대한 답으로 가장 알맞은 것을 1 · 2 · 3 · 4에서 하나 고르시오.

　　최근 텔레비전과 신문에서 보는 것이 TPP(환태평양(전략적)경제동반자협정)이라고 하는 말이다. 'TPP에 참가', 'TPP에 반대!'라고 하는 뉴스도 자주 흘러나오고 있다. TPP란 간단히 설명하면 태평양 주변(注1) 의 나라들이 자유롭게 무역을 하려고 하는 것이다. TPP로 자유 무역이 되면 수출과 수입 모든 것이 TPP에 참가하고 있는 국가 간이라면 관세(注2)가 0엔이 된다. 듣는 것만으로는 아주 좋은 대책처럼 들릴지도 모르지만 문제점도 많이 남는다.
　　TPP의 좋은 점은 자동차 등의 수출 기업은 관세가 없어지는 것으로 보다 싸고 질이 좋은 상품을 판매할 수 있게 되어 해외에 진출(注3)하기 쉬워진다. 또 수입에도 관세가 부과되지 않게 되기 때문에 수입품을 싸게 국내로 가지고 올 수 있는 것. 예를 들면, 쌀과 콩, 버터, 밀 등은 높은 관세가 부과되고 있기 때문에 TPP에 참가하면 놀라운 가격으로 살 수 있고, 쇠고기로 말하면 쇠고기덮밥 체인점에서 쇠고기덮밥을 200엔 이하로 먹을 수 있을 것

이라고 한다. ①소비자에게 있어서는 좋은 일이 많은 것 같이 느껴지지만, 한편으로 이와 같은 수입품이 싸게 손에 들어오게 되면 국내에서 생산된 상품을 소비하는 사람이 급격하게 줄어 버릴 가능성이 높아진다. 일본의 농가 등은 큰 손해를 입고 가격에서는 이제 수입품을 이길 수 없게 되어 버린다.

이와 같이 TPP의 나쁜 점으로, 참가하면 국내 농가의 대부분이 경영이 곤란한 상태가 되거나 일본의 식량 자급률(注4)이 낮아져 버리는 것은 아닌가 라고 하는 문제가 있어 반대하는 사람이 많이 있다.

그러면 어떻게 하면 TPP를 잘 이용할 수 있는 것일까? 국내의 산업, 농업은 지키고 싶지만 해외 진출을 위해 공격해 가고도 싶다. 역시 정부와 기업이 농가를 지원해 갈 필요는 있지만 일부의 농가에서는 TPP에 참가하는 것을 ②기회로 생각하는 사람들도 있다. 일본에는 세계의 어디에도 지지 않는 질 높은 농산물을 재배하는 기술이 있다. 브랜드력과 안심·안전이 세일즈 포인트(注5)인 일본의 농산물을 해외의 부유층(注6)이 소비하기 쉬워질 것이라는 사고방식도 있는 것 같다. 국가에 의해 모든 농가를 지키려고 하는 것에는 한계가 있지만 기업과 농가가 서로 도와 적극적으로 일본의 상품을 국내, 해외 모두에 팔기 시작하는 길도 있을 것이다.

(注1) 太平洋周辺 : 미국에서 아시아, 유럽으로 이어지는 세계 최대의 바다 주변, 태평양 주변
(注2) 関税 : 수입, 수출할 때 부과되는 세금, 관세
(注3) 進出 : 나아가는 것, 전진하는 것, 진출
(注4) 食料自給率 : 국내에서 소비되는 식량 중에서 국내 생산되어 공급되는 식량의 비율, 식량자급율
(注5) 売り : 세일즈 포인트, 자랑거리
(注6) 富裕層 : 큰 경제력이 있고 돈에 곤란하지 않는 사람들, 부유층

71 ①소비자에게 있어서는 좋은 일이 많은 것 같이 느껴진다고 하는데, 그것은 왜인가?

1 싸고 질 좋은 상품을 해외에 판매할 수 있게 되기 때문에
2 해외의 상품을 놀라운 가격으로 사고 먹을 수 있기 때문에
3 수입품이 싸게 판매되기 때문에 국내의 농산물도 싸게 팔리기 시작하기 때문에
4 TPP에 참가하면 자유롭게 무역을 할 수 있게 되기 때문에

해설 밑줄 앞 부분에서 수입에 관세가 부과되지 않게 되기 때문에 수입품을 싸게 국내로 가지고 올 수 있어 쌀과 콩, 버터, 밀 같은 높은 관세가 부과되고 있는 것들은 TPP에 참가하면 놀라운 가격으로 살 수 있고 쇠고기덮밥을 체인점에서는 200엔 이하로 먹을 수 있을 것이라고 말하고 있다. 즉 해외의 상품을 아주 싼 가격으로 사고 먹을 수 있다는 것이므로 정답은 2번이다.

72 여기서 말하는 ②기회란 어떠한 것인가?

1 정부와 기업이 농가를 지지해 주는 것
2 차 등의 수출 기업이 해외에 진출하기 쉬워지는 것
3 소비자가 수입품을 싸게 살 수 있는 것
4 안전하고 질이 좋은 농산물을 부유층이 소비하기 쉬워지는 것

해설 밑줄부분 뒤에서 답을 찾을 수 있다. 일본에는 세계 어디에도 지지 않는 질 높은 농산물을 재배하는 기술이 있고, 브랜드력과 안심·안전이 세일즈 포인트인 일본의 농산물을 해외의 부유층이 소비하기 쉬워질 것이라는 사고방식도 있는 것 같다(ブランド力と安心・安全が売りの日本の農産物を海外の富裕層に消費してもらいやすくなるという考え方もあるようだ)고 말하고 있다. 따라서 적절한 설명은 4번이다.

73 이 글에서 필자가 가장 말하고 싶은 것은 어느 것인가?

1 TPP의 문제점에만 눈을 돌리지 말고 잘 이용하는 방법을 기업, 농가, 국가 전체로 생각해 가는 것이 필요하다.

2 TPP로의 참가는 좋은 점이 많기 때문에 농가는 국가로부터 원조를 받아 견뎌 나갈 수밖에 없는 것이다.

3 TPP의 나쁜 점을 생각해 농가를 정부와 기업은 더 지켜 나갈 필요가 있다.

4 TPP는 좋은 점도 있지만 나쁜 점도 있기 때문에 참가하지 않는 편이 좋다.

해설 필자는 TPP에 참가하면 국내 농가의 대부분이 경영 곤란에 빠지는 등의 문제가 생겨 반대하는 사람이 많이 있지만 잘 이용할 수도 있다고 말하고 있다. 국가가 모든 농가를 지키려고 하는 것에는 한계가 있지만, 기업과 농가가 서로 도와 적극적으로 일본 상품을 국내, 해외에 팔기 시작하는 길도 있을 것이라 하고 있다. 따라서 정답은 1번이다.

目にする 보다 | 環太平洋 환태평양 | 戦略的 전략적 | 連携 연휴, 제휴 | 協定 협정 | 参加 참가 | 反対 반대 | ニュース 뉴스 | 流れる 흐르다, 흘러나오다 | 簡単に 간단히, 쉽게 | 説明 설명 | 周辺 주변 | 国々 여러 나라, 각 나라 | 自由に 자유롭게 | 貿易 무역 | 輸出 수출 | 輸入 수입 | 間 사이 | 関税 관세 | 対策 대책 | 聞こえる 들리다 | 問題点 문제점 | なくなる 없어지다 | 質 질, 품질 | 商品 상품 | 販売 판매 | 進出 진출 | 掛ける (세금 등이) 부과되다, 매겨지다 | 米 쌀 | 豆 콩 | バター 버터 | 小麦 밀 | 驚き 놀람 | 価格 가격 | 牛肉 쇠고기 | 牛丼 쇠고기덮밥 | チェーン店 체인점 | 消費者 소비자 | 一方 한쪽, 한편 | 生産 생산 | 急激に 급격히 | 農家 농가 | 大損害 큰 손해 | 受ける 받다, 입다 | 勝つ 이기다 | 大半 태반, 대부분 | 経営 경영 | 困難な 곤란한 | 状態 상태 | 食料 식료, 식량 | 自給率 자급률 | 下がる 낮아지다 | うまく 잘, 솜씨 좋게 | 産業 산업 | 農業 농업 | 守る 지키다, 보호하다 | 攻める 공격하다 | やはり 역시 | 政府 정부 | 援助 원조 | 一部 일부 | チャンス 찬스, 기회 | 負ける 지다 | 農産物 농산물 | 技術 기술 | ブランド力 브랜드력 | 安心 안심 | 安全 안전 | 売り 세일즈 포인트, 자랑거리 | 富裕層 부유층 | 限界 한계 | お互いに 서로 | 助け合う 서로 돕다 | ともに 함께, 같이 | 売り出す 팔기 시작하다, 대대적으로 팔다 | アメリカ 미국 | アジア 아시아 | ヨーロッパ 유럽 | 広がる 넓어지다 | 最大 최대 | 周り 주위, 주변 | 税金 세금 | 前進 전진 | 供給 공급 | 割合 비율 | セールスポイント 세일즈 포인트 | 経済力 경제력 | 困る 곤란하다 | 支える 지지하다, 유지하다 | 耐える 견디다, 참다

문제 14 다음 페이지는 L&M 어린이 영어 회화 구인 모집 안내이다. 아래의 물음에 대한 답으로 가장 알맞은 것을 1·2·3·4에서 하나 고르시오.

구인 모집 안내

회사명 : L&M 어린이 영어 회화
응모 직종 : 영어 회화 강사
업무 내용 : 3세부터 12세까지의 아이들에게 영어 지도, 교실 운영

《회사의 이념》
창업 이래 변함없이 놀면서 배우는 영어 교육을 계속하여 「진정한 국제인」을 육성하는 것에 힘을 쏟아 왔습니다. 영어를 통해 새로운 자신과 꿈을 발견하고 언어를 초월한 이문화에 대한 이해, 커뮤니케이션 능력을 몸에 익히기 바라고 있습니다.

《자세한 모집 요강》
모집 인원 : 약간 명
고용 형태 : 정사원
근무 지역 : 도쿄도
근무 시간 : 10:00～21:00 중 실제 노동 8시간, 주 5일 근무

응모 자격 : 1. 어린이와 영어를 좋아하는 분
　　　　　 2. 대학, 단기대학, 전문학교 졸업으로 21~35세 정도까지의 분(학생 불가)
　　　　　 3. 해외 유학 · 생활 경험자 우대
　　　　　 4. 영어 강사 경험자
급여 : 월급 20만 엔~(경험 · 능력을 고려하여 면담 후에 결정)
　　　 시용 기간 3개월(시용 기간 중의 급여는 18만 엔)
　　　 교통비 지급(당사 규정에 따른다)
휴일 · 휴가 : 주휴 2일제, 연말연시, 하계, 동계 연간 휴일 114일
있으면 바람직한 능력 : 영어로 일상 회화 이상 가능하다, 컴퓨터를 어느 정도 사용할 수 있다
대우 · 복리 후생 : 승급 연 1회, 상여 연 2회, 사회 보험 완비
응모 방법 : 회사 홈페이지에 게재되어 있는 응모 용지에 기입한 후에 채용 담당 다카하시에게 메일로 응모해 주세요.

회사명 : L & M 어린이 영어 회화
주소 : 도쿄도 △△구 ○○○○ 1 2 - 9 - 2
홈페이지 : http://www.ＸＸＸＸ
사업 내용 : 영어 교육, 유학, 여행
설립 : 2012년 2월
자본금 : 3,000만 엔

74 다음 중 채용 조건에 맞는 사람은 누구인가?

1　오스트레일리아에 2년간 유학한 적이 있는 25세의 전 영어 강사

2　고교에서 영어를 10년간 가르치고 있던 40세의 미국인

3　영어 교육을 대학에서 4년간 전공해 온 컴퓨터를 할 수 있는 학생

4　아이를 좋아하고 유치원에서 3년간 근무하고 있던 영어 회화를 할 수 있는 주부

해설 응모 자격 부분의 내용과 맞는 사람을 찾아야 한다. 21~35세 사이의 대학, 단기 대학, 전문학교 졸업자로 해외 유학과 생활 경험자는 우대하며 영어 강사 경험자여야 한다. 따라서 이 조건을 만족하는 사람은 1번이다.

75 구인 광고와 맞지 않는 것은 어느 것인가?

1　유학과 해외에서 생활을 한 적이 없어도 응모할 수 있다.

2　휴일은 매주 2일 있고 승급은 매년 1회 있다.

3　월급은 처음부터 20만 엔 받을 수 있다고 약속되어 있다.

4　응모하는 서식은 각자 준비하여 메일로 담당자에게 송부한다.

해설 모집 안내의 급여 부분을 보면 월급은 20만 엔부터라고 되어 있지만 경험과 능력을 고려하여 면담 후에 결정한다고 하고 있고, 시용 기간 3개월 동안은 18만 엔이라고 하므로 월급을 처음부터 20만 엔 받을 수 있다는 것은 아니다. 따라서 맞지 않는 내용은 3번이다.

英会話 영어 회화 | 求人 구인 | 募集 모집 | 案内 안내 | 採用 채용 | 条件 조건 | オーストラリア 오스트레일리아, 호주 | 留学 유학 | 元~ 전직~ | 講師 강사 | アメリカ人 미국인 | 教育 교육 | 専攻 전공 | パソコン 퍼스널 컴퓨터 | 幼稚園 유치원 | 勤務 근무 | 主婦 주부 | 広告 광고 | 応募 응모 | 休日 휴일 | 昇給 승급 | 給料 급료 | 初め 처음 | 約束 약속 | フォーム 폼, 형식 | 各自 각자 | 用意 준비 | メール 메일 | 担当者 담당자 | 送付 송부 | 職種 직종 | 指導 지도 | 運営 운영 | 理念 이념 | 創

業 창업 | 以来 이래 | 学ぶ 배우다 | 続ける 계속하다 | 真の 진정한 | 国際人 국제인 | 育てる 키우다 | 力を注ぐ 힘을 쏟다 | ～を通して ～을 통해서 | 発見 발견 | 超える 넘다, 초월하다 | 異文化 이문화 | 理解 이해 | コミュニケーション 커뮤니케이션, 의사소통 | 能力 능력 | 身をつける 몸에 익히다 | ～てほしい ～하기를 바라다 | 願う 바라다 | 詳しい 자세하다 | 要項 요항, 필요사항 | 人員 인원 | 若干名 약간 명 | 雇用 고용 | 形態 형태 | 正社員 정사원 | 地域 지역 | 実働 실제로 노동함 | 資格 자격 | 短大 단기대학 | 専門学校 전문학교 | 卒 졸, 졸업 | 不可 불가 | 優遇 우대 | 給与 급여 | 月給 월급 | 考慮 고려 | 面談 면담 | 決定 결정 | 試用 시용 | 期間 기간 | 交通費 교통비 | 支給 지급 | 当社 당사 | 規定 규정 | 休暇 휴가 | 週休 주휴 | 年末年始 연말연시 | 夏季 하기 | 冬季 동기 | 年間 연간 | 望ましい 바람직하다 | 日常 일상 | 程度 정도 | 待遇 대우 | 賞与 상여, 보너스 | 福利厚生 복리 후생 | 社会保険 사회 보험 | 完備 완비 | 弊社 폐사(자기 회사에 대한 겸양어) | ホームページ 홈페이지 | 掲載 게재 | 記入 기입 | ～た上で ～한 후에 | 担当 담당 | 住所 주소 | 設立 설립 | 資本金 자본금

問題 1

問題 1 では、まず質問を聞いてください。それから話を聞いて、問題用紙の 1 から 4 の中から最もよいものを一つ選んでください。
では練習しましょう。

例

学校で先生と女の学生が話しています。女の学生はこのあと、何をしますか。

F : 失礼します。
M : ああ、鈴木さん、休み時間なのに来てくれてありがとう。次の授業で使うプリントと教科書を教室に持って行く手伝いをお願いしたくてね。
F : ここにある教科書ですね。
M : そう、ありがとう。
F : プリントはどれですか。
M : それがまだコピーしていないから、それは私が持っていくよ。あと、教室に戻ったらみんなに教科書を配っておいてほしいんだ。
F : わかりました。

女の学生は何をしますか。

1　プリントを持っていく
2　プリントと教科書を持っていく
3　教科書を持っていく
4　教科書を配る

最もよいものは 3 番です。解答用紙の問題 1 の例のところを見てください。最もよいものは 3 番ですから、答えはこのように書きます。
では始めます。

1 番

男の人と女の人がレストランでメニューを見ています。女の人はどれを注文しますか。

F : おいしそうなものがたくさんあって迷っちゃうわね。
M : このとんかつセットはご飯と味噌汁が食べ放題で900円だって。僕はこれを食べるよ！
F : わぁ！お得ね！こっちのオムライスセットもサラダがついて800円だし、ハンバーグも魅力的だわ。

문제 1

문제 1에서는 우선 질문을 들어 주세요. 그리고 나서 이야기를 듣고 문제 용지의 1부터 4 중에서 가장 알맞은 것을 하나 고르세요.
그럼 연습하겠습니다.

예

학교에서 선생님과 여학생이 이야기하고 있습니다. 여학생은 이후에 무엇을 합니까?

여 : 실례합니다.
남 : 아, 스즈키 씨, 쉬는 시간인데 와 줘서 고마워. 다음 수업에서 사용할 프린트와 교과서를 교실에 들고 가는 심부름을 부탁하고 싶어서.
여 : 여기에 있는 교과서군요.
남 : 그래, 고마워.
여 : 프린트는 어느 것이에요?
남 : 그게 아직 복사를 하지 않아서 그건 내가 들고 갈게. 그리고 교실에 돌아가면 모두에게 교과서를 나누어 주었으면 좋겠어.
여 : 알겠습니다.

여학생은 이후에 무엇을 합니까?

1　프린트를 들고 간다.
2　프린트와 교과서를 들고 간다.
3　교과서를 들고 간다.
4　교과서를 나누어 준다.

가장 알맞은 것은 3번입니다. 해답 용지의 문제 1의 예 부분을 봐 주세요. 가장 알맞은 것은 3번이므로 답은 이렇게 씁니다.
그럼 시작하겠습니다.

1 번

남자와 여자가 레스토랑에서 메뉴를 보고 있습니다. 여자는 어느 것을 주문합니까?

여 : 맛있어 보이는 것이 많이 있어서 고민되네.
남 : 이 돈가스 세트는 밥과 된장국을 마음껏 먹으면서 900엔이라고 해. 난 이것을 먹겠어!
여 : 와! 이득이다! 이쪽의 오므라이스 세트도 샐러드 포함 800엔이고 햄버그 스테이크도 매력적이야.

M: そういえば夏に向けてダイエットを始めたんじゃなかったっけ？

F: あ……、やっぱりダイエットは明日から始めることにするわ。こんなにおいしそうな料理がたくさんあるのに、食べないで我慢するなんてできないわよ。

M: いつもそう言って痩せられないんだよなぁ。注文するよ、頼むもの決まった？

F: うん！ 私もあなたと同じものにするわ！ あとデザートにイチゴのロールケーキも！

M: これはしばらく痩せられないだろうなぁ……。

女の人はどれを注文しますか。

1 オムライスセットとイチゴのロールケーキ
2 ハンバーグセットとバナナのロールケーキ
3 とんかつセットとイチゴのロールケーキ
4 ハンバーグセットとバナナのロールケーキ

単어

レストラン 레스토랑 ｜ メニュー 메뉴 ｜ 注文 주문 ｜ 迷う 망설이다, 헤매다 ｜ とんかつ 돈가스 ｜ セット 세트 ｜ 味噌汁 된장국 ｜ ～放題 마음대로 ~함 ｜ 得 이익, 이득 ｜ オムライス 오므라이스 ｜ サラダ 샐러드 ｜ つく 딸리다, 붙다 ｜ ハンバーグ 햄버그 스테이크 ｜ 魅力的 매력적 ｜ ～に向けて ～을 향해서, ～을 위해서 ｜ ダイエット 다이어트 ｜ 我慢 참음, 인내 ｜ 痩せる 마르다, 살이 빠지다 ｜ 頼む 부탁하다 ｜ 決まる 결정하다 ｜ デザート 디저트 ｜ イチゴ 딸기 ｜ ロールケーキ 롤 케이크 ｜ しばらく 당분간, 잠깐 ｜ バナナ 바나나

2番

電話で男の人と女の人が話しています。男の人はこの後どうしますか。

M: もしもし。今日ちょっと帰る時間が遅くなりそうなんだ。

F: どうしたの？ こっちは料理も作ったし準備できたよ。

M: ごめん。明日の会議の資料を確認したら仕事は終わるんだけど、同僚が仕事でミスして元気がないから一緒に飲みに行って話を聞いてあげないと……。

F: 今日は結婚記念日だから早く帰るって言ったじゃない。

M: 少し話を聞いて1時間くらい飲んだらすぐ帰るから、もう少し待っててくれないか。

남 : 그러고 보니 여름을 위해 다이어트 시작한 거 아니었어?

여 : 아……, 역시 다이어트는 내일부터 시작하기로 할래. 이렇게 맛있어 보이는 요리가 많이 있는데도, 먹지 않고 참다니 불가능해.

남 : 늘 그렇게 말하니까 살을 못 빼는 거야. 주문할게, 부탁할 거 정했어?

여 : 응! 나도 너랑 똑같은 것으로 할게! 그리고 디저트로 딸기 롤 케이크도!

남 : 이걸로는 당분간 살을 못 뺄 거야…….

여자는 어느 것을 주문합니까?

1 오므라이스 세트와 딸기 롤 케이크
2 햄버그 스테이크 세트와 바나나 롤 케이크
3 돈가스 세트와 딸기 롤 케이크
4 햄버그 스테이크 세트와 바나나 롤 케이크

해설

여자는 남자와 같은 메뉴로 하면서 디저트로 딸기 롤 케이크도 먹겠다(私もあなたと同じものにするわ！ あとデザートにイチゴのロールケーキも！)고 했다. 남자는 처음에 돈가스 세트로 하겠다고 했으므로, 결국 여자가 주문하는 것은 돈가스 세트와 디저트로 딸기 롤 케이크이므로 정답은 3번이다.

2번

전화로 남자와 여자가 이야기하고 있습니다. 남자는 이후에 어떻게 합니까?

남 : 여보세요. 오늘 좀 귀가 시간이 늦어질 것 같아.

여 : 어째서? 나는 요리도 만들었고 준비됐어.

남 : 미안. 내일 회의 자료를 확인하면 일은 끝나지만, 동료가 일에서 실수해서 기운이 없어 같이 술 마시러 가서 이야기를 들어 줘야 될 것 같아서…….

여 : 오늘은 결혼기념일이니까 일찍 들어온다고 말했잖아.

남 : 잠깐 이야기를 듣고 1시간 정도 마시고 바로 들어갈 테니까 조금 기다려 주지 않겠어?

F：予約したケーキはいつ取りに行くの？ お店がしまっちゃうかもしれない。

M：帰る途中に急いで店に寄れば間に合うよ。この電話の後、店に電話して何時まで開いているか聞いておくよ。確か9時までだったはずだから大丈夫だとは思うけど。

F：わかったわ。あまり飲みすぎないでね。あと帰る前に電話してね。

M：うん、ありがとう。なるべく早く帰るよ。

男の人はこの後どうしますか。

1 明日の会議の資料を確認する
2 帰る前に電話をする
3 ケーキ屋に電話する
4 同僚と飲みに行く

遅い 늦다 | 準備 준비 | できる 되다, 이루어지다 | 会議 회의 | 資料 자료 | 確認 확인 | 終わる 끝나다 | 同僚 동료 | ミスする 실수하다, 잘못하다 | 元気がない 기운이 없다 | 飲みに行く 술 마시러 가다 | 結婚記念日 결혼기념일 | 予約 예약 | しまう 파하다, 닫다 | 途中に 도중에 | 急ぐ 서두르다 | 寄る 들르다 | 間に合う 시간에 대다 | 開く 열리다 | 確か 확실히, 분명히 | あまり 너무, 지나치게 | なるべく 가능한 한 | ケーキ屋 케이크 가게

3番

子どもと母親が話しています。子どもはこれからかばんに何を入れますか。

F：ひろし、明日から行くハワイ旅行の準備はしたの？

M：ううん、今やっているところだよ。

F：初めての海外旅行なんだから、ちゃんと準備しなきゃダメよ。パスポートは入れたの？

M：まだだよ。水着と長袖シャツは入れたよ。

F：パスポートは大切なものだからお母さんが持っていた方がいいわね。それから、ハワイは暑いから長袖シャツじゃなくてTシャツ、短パンの方がいいわよ。

M：わかった。じゃあ、こっちだけ入れてTシャツは着ていくよ。

F：あ、これは絶対に忘れないで入れて行きなさい。ハワイは日差しが強いから、すぐに日に焼けちゃうもの。

여：예약한 케이크는 언제 가지러 갈 거야? 가게가 문 닫을지도 몰라.

남：들어가는 도중에 서둘러서 가게에 들르면 시간에 맞출 수 있을 거야. 이 전화 끊고 가게에 전화해서 몇 시까지 열려 있는지 물어 둘게. 아마 9시까지였을 테니까 괜찮을 것 같지만.

여：알겠어. 너무 많이 마시지 마. 그리고 집에 오기 전에 전화해.

남：응, 고마워. 가능한 한 빨리 갈게.

남자는 이후에 어떻게 합니까?

1 내일 회의 자료를 확인한다.
2 돌아오기 전에 전화를 한다.
3 케이크 가게에 전화한다.
4 동료와 술 마시러 간다.

예약한 케이크를 언제 가지러 갈 거냐고 묻는 여자의 말에, 남자는 이 전화를 끊고 가게에 전화해서 몇 시까지 문을 여는지 물어보겠다(この電話の後、店に電話して何時まで開いているか聞いておくよ)고 한다. 따라서 정답은 3번, 남자는 케이크 가게에 전화를 할 것이다.

3번

아이와 어머니가 이야기하고 있습니다. 아이는 이제부터 가방에 무엇을 넣습니까?

여：히로시, 내일부터 가는 하와이 여행 준비는 했니?

남：아니요. 지금 하고 있는 중이에요.

여：첫 해외여행이니까 확실히 준비하지 않으면 안 돼. 여권은 넣었니?

남：아직이요. 수영복과 긴 소매 셔츠는 넣었어요.

여：여권은 중요한 것이니까 엄마가 가지고 있는 편이 좋겠다. 그리고 하와이는 더우니까 긴 소매 셔츠 말고 티셔츠랑 짧은 바지가 좋아.

남：알았어요. 그럼 이것만 넣고 티셔츠는 입고 갈게요.

여：아, 이건 절대로 잊지 말고 넣어 가렴. 하와이는 햇볕이 강해서 바로 햇볕에 타 버리니까.

M：はいはい。

F：それと、着替え用にTシャツをもう一枚とタオルを持って行きなさい。

M：うん、わかった。タオルはもう入れてあるから大丈夫。

子どもはこれからかばんに何を入れますか。

1　ア　カ
2　イ　ウ　オ
3　イ　カ
4　ア　イ　カ

かばん 가방 | 入れる 넣다 | ハワイ 하와이 | 旅行 여행 | ～ているところ ～하고 있는 중 | 初めて 처음 | 海外旅行 해외여행 | パスポート 패스포트, 여권 | 水着 수영복 | 長袖シャツ 긴 소매 셔츠 | 短パン 짧은 바지, 반바지 | 絶対に 절대로, 꼭 | 日差し 햇볕 | 日に焼ける 햇볕에 타다 | 着替え用 갈아입을 용 | 一枚 1장 | タオル 수건

4番

料理教室で男の人と受付の女の人が話しています。会費を割引してもらうには、どうしますか。

M：あの、すみません。妻が料理を習いたいんですが、今なら会費が割引になるって聞いたんですけど。

F：はい、一度体験に来ていただいて、入会していただくと会費が3ヶ月無料になります。

M：体験というのは何ですか。

F：初めての方は1回に限り、無料でこちらの料理教室を利用していただくことができます。その後、気に入っていただければ入会というかたちになります。

M：あ、体験に来れば会費が3ヶ月無料になるということですね。

F：はい。しかし、体験後、一週間以内に入会していただく必要があります。それ以降に入会した場合は割引はしておりませんので気をつけてください。また、一週間以降に入会した場合でも、お友達を紹介していただき、その方も入会した場合は二人とも会費が3ヶ月無料になります。

M：そうですか。では帰って妻に話してみます。

남：네네.

여：그거랑 갈아입을 용으로 티셔츠 한 장 더랑 수건을 가지고 가렴.

남：네, 알겠어요. 수건은 벌써 넣었으니까 괜찮아요.

아이는 이제부터 가방에 무엇을 넣습니까?

1　ア　カ
2　イ　ウ　オ
3　イ　カ
4　ア　イ　カ

엄마는 아이에게 티셔츠와 짧은 바지를 가져가라고 한다. 이에 아이는 알겠다며 티셔츠는 입고 간다고 하므로 우선 짧은 바지를 넣을 것이고, 하와이는 햇볕이 강하다며 가져가야 할 것을 말하는데, 이것은 선크림인 것으로 짐작할 수 있다. 또 갈아입을 용으로 티셔츠 한 장과 수건을 가져가라는 말에 아이는 수건은 이미 넣었다고 하므로 티셔츠만 한 장 넣을 것이다. 따라서 가방에 넣을 것은 짧은 바지, 선크림, 티셔츠이므로 정답은 4번이다.

4번

요리 교실에서 남자와 접수처 여자가 이야기하고 있습니다. 회비를 할인해 받기 위해서는 어떻게 합니까?

남：저, 저기요. 아내가 요리를 배우고 싶어 하는데요, 지금이라면 회비가 할인된다고 들었는데요.

여：네, 한 번 체험하러 오시고 회원이 되어 주시면 회비가 3개월 무료입니다.

남：체험이라고 하는 것은 뭡니까?

여：처음이신 분은 1회에 한해 무료로 여기 요리 교실을 이용해 주실 수 있습니다. 그 후 마음에 드시면 회원이 되시는 방식입니다.

남：아, 체험하러 오면 회비가 3개월 무료가 된다는 것이군요.

여：네. 하지만 체험 후 일주일 이내에 회원이 되어 주실 필요가 있습니다. 그 이후에 회원이 되신 경우는 할인이 되지 않기 때문에 주의해 주세요. 또 일주일 이후에 회원이 되신 경우라도 친구를 소개해 주시고 그 분도 회원이 되신 경우는 두 사람 모두 회비가 3개월 무료가 됩니다.

남：그렇습니까? 그러면 돌아가서 아내에게 이야기해 보겠습니다.

F : ありがとうございます。ぜひよろしくお願いします。
体験でいらっしゃるときは電話予約が必要です。
お電話お待ちしております。

会費を割引してもらうには、どうしますか。

1 体験した後、一週間以内に入会すること
2 入会した後、友達を紹介すること
3 体験した後、一週間以降に友達が入会すること
4 入会した後、友達も体験に参加すること

受付 접수처 | 会費 회비 | 割引 할인 | 妻 아내 | 習う 배우다 | 体験 체험 | 入会 입회, 회원이 됨 | 無料 무료 | ～に限り ～에 한해, ～만 | 気に入る 마음에 들다 | かたち 형식, 모습 | 以内 이내 | 以降 이후 | 気をつける 신경 쓰다, 주의하다 | 紹介 소개 | ぜひ 꼭, 반드시 | いらっしゃる 오시다 | 参加 참가

5番

会社で部長と女性社員が話しています。書類が届いたら女性社員は最初に何をしますか。

M : 田中さん、ちょっと頼みたいことがあるんだけど。
F : はい、何でしょうか。
M : 明日、私宛に今年の夏にやるイベントの内容が書かれた書類が届くはずなんだけど、預かってくれないか。
F : 部長明日はお休みですか。
M : 明日から大阪へ出張で金曜日には戻るよ。あと、書類が届いたら電話がほしいんだ。企業側に届いたというメールをしなければならないからね。
F : でしたら、私からメールしておきましょうか。
M : いや、無理にお願いしてお礼も言わなくちゃいけないから、私がするよ。書類は私の机の引き出しに入れておいて。
F : はい、机の引き出しですね。
M : あ、それから書類が届いたら、まず封筒を開けて、先にイベントの日時と場所の確認を頼むよ。間違いがあったら、企業側にすぐに言わなきゃいけないからね。
F : わかりました。

여 : 감사합니다. 꼭 잘 부탁 드립니다. 체험하러 오실 때는 전화 예약이 필요합니다. 전화 기다리고 있겠습니다.

회비를 할인해 받기 위해서는 어떻게 합니까?

1 체험한 후 일주일 이내에 회원이 되는 것
2 회원이 된 후 친구를 소개하는 것
3 체험한 후 일주일 이후에 친구가 가입하는 것
4 회원이 된 후 친구도 체험에 참가하는 것

접수처의 여자는 요리 교실 체험에 오면 회비가 3개월 무료가 되지(一度体験に来ていただいて、入会していただくと会費が３ヶ月無料になります)만 체험 후 1주일 이내에 가입할 필요가 있다(体験後、一週間以内に入会していただく必要があります)고 말하고 있다. 따라서 정답은 1번, 체험한 후 일주일 이내에 회원이 되는 것이다.

5번

회사에서 부장과 여성 사원이 이야기하고 있습니다. 서류가 도착하면 여성 사원은 처음에 무엇을 합니까?

남 : 다나카 씨, 좀 부탁하고 싶은 것이 있는데.
여 : 네, 무슨 일이신가요?
남 : 내일 내 앞으로 올여름에 할 이벤트 내용이 적힌 서류가 도착할 텐데 맡아 주지 않겠나?
여 : 부장님 내일은 쉬십니까?
남 : 내일부터 오사카로 출장 가서 금요일에는 돌아올거야. 그리고, 서류가 도착하면 전화해 줬으면 좋겠네. 기업 쪽에 도착했다고 하는 메일을 보내야 하니까.
여 : 그렇다면 제가 메일을 보내 둘까요?
남 : 아니, 무리하게 부탁해서 사례 인사도 하지 않으면 안 되니까 내가 하지. 서류는 내 책상 서랍에 넣어 두게.
여 : 네, 책상 서랍이지요.
남 : 아, 그리고 서류가 도착하면 우선 봉투를 열어서 먼저 이벤트 일시와 장소 확인을 부탁하네. 실수가 있으면 기업 쪽에 바로 말해야 하니까.
여 : 알겠습니다.

書類が届いたら女性社員は最初に何をしますか。
1 部長に電話する
2 書類を確認する
3 書類を部長の机の引き出しに入れる
4 企業側にメールする

단어

部長 부장 | 社員 사원 | 書類 서류 | 届く 닿다, 도착하다 | 最初に 최초로, 처음에 | ～宛 ～앞 | やる 하다 | イベント 이벤트 | 預かる 맡다, 보관하다 | お休み 쉼, 휴가 | 大阪 오사카 | 出張 출장 | 戻る 돌아오(가)다 | ほしい 원하다, 바라다 | 企業側 기업 쪽 | メール 메일 | お礼 사례, 사례 인사 | 引き出し 서랍 | 封筒 봉투 | 開ける 열다 | 先に 먼저 | 日時 일시, 날짜와 시각 | 場所 장소 | 確認 확인 | 間違い 실수, 잘못

서류가 도착하면 여성 사원은 처음에 무엇을 합니까?
1 부장에게 전화한다.
2 서류를 확인한다.
3 서류를 부장의 책상 서랍에 넣는다.
4 기업측에 메일을 보낸다.

해설

부장은 여자에게 서류가 도착하면 우선 봉투를 열어서 먼저 이벤트 일시와 장소 확인을 부탁한다(あ、それから書類が届いたら、まず封筒を開けて、先にイベントの日時と場所の確認を頼むよ)고 했다. 따라서 여자는 서류를 받으면 서류 내용을 확인할 것이므로 정답은 2번이다.

問題 2

問題2では、まず質問を聞いてください。そのあと、問題用紙のせんたくしを読んでください。読む時間があります。それから話を聞いて、問題用紙の1から4の中から最もよいものを一つ選んでください。
では練習しましょう。

例

食堂で男の人と女の人が話しています。男の人はどうして元気がないのですか。

F：どうしたの？ ご飯全然食べてないじゃない。
M：食欲がないんだよ。最近暑いから夜もよく眠れないんだ。
F：私も暑いの弱いけれど、食欲だけはあるわよ。彼女とけんかしてまだ仲直りしてないの？
M：うん、昨日も電話したんだけれど、出てもらえなくて。直接会って謝りたいんだけど、連絡が取れないんだよ。
F：それは大変ね。
M：明日のテストの勉強もしなきゃいけないのに、彼女のことを考えると何もしたくないんだよ。
F：それは暑さが原因じゃないわね。早く仲直りできるといいわね。
M：うん、今日も電話してみるよ。

문제 2

문제 2에서는 우선 질문을 들어 주세요. 그 후, 문제 용지의 선택지를 읽어 주세요. 읽는 시간이 있습니다. 그러고 나서 이야기를 듣고 문제 용지의 1부터 4 중에서 가장 알맞은 것을 하나 고르세요.
그럼 연습하겠습니다.

예

식당에서 남자와 여자가 이야기하고 있습니다. 남자는 왜 기운이 없는 것입니까?

여 : 무슨 일이야? 밥 전혀 안 먹었잖아.
남 : 식욕이 없어. 요즘 더우니까 밤에도 잠을 잘 못 자.
여 : 나도 더위에 약하지만 식욕만은 있어. 여자 친구랑 싸우고 아직 화해하지 않았지?
남 : 응, 어제도 전화했는데, 받아 주지 않아서. 직접 만나서 사과하고 싶지만 연락이 되지 않아.
여 : 그건 큰일이네.
남 : 내일 시험 공부도 해야 하는데, 여자 친구 일을 생각하면 아무것도 하고 싶지 않아.
여 : 그건 더위가 원인이 아니네. 빨리 화해했으면 좋겠네.
남 : 응, 오늘도 전화해 볼게.

男の人はどうして元気がないのですか。

1 お腹がいっぱいで食欲がないから
2 彼女とけんかして連絡が取れないから
3 テスト勉強ができないから
4 明日はテストがあるから

最もよいものは２番です。解答用紙の問題２の例のところを見てください。最もよいものは２番ですから、答えはこのように書きます。
では始めます。

1 番

男の人と女の人が話しています。女の人はどうして驚いていますか。

F：昨日メールくれなかったけど、忙しかったの？
M：昨日は会社で色々あって少し疲れてたんだ。
F：最近前よりメールと電話が減った気がするんだけど……。
M：気にしすぎだよ。
F：私に何か隠してないよね？
M：何も隠してないよ。でも一つだけ隠してることがあるんだ。
F：やっぱり！あなたって本当に最低！
M：誕生日おめでとう。驚いた？
F：これっ……指輪？本当に驚いたわ。あなたって本当に最高！
M：これを隠すのに苦労したよ。僕と結婚してほしい。

女の人はどうして驚いていますか。

1 彼が誕生日プレゼントを忘れたから
2 彼が隠していることを教えてくれたから
3 彼が連絡をくれたから
4 彼がプロポーズしてくれたから

단어

驚く 놀라다 ｜ 忙しい 바쁘다 ｜ 色々 여러 가지 ｜ 疲れる 지치다, 피로해지다 ｜ 減る 줄다, 감소하다 ｜ 気がする 느낌이 들다 ｜ 気にする 걱정하다, 신경 쓰다 ｜ 隠す 숨기다 ｜ やっぱり 역시 ｜ 本当に 정말로 ｜ 最低 최저 ｜ 誕生日 생일 ｜ 指輪 반지 ｜ 最高 최고 ｜ 苦労 고생, 수고 ｜ 結婚 결혼 ｜ 〜てほしい 〜해 주기 바라다 ｜ プレゼント 선물 ｜ 連絡 연락 ｜ プロポーズ 프로포즈

남자는 왜 기운이 없는 것입니까?

1 배가 불러서 식욕이 없기 때문에
2 여자 친구와 싸워서 연락이 되지 않기 때문에
3 시험 공부를 할 수 없기 때문에
4 내일은 시험이 있기 때문에

가장 알맞은 것은 2번입니다. 해답 용지의 문제 2의 예 부분을 봐 주세요. 가장 알맞은 것은 2번이므로 답은 이렇게 씁니다.
그럼 시작하겠습니다.

1번

남자와 여자가 이야기하고 있습니다. 여자는 왜 놀라고 있습니까?

여 : 어제 메일 안 보냈던데 바빴던 거야?
남 : 어제는 회사에서 여러 가지 일이 있어서 조금 피곤했어.
여 : 요즘 전부터 메일이랑 전화가 줄어든 것 같은 느낌이 드는데…….
남 : 너무 신경 쓴다.
여 : 나한테 뭔가 숨기고 있지 않아?
남 : 아무것도 숨기는 거 없어. 하지만 딱 하나 숨기고 있는 것이 있지.
여 : 역시! 당신 정말로 완전 나빠!
남 : 생일 축하해. 놀랐어?
여 : 이거…… 반지? 정말로 놀랐어. 당신 정말 최고!
남 : 이거 숨기느라 고생했어. 나랑 결혼해 줘.

여자는 왜 놀라고 있습니까?

1 그가 생일 선물을 잊었기 때문에
2 그가 숨기고 있는 것을 가르쳐 주었기 때문에
3 그가 연락을 주었기 때문에
4 그가 프로포즈해 주었기 때문에

해설

남자의 연락이 줄어 서운해 하고 있는 여자에게, 남자가 생일 축하한다며 반지와 함께 프로포즈를 하고 있다(僕と結婚してほしい). 따라서 정답은 4번이 된다.

2番

男の子と先生が話しています。男の子が遅刻した理由は何ですか。

M：先生、遅刻してすみませんでした。

F：今日も遅刻だなんて、いつもの寝坊ですか。

M：いいえ、今日はいつもの寝坊じゃないんです。

F：じゃあ、朝ごはんをゆっくり食べたからですか。

M：朝ごはんは食べませんでした。

F：それじゃあ、忘れ物をして取りに家に戻ったからですか。

M：今日はちゃんと教科書もノートもお弁当も持ってきました。

F：それじゃあ、どうしてですか。

M：夢の中で一生懸命テスト勉強してさっき起きたんです。

F：では、今日のテストでいい点、期待していますよ。

男の子が遅刻した理由は何ですか。

1　寝坊したから
2　忘れ物をしたから
3　朝ごはんを食べたから
4　一生懸命勉強したから

단어

遅刻 지각 | 理由 이유 | いつも 여느 때, 평소 | 寝坊 늦잠
| ゆっくり 천천히, 여유 있게 | 忘れ物をする 물건을 잊고
오다 | 教科書 교과서 | ノート 노트 | お弁当 도시락 | 夢の
中 꿈 속 | 一生懸命 열심히 | テスト勉強 시험 공부 | さっ
き 아까, 조금 전 | 起きる 일어나다 | 点 점수 | 期待 기대

3番

男の人と女の人が話しています。男の人が禁煙を続けて一番嬉しかったことは何ですか。

F：本当に禁煙が続いてるなんて信じられないわね。

M：そうなんだよ。最近、たばこを吸う場所もどんどん減っているし、禁煙をしていると褒められるからね。

F：たばこは体に悪いし、禁煙して正解よ。

M：うん。そろそろ健康にも気をつけないといけない年齢になってきたし、体の調子も良くなって前より若くなったって言われるよ。

F：それはよかったわね。

2번

남자아이와 선생님이 이야기하고 있습니다. 남자아이가 지각한 이유는 무엇입니까?

남 : 선생님, 지각해서 죄송합니다.

여 : 오늘도 지각하다니 평소처럼 늦잠인가요?

남 : 아니요, 오늘은 평소 같은 늦잠이 아니에요.

여 : 그럼, 아침밥을 천천히 먹어서인가요?

남 : 아침밥은 먹지 않았어요.

여 : 그러면, 물건을 잊고 와 가지러 집에 돌아가서인가요?

남 : 오늘은 제대로 교과서도 노트도 도시락도 들고 왔습니다.

여 : 그러면 어째서인가요?

남 : 꿈 속에서 열심히 시험 공부하다가 조금 전에 일어났어요.

여 : 그럼, 오늘 시험에서 좋은 점수 기대하고 있겠어요.

남자아이가 지각한 이유는 무엇입니까?

1　늦잠을 잤기 때문에
2　물건을 잊었기 때문에
3　아침밥을 먹었기 때문에
4　열심히 공부했기 때문에

해설

학생이 마지막에 꿈 속에서 열심히 시험 공부하다가 조금 전에 일어났다(夢の中で一生懸命テスト勉強してさっき起きたんです)고 했으므로, 결국 늦잠을 자다가 지각한 것이므로 정답은 1번이다.

3번

남자와 여자가 이야기하고 있습니다. 남자가 금연을 계속해서 가장 기뻤던 것은 무엇입니까?

여 : 정말로 금연을 계속하다니 믿을 수 없네.

남 : 정말이야. 최근 담배를 피울 장소도 점점 줄고 있고 금연을 하면 칭찬받으니까.

여 : 담배는 몸에 나쁘고 금연하는 게 정답이야.

남 : 응. 이제 슬슬 건강에도 신경 써야 하는 나이가 되었고, 몸 상태도 좋아져서 전보다 젊어졌다는 말을 들었어.

여 : 그거 다행이네.

M : それに実は、家族の仲もすごく良くなったんだ。今までたばこを買ってたお金で妻においしいものをごちそうしたり、子どもたちを遊びに連れて行ったりしているよ。

F : すごいじゃない！

M : そうなんだ。だから何よりも家族の笑顔のために禁煙を続けようと思ってね。

男の人が禁煙を続けて一番嬉しかったことは何ですか。

1 禁煙していることを褒められること
2 体の調子が良くなったこと
3 若くなったと言われること
4 家族の笑顔が見られること

禁煙 금연 | 続ける 계속하다 | 一番 가장, 제일 | 嬉しい 기쁘다 | 続く 계속되다 | 信じる 믿다 | たばこを吸う 담배를 피우다 | 場所 장소 | どんどん 점점 | 褒める 칭찬하다 | 正解 정답 | そろそろ 이제 슬슬 | 健康 건강 | 気をつける 조심하다, 주의하다 | 年齢 연령 | 体の調子 몸 상태 | 若い 젊다 | 実は 사실은, 실은 | 家族 가족 | 仲 사이 | ごちそう 맛있는 음식, 한턱 냄 | 連れて行く 데려 가다 | 笑顔 웃는 얼굴 | 見られる 볼 수 있다

4番

男の人と女の人が話しています。どうして男の人は満足しているのですか。

M : 昨日第一希望の会社の面接があったんだけど、行けなくてだめだったよ。

F : あんなに面接の練習をたくさんして、入社を目指してたじゃない。

M : うん、本当に惜しいことをしたと思ってるよ。でも満足してるんだ。

F : 他に大事な用事でもあったの？

M : ううん、面接に行くときに迷子の子どもを見つけたんだ。その子のお母さんを一緒に探して待っていたから行けなかったんだよ。

F : その子のお母さんは見つかったの？

M : うん、見つかったよ。子どももお母さんもすごく嬉しそうで僕まで幸せな気持ちになれたし、本当にやりたい仕事も見つかったんだ。

F : 本当にやりたい仕事？

남 : 게다가 실은 가족 사이도 굉장히 좋아졌어. 지금까지 담배를 샀던 돈으로 아내에게 맛있는 것을 사 주기도 하고, 아이들을 데리고 놀러 가기도 하고 있어.

여 : 굉장하잖아!

남 : 그렇지. 그러니까 무엇보다도 가족의 웃는 얼굴을 위해 금연을 계속하려고 해.

남자가 금연을 계속해서 가장 기뻤던 것은 무엇입니까?

1 금연하고 있는 것을 칭찬받는 것
2 몸 상태가 좋아진 것
3 젊어졌다는 말을 듣는 것
4 가족의 웃는 얼굴을 볼 수 있는 것

금연을 한 후 가족 사이도 굉장히 좋아졌고, 무엇보다도 가족의 웃는 얼굴을 위해 금연을 계속하려고 한다(何よりも家族の笑顔のために禁煙を続けようと思ってね)고 했으므로 정답은 4번이 된다.

4 번

남자와 여자가 이야기하고 있습니다. 왜 남자는 만족하고 있습니까?

남 : 어제 제1희망 회사의 면접이 있었는데 못 가서 떨어졌어.

여 : 그렇게 면접 연습을 많이 하고 입사를 목표로 하고 있었잖아.

남 : 응, 정말로 아깝다고 생각해. 하지만 만족하고 있어.

여 : 그것 말고 중요한 볼일이라도 있었던 거야?

남 : 아니, 면접에 가다가 미아를 발견했어. 그 아이의 엄마를 같이 찾고 기다리느라 못 간 거야.

여 : 그 아이의 엄마는 찾은 거야?

남 : 응, 찾았어. 아이도 엄마도 굉장히 기뻐 보여서 나까지 행복한 기분이 들었고, 정말로 하고 싶은 일도 찾은 거야.

여 : 정말로 하고 싶은 일?

M：僕、卒業後は幼稚園の先生になるための学校に行くことに決めたよ。

どうして男の人は満足しているのですか。

1　面接に行かないで済んだから
2　迷子の子どもの母親が見つかったから
3　やりたい仕事が見つかったから
4　学校に行くことに決めたから

단어

満足 만족 | 第一 제일, 첫 번째 | 希望 희망 | 面接 면접 | 練習 연습 | 入社 입사 | 目指す 지향하다, 목표로 하다 | 惜しい 아깝다, 유감이다 | 大事だ 중요하다 | 用事 용무, 볼일 | 迷子 미아 | 見つける 발견하다 | 探す 찾다 | 見つかる 찾게 되다, 발견하다 | 嬉しい 기쁘다 | 幸せだ 행복하다 | 気持ち 기분 | 卒業 졸업 | 幼稚園 유치원 | 済む 끝나다, 해결되다

5番

男の人と女の人が電話で話しています。女の人は明日の午後どこへ行きますか。

M：明日から出張で京都に行ってくるよ。
F：そうなの？　私も明後日ちょうど用事があって行くのよ。
M：それは偶然だね！
F：向こうで時間があったら会えればいいんだけど……。
M：何時に京都に着くの？
F：前の日に大阪に行って友達とランチをしてその後、親戚の結婚式があるから出席するの。たぶんお酒をいっぱい飲むから次の日の遅くに起きて、2時までには着くと思うわ。
M：そうか〜、仕事が終わるのが遅いからお昼を一緒に食べようと思ったんだけど……。次の日の予定は？
F：京都にいる友達の家に行って午後から大阪へ帰ります。

女の人は明日の午後どこへ行きますか。

1　大阪で友達の家
2　大阪で親戚の結婚式
3　京都で親戚の結婚式
4　京都で友達の家

남：나, 졸업 후에는 유치원 선생님이 되기 위한 학교에 가기로 결정했어.

왜 남자는 만족하고 있습니까?

1　면접에 가지 않아도 되기 때문에
2　미아의 어머니를 찾았기 때문에
3　하고 싶은 일을 발견했기 때문에
4　학교에 가기로 결정했기 때문에

해설

남자는 미아가 된 아이의 엄마를 같이 찾으면서, 자신까지 행복한 기분이 들었고 정말로 하고 싶은 일도 발견했다(子どももお母さんもすごく嬉しそうで僕まで幸せな気持ちになれたし、本当にやりたい仕事も見つかったんだ)고 말하고 있다. 즉 자신이 정말로 하고 싶은 일을 발견했기 때문에 만족하고 있는 것이다. 정답은 3번이다.

5번

남자와 여자가 전화로 이야기하고 있습니다. 여자는 내일 오후에 어디에 갑니까?

남：내일부터 교토에 출장 갔다 올게.
여：그래? 나도 내일모레 마침 볼 일이 있어서 갈 거야.
남：그거 우연이네!
여：거기서 시간이 있으면 만나면 좋은데…….
남：몇 시에 교토에 도착해?
여：전날에 오사카에 가서 친구랑 점심을 먹고, 그 후에 친척 결혼식이 있으니까 참석할거야. 아마 술을 잔뜩 마실 테니까 다음 날 늦게 일어나서 2시까지는 도착할 거야.
남：그렇구나. 일이 늦게 끝나니까 점심을 같이 먹으려고 했는데……. 다음 날 예정은?
여：교토에 있는 친구 집에 갔다가 오후에 오사카로 돌아갈 거야.

여자는 내일 오후에 어디에 갑니까?

1　오사카에서 친구의 집
2　오사카에서 친척의 결혼식
3　교토에서 친척의 결혼식
4　교토의 친구의 집

해설

여자는 내일모레 볼일이 있어 교토에 간다(私も明後日ちょうど用事があって行くのよ)고 했고, 그 전날 오사카에 가서 친구와 점심을 먹고 그 후에 친척의 결혼식에

午後 오후 | 京都 교토 | 明後日 내일모레, 모레 | ちょうど
마침, 꼭 | 偶然 우연 | 向こう 행선지, 저쪽 | 着く 도착하
다 | 大阪 오사카 | ランチをする 점심을 먹다 | 親戚 친척 |
結婚式 결혼식 | 出席 출석, 참석 | たぶん 아마, 대개 | いっ
ぱい 가득, 잔뜩 | 次の日 다음 날 | お昼 점심 | 予定 예정

6番

男の人と女の人が話しています。男の人はどうして電子書籍が必要ないと言っていますか。

F：これが最近話題になっている電子書籍よ。

M：わぁ！意外と読みやすいものだね。

F：そうなの。これからは重たい本を持って歩かなくていいし、読みたい本がいつでも簡単に手に入るから本当に便利だわ。

M：前から読みたい本があったんだけど、もう店では売ってないみたいなんだよ。

F：大丈夫！この電子書籍なら昔販売されていた本も読むことができるのよ。

M：本当にすごいや！でもなんだかちょっと本を読んでる感じがしないね。何かのデータを読んでるみたいだ。

F：そうかなぁ。

M：とても便利だけど、僕は要らないや。本を読んでいるときの方が感情が入るし、本が伝えたいことが伝わりやすい気がするな。

男の人はどうして電子書籍が必要ないと言っていますか。

1 読みにくいから
2 読みたい本を売っていないから
3 データを読んでいるから
4 本を読んでいる感じがしないから

電子書籍 전자 서적 | 話題 화제 | 意外と 의외로 | 重たい
무겁다, 묵직하다 | 簡単に 간단히, 쉽게 | 手に入る 손에 들
어오다 | 売る 팔다 | 大丈夫だ 괜찮다 | 昔 옛날, 예전 | 販
売 판매 | 感じがする 느낌이 들다 | データ 데이터 | 要る
필요하다 | 感情が入る 감정이 이입되다 | 伝える 전달하다
| 伝わる 전해지다 | 気がする 생각이 들다

참석한다(前の日に大阪に行って友達とランチをしてその後、親戚の結婚式があるから出席するの)고 했다. 그러므로 정답은 2번, 내일 오후에 가는 곳은 오사카에서 있을 친척 결혼식이다.

6번

남자와 여자가 이야기하고 있습니다. 남자는 왜 전자 서적이 필요 없다고 말하고 있습니까?

여 : 이것이 최근 화제가 되고 있는 전자 서적이야.

남 : 와! 의외로 읽기 쉬운 물건이네.

여 : 그래. 이제부터는 묵직한 책을 들고 다니지 않아도 되고, 읽고 싶은 책이 언제든지 간단히 손에 들어오니까 정말로 편리해.

남 : 전부터 읽고 싶은 책이 있었는데, 이제 서점에서는 팔지 않는 것 같아.

여 : 괜찮아! 이 전자 서적이라면 예전에 판매되던 책도 읽을 수 있어.

남 : 정말로 굉장하잖아! 하지만 뭔가 좀 책을 읽고 있는 느낌이 안 들어. 무슨 데이터를 읽고 있는 것 같아.

여 : 그런가.

남 : 아주 편리하지만 난 필요 없어. 책을 읽고 있을 때가 감정이 이입되고 책이 전하려는 것이 잘 전해지는 것 같아.

남자는 왜 전자 서적이 필요 없다고 말하고 있습니까?

1 읽기 어려우니까
2 읽고 싶은 책을 팔지 않으니까
3 데이터를 읽고 있으니까
4 **책을 읽고 있는 느낌이 나지 않으니까**

남자는 전자 서적은 뭔가 좀 책을 읽고 있는 느낌이 안 든다(でもなんだかちょっと本を読んでる感じがしないね)며 책을 읽고 있는 쪽이 감정이 이입되고 전하려는 것이 잘 전해진다고 말하고 있다. 따라서 정답은 4번이 된다.

問題3

問題3では、問題用紙に何もいんさつされていません。この問題は、全体としてどんな内容かを聞く問題です。話の前に、質問はありません。まず話を聞いてください。それから、質問とせんたくしを聞いて、1から4の中から、最もよいものを一つ選んでください。
では練習しましょう。

例

留守番電話のメッセージを聞いています。

F：ABC旅行の山田でございます。いつもご利用ありがとうございます。先日、お話した大阪行き航空券の予約ですが、往復で2名様のお席を予約できましたのでご連絡いたしました。お支払いについては、火曜日以降でしたら、私がお店にいますのでお待ちしています。また、お客様の必要に応じて大阪で宿泊されるホテルや観光ツアーもご用意していますので、お支払いでお店に来た時にでも、ご覧いただければと思います。では、失礼します。

何についてのメッセージですか。

1　旅行会社の営業日
2　おすすめツアーの紹介
3　支払い金額の案内
4　飛行機の予約確認

最もよいものは4番です。解答用紙の問題3の例のところを見てください。最もよいものは4番ですから、答えはこのように書きます。
では、始めます。

1番

電車で車掌がアナウンスしています。

M：本日もJR北海道をご利用いただき誠にありがとうございます。大雪のため電車が遅れたことをお詫び申し上げます。お乗り換え列車をご案内いたします。札幌発小樽行き普通列車1番ホーム3時25分発車です。次は終点札幌、終点札幌です。お忘れ物をなさいませんようお気をつけください。本日もJR北海道をご利用いただき誠にありがとうございます。

문제 3

문제 3에서는 문제 용지에 아무것도 인쇄되어 있지 않습니다. 이 문제는 전체로서 어떤 내용인지를 묻는 문제입니다. 이야기 전에 질문은 없습니다. 먼저 이야기를 들어 주세요. 그리고 나서 질문과 선택지를 듣고, 1에서 4 중에서 가장 알맞은 것을 하나 고르세요.
그럼 연습하겠습니다.

예

자동 응답 전화의 메세지를 듣고 있습니다.

여：ABC여행의 야마다입니다. 늘 이용해 주셔서 감사합니다. 일전에 말씀 드린 오사카행 항공권 예약입니다만, 왕복으로 두 분의 좌석을 예약할 수 있어서 연락 드렸습니다. 지불에 대해서는 화요일 이후면 제가 가게에 있으니까 기다리고 있겠습니다. 또 손님의 필요에 따라 오사카에서 숙박하실 호텔과 관광 투어도 준비하고 있으니 지불하러 가게에 오신 때에라도 봐 주시길 바랍니다. 그럼 실례하겠습니다.

무엇에 대한 메시지입니까?

1　여행사의 영업일
2　추천 여행의 소개
3　지불 금액의 안내
4　비행기의 예약 확인

가장 알맞은 것은 4번입니다. 해답 용지의 문제 3의 예를 봐 주세요. 가장 알맞은 것은 4번이니까 답은 이렇게 씁니다.
그럼, 시작하겠습니다.

1번

전철에서 차장이 방송을 하고 있습니다.

남：오늘도 JR홋카이도를 이용해 주셔서 진심으로 감사 드립니다. 대설 때문에 전철이 늦어진 점 죄송합니다. 환승 열차를 안내해 드리겠습니다. 삿포로 출발 오타루행 보통 열차, 1번 홈 3시 25분 발차입니다. 다음은 종점 삿포로, 종점 삿포로입니다. 잊으신 물건 없도록 주의하세요. 오늘도 JR홋카이도를 이용해 주셔서 진심으로 감사 드립니다.

<ruby>何<rt>なに</rt></ruby>についてのアナウンスでしたか。

1 <ruby>電車<rt>でんしゃ</rt></ruby>の<ruby>遅<rt>おく</rt></ruby>れの<ruby>案内<rt>あんない</rt></ruby>について
2 <ruby>小樽行<rt>おたるゆ</rt></ruby>きの<ruby>乗<rt>の</rt></ruby>り<ruby>換<rt>か</rt></ruby>え<ruby>列車<rt>れっしゃ</rt></ruby>の<ruby>案内<rt>あんない</rt></ruby>
3 <ruby>札幌行<rt>さっぽろゆ</rt></ruby>き<ruby>乗<rt>の</rt></ruby>り<ruby>換<rt>か</rt></ruby>え<ruby>列車<rt>れっしゃ</rt></ruby>の<ruby>案内<rt>あんない</rt></ruby>
4 <ruby>忘<rt>わす</rt></ruby>れ<ruby>物<rt>もの</rt></ruby>の<ruby>案内<rt>あんない</rt></ruby>

단어

<ruby>車掌<rt>しゃしょう</rt></ruby> 차장 | アナウンス 방송함 | <ruby>本日<rt>ほんじつ</rt></ruby> 금일, 오늘 | <ruby>北海道<rt>ほっかいどう</rt></ruby> 홋카이도 | <ruby>利用<rt>りよう</rt></ruby> 이용 | <ruby>誠<rt>まこと</rt></ruby>に 참으로, 진심으로 | <ruby>大雪<rt>おおゆき</rt></ruby> 대설, 큰 눈 | <ruby>遅<rt>おく</rt></ruby>れる 늦어지다 | お<ruby>詫<rt>わ</rt></ruby>び 사과, 사죄 | <ruby>申<rt>もう</rt></ruby>し<ruby>上<rt>あ</rt></ruby>げる 말씀 드리다 | <ruby>乗<rt>の</rt></ruby>り<ruby>換<rt>か</rt></ruby>え 갈아타기, 환승 | <ruby>列車<rt>れっしゃ</rt></ruby> 열차 | <ruby>案内<rt>あんない</rt></ruby> 안내 | <ruby>札幌<rt>さっぽろ</rt></ruby> 삿포로 | ～<ruby>発<rt>はつ</rt></ruby> ～발, ～출발 | <ruby>小樽<rt>おたる</rt></ruby> 오타루 | ～<ruby>行<rt>ゆ</rt></ruby>き ～행, ～도착 | <ruby>普通列車<rt>ふつうれっしゃ</rt></ruby> 보통 열차 | ～<ruby>番<rt>ばん</rt></ruby>ホーム ～번 플랫폼 | <ruby>発車<rt>はっしゃ</rt></ruby> 발차, 차가 출발함 | <ruby>終点<rt>しゅうてん</rt></ruby> 종점 | <ruby>忘<rt>わす</rt></ruby>れ<ruby>物<rt>もの</rt></ruby> 분실물 | なさる 하시다(する의 존경어)

2 <ruby>番<rt>ばん</rt></ruby>

テレビで<ruby>女<rt>おんな</rt></ruby>の<ruby>人<rt>ひと</rt></ruby>が<ruby>話<rt>はな</rt></ruby>しています。

F : これは30<ruby>代<rt>だい</rt></ruby>から40<ruby>代<rt>だい</rt></ruby>の<ruby>男性<rt>だんせい</rt></ruby>、<ruby>女性<rt>じょせい</rt></ruby>を<ruby>対象<rt>たいしょう</rt></ruby>にしたアンケートの<ruby>結果<rt>けっか</rt></ruby>なんですが、1<ruby>位<rt>い</rt></ruby>は「<ruby>勉強<rt>べんきょう</rt></ruby>」でした。その<ruby>理由<rt>りゆう</rt></ruby>は、「だんだん<ruby>覚<rt>おぼ</rt></ruby>えが<ruby>悪<rt>わる</rt></ruby>くなるから」、「<ruby>資格<rt>しかく</rt></ruby>を<ruby>取<rt>と</rt></ruby>っていれば<ruby>就職<rt>しゅうしょく</rt></ruby>に<ruby>有利<rt>ゆうり</rt></ruby>だから」などでした。2<ruby>位<rt>い</rt></ruby>は「<ruby>恋<rt>こい</rt></ruby>をする」、3<ruby>位<rt>い</rt></ruby>は「<ruby>旅行<rt>りょこう</rt></ruby>」で、どちらも「<ruby>時間<rt>じかん</rt></ruby>があるからできる」という<ruby>理由<rt>りゆう</rt></ruby>でした。<ruby>意外<rt>いがい</rt></ruby>に「<ruby>仕事<rt>しごと</rt></ruby>」が6<ruby>位<rt>い</rt></ruby>という<ruby>低<rt>ひく</rt></ruby>い<ruby>結果<rt>けっか</rt></ruby>でした。もちろん、すべて<ruby>頑張<rt>がんば</rt></ruby>ったから<ruby>後悔<rt>こうかい</rt></ruby>はないという<ruby>方<rt>かた</rt></ruby>もいらっしゃいました。10<ruby>年後<rt>ねんご</rt></ruby>にそう<ruby>言<rt>い</rt></ruby>えるように<ruby>満足<rt>まんぞく</rt></ruby>のできる<ruby>毎日<rt>まいにち</rt></ruby>を<ruby>過<rt>す</rt></ruby>ごしたいものですね。

このアンケートはどんな<ruby>質問<rt>しつもん</rt></ruby>に<ruby>対<rt>たい</rt></ruby>する<ruby>答<rt>こた</rt></ruby>えですか。

1 <ruby>今<rt>いま</rt></ruby>からやりたいことは<ruby>何<rt>なに</rt></ruby>か
2 <ruby>今<rt>いま</rt></ruby>やっていることは<ruby>何<rt>なに</rt></ruby>か
3 <ruby>今<rt>いま</rt></ruby>までやっておけばよかったことは<ruby>何<rt>なに</rt></ruby>か
4 <ruby>今<rt>いま</rt></ruby>からやらなければならないことは<ruby>何<rt>なに</rt></ruby>か

단어

テレビ 텔레비전 | <ruby>対象<rt>たいしょう</rt></ruby> 대상 | アンケート 앙케트 | <ruby>結果<rt>けっか</rt></ruby> 결과 | <ruby>覚<rt>おぼ</rt></ruby>え 기억, 이해 | <ruby>悪<rt>わる</rt></ruby>い 나쁘다 | <ruby>資格<rt>しかく</rt></ruby>を<ruby>取<rt>と</rt></ruby>る 자격증을 따다 | <ruby>就職<rt>しゅうしょく</rt></ruby> 취직 | <ruby>有利<rt>ゆうり</rt></ruby> 유리 | <ruby>恋<rt>こい</rt></ruby>をする (남녀간의) 사랑을 하다 | <ruby>意外<rt>いがい</rt></ruby>に 의외로 | <ruby>低<rt>ひく</rt></ruby>い 낮다 | もちろん 물론 | <ruby>頑張<rt>がんば</rt></ruby>る 열심히 하다 | <ruby>後悔<rt>こうかい</rt></ruby> 후회 | いらっしゃる 계시다(いる의 존경어) | <ruby>毎日<rt>まいにち</rt></ruby> 매일 | <ruby>過<rt>す</rt></ruby>ごす 보내다, 지내다 | <ruby>質問<rt>しつもん</rt></ruby> 질문 | <ruby>答<rt>こた</rt></ruby>え 대답, 응답

무엇에 대한 방송이었습니까?

1 전철 연착 안내에 대해
2 오타루행 환승 열차 안내
3 삿포로행 환승 열차 안내
4 분실물 안내

해설

환승 열차를 안내하겠다고 하며, 삿포로 출발 오타루행 보통 열차가 1번 홈에서 3시 25분 발차한다(札幌発小樽行き普通列車 1 番ホーム 3 時25分発車です)고 알리고 있으므로, 정답은 2번 오타루행 환승 열차 안내이다.

2 번

텔레비전에서 여자가 말하고 있습니다.

여 : 이것은 30대부터 40대의 남성과 여성을 대상으로 한 앙케트의 결과입니다만, 1위는 '공부'였습니다. 그 이유는 '점점 기억력이 나빠지니까', '자격증을 따 두면 취직에 유리하니까' 등이었습니다. 2위는 '사랑을 한다', 3위는 '여행'으로 양쪽 다 '시간이 있으니까 할 수 있다'라는 이유였습니다. 의외로 '일'이 6위라는 낮은 결과였습니다. 물론 모두 열심히 했기 때문에 후회는 없다고 하는 분도 계셨습니다. 10년 후에 그렇게 말할 수 있도록 만족할 수 있는 매일을 보냈으면 합니다.

이 앙케트는 어떤 질문에 대한 대답입니까?

1 지금부터 하고 싶은 일은 무엇인가?
2 지금 하고 있는 일은 무엇인가?
3 지금까지 해 두면 좋았을 일은 무엇인가?
4 지금부터 하지 않으면 안 되는 일은 무엇인가?

해설

앙케트 조사 결과의 순위를 이야기하면서 모두 열심히 했으니까 후회는 없다는 사람도 있었다(もちろん、すべて頑張ったから後悔はないという方もいらっしゃいました)는 말을 통해 3번, 지금까지 해 두었으면 좋았던 것들에 대해 말하고 있음을 알 수 있다.

3 番

男の人が講演会で話しています。

M: 人は人生の中で迷い、いくつもの選択をしなけれ
ばなりません。小さな選択から進学か就職かなど
の大きな選択まで。例えば急に雨が降ってきて、
傘を買って家に帰るか、そこにあるカフェで雨が
止むのを待つかの小さな選択。家に帰っても家で
ゆっくり見たかったテレビを見られて幸せだし、
カフェに行ってもおいしいコーヒーと素敵な出会
いがあるかもしれない。どちらを選んでも幸せで
はないか。たくさんある人生の選択を自分自身で
選べる私たちはとても幸せで、その選んだ道を幸
せに変えることができるのも自分自身なのだ。

男の人が言いたいことは何ですか。

1　自分の人生は自分自身で幸せにできる
2　自分が選んだ道は正しい
3　人生に迷うことは必要だ
4　普通に過ごしていれば幸せになれる

단어

講演会 강연회 | 迷う 망설이다 | 選択 선택 | 進学 진학 |
就職 취직 | 急に 갑자기 | 傘 우산 | カフェ 카페 | 止む (눈,
비 등이) 그치다 | 幸せ 행복 | 素敵だ 멋지다, 훌륭하다 | 出
会い 만남 | 自分自身 자기자신 | 正しい 옳다, 바르다 | 普
通 보통 | 過ごす 보내다

4 番

男の人と女の人が話しています。

M: 今日観た映画ずっと観たいって言ってたけど、ど
うだった？

F: うん、最初は内容が少し難しくてよくわからな
かったから眠くなっちゃった。

M: そうだね、眠そうだったもんね。

F: うん、映画の宣伝ではおもしろそうだったから期
待してたんだけど、最初はつまらなかったわね。
でも最後は想像していなかった展開で目が離せな
かったわ。本当におもしろい映画だったわよね。

M: 僕も同じ感想だよ。

해설

3 번

남자가 강연회에서 이야기하고 있습니다.

남: 사람은 인생에서 망설이며 몇 갠가의 선택을 하지 않
으면 안 됩니다. 작은 선택부터 진학이나 취직 등의
큰 선택까지. 예를 들면 갑자기 비가 내리기 시작해서
우산을 사서 집에 돌아갈지, 거기에 있는 카페에서 비
가 그칠 것을 기다릴 것인지에 대한 작은 선택. 집에
돌아가도 집에서 천천히 보고 싶었던 텔레비전을 볼
수 있어 행복하고, 카페에 가도 맛있는 커피와 멋진
만남이 있을지도 모른다. 어느 쪽을 선택해도 행복한
것은 아닌가? 많이 있는 인생의 선택을 자기자신이 선
택할 수 있는 우리들은 아주 행복하고, 그 선택한 길
을 행복하게 바꿀 수 있는 것도 자기자신인 것이다.

남자가 말하고 싶은 것은 무엇입니까?

1　자신의 인생은 자기자신이 행복하게 할 수 있다.
2　자신이 선택한 길은 바르다.
3　인생에 망설이는 것은 필요하다.
4　보통으로 보내고 있으면 행복해 질 수 있다.

해설

마지막에서 인생에서 자기자신이 많은 선택을 할 수 있는
우리들은 아주 행복하고 그 선택한 길을 행복으로 바꿀 수
있는 것도 자기자신인 것(たくさんある人生の選択を
自分自身で選べる私たちはとても幸せで、その選
んだ道を幸せに変えることができるのも自分自身
なのだ)이라고 말하고 있다. 즉, 이 말은 자신의 인생은
자기자신이 행복하게 만들 수 있다는 의미이므로 정답은
1번이 된다.

4 번

남자와 여자가 이야기하고 있습니다.

남: 오늘 본 영화 계속 보고 싶다고 한 거였는데 어땠어?
여: 음, 처음에는 내용이 조금 어렵고 잘 몰라서 졸렸어.
남: 맞아. 졸린 것 같았어.
여: 응, 영화 선전에서는 재미있을 것 같아서 기대하고 있
었는데, 처음에는 재미없었어. 하지만 마지막에는 상
상하지 못했던 전개로 눈을 뗄 수 없었어. 정말로 재
미있는 영화였어.
남: 나도 똑같은 감상이야.

女の人は映画についてどう思っていますか。

1　最初は難しくて最後もつまらなかった
2　最後は想像通りで眠くなった
3　最後は期待通りおもしろかった
4　最初から最後までおもしろかった

観る 보다 | 映画 영화 | ずっと 쭉, 계속 | 最初 최초, 처음 | 内容 내용 | よく 잘, 자주 | 眠い 졸리다 | 宣伝 선전 | つまらない 재미없다, 시시하다 | 最後 최후, 마지막 | 想像 상상 | 展開 전개 | 目が離せない 눈을 뗄 수 없다 | 同じだ 같다 | 感想 감상 | ～通り ～대로 | 期待 기대

5番

先生が説明しています。

M：これから行う試験はみなさんの就職活動にとても重要なものです。落ち着いてゆっくり一問一問、間違えないように記入してください。それでは机の上には鉛筆と消しゴムだけ用意してください。わからない問題がある人は手を上げて質問してください。自分の性格や行動に一番合うものは5番を、全く合わない場合は1番を、どちらでもない場合は3番を鉛筆で黒く塗りつぶしてください。

これはどんな試験の説明ですか。

1　英語の試験
2　大学の入学試験
3　自分の血液型が示す性格を診断する試験
4　どんな職業が性格に合っているかの試験

説明 설명 | 行う 행하다, 실시하다 | 試験 시험 | 就職活動 취직 활동 | 重要だ 중요하다 | 落ち着く 안정되다, 정착되다 | 一問 한 문제 | 間違える 틀리게 하다, 실수하다 | 記入 기입 | 鉛筆 연필 | 消しゴム 지우개 | 用意 준비 | 手を上げる 손을 들다 | 性格 성격 | 行動 행동 | 合う 맞다, 어울리다 | 全く 전혀, 완전히 | 黒い 검다 | 塗りつぶす 빈틈없이 칠하다 | 英語 영어 | 血液型 혈액형 | 示す 나타내다 | 診断 진단 | 職業 직업

여자는 영화에 대해 어떻게 생각하고 있습니까?

1　처음에는 어려웠고 마지막도 재미없었다.
2　마지막은 상상대로 졸렸다.
3　마지막은 기대대로 재미있었다.
4　처음부터 마지막까지 재미있었다.

여자는 처음에는 내용이 어렵고 이해가 잘 안 되어서 졸리고 재미없었다고 한다. 하지만 마지막은 상상하지 못했던 전개로 눈을 뗄 수 없을 정도로 재미있었다(最後は想像していなかった展開で目が離せなかったわ。本当におもしろい映画だったわよね)고 했으므로 알맞은 답은 3번이다.

5번

선생님이 설명하고 있습니다.

남：이제부터 실시하는 시험은 여러분의 취직 활동에 매우 중요한 것입니다. 침착하게 천천히 한 문제 한 문제 틀리지 않도록 기입해 주세요. 그러면 책상 위에는 연필과 지우개만 준비해 주세요. 모르는 문제가 있는 사람은 손을 들고 질문해 주세요. 자신의 성격과 행동에 가장 맞는 것은 5번을, 전혀 맞지 않는 경우는 1번을, 어느 쪽도 아닌 경우는 3번을 연필로 검게 칠해 주세요.

이것은 어떤 시험에 대한 설명입니까?

1　영어 시험
2　대학 입학 시험
3　자신의 혈액형이 나타내는 성격을 진단하는 시험
4　어떤 직업이 성격에 맞는지에 대한 시험

지금부터 실시할 시험이 취직 활동에 중요한 것이라 했고, 자신의 성격과 행동에 맞는지 맞지 않는지를 연필로 칠하는 것이다. 따라서 자신의 성격에 맞는 직업이 어떠한 것인지 알아보기 위한 시험임을 알 수 있다. 정답은 4번이다.

問題4では、問題用紙に何もいんさつされていません。まず文を聞いてください。それから、それに対する返事を聞いて、1から3の中から、最もよいものを一つ選んでください。
では練習しましょう。

れい
例

F：すみません、何か書くものお持ちではないですか。

M：1　あ、これでよかったらどうぞ。

　　2　これで書いてはいけません。

　　3　じゃ、持っているんですね。

最もよいものは1番です。解答用紙の問題4の例のところを見てください。最もよいものは1番ですから、答えはこのように書きます。
では始めます。

ばん
1番

M：今日は僕が会計をするよ。

F：1　いくらですか。

　　2　おいしそうですね。

　　3　ごちそうさまです。

解説

僕 나｜会計 회계, 계산｜いくら 얼마｜ごちそうさまです 잘 먹었습니다

ばん
2番

M：ご無沙汰しております。お元気でしたか。

F：1　はい、お元気でした。

　　2　ええ、おかげさまで。

　　3　いえ、大丈夫です。

단어

ご無沙汰 무소식, 격조(오랜만에 만났을 때의 인사말)｜おかげさまで 덕분에

ばん
3番

M1：今回は私に任せていただけないでしょうか。

M2：1　君には期待しているよ。

　　　2　やればできるじゃないか。

　　　3　頑張ったんだな。

문제 4

문제 4에서는 문제 용지에 아무것도 인쇄되어 있지 않습니다. 먼저 문장을 들어 주세요. 그리고 그것에 대한 대한 응답을 듣고 1에서 3 중에서 가장 알맞은 것을 하나 고르세요.
그럼 연습하겠습니다.

예

여 : 실례합니다, 뭔가 쓸 거 가지고 있지 않나요?

남 : 1　아, 이것으로 괜찮다면 쓰세요.

　　2　이것으로 써서는 안 됩니다.

　　3　그럼, 가지고 있다는 거네요.

가장 알맞은 것은 1번입니다. 해답 용지의 문제 4의 예 부분을 봐 주세요. 가장 알맞은 것은 1번이니까 답은 이렇게 씁니다.
그럼 시작하겠습니다.

1번

남 : 오늘은 내가 계산 할게.

여 : 1　얼마입니까?

　　2　맛있을 것 같군요.

　　3　잘 먹었습니다.

해설

자신이 계산하겠다는 상대의 말을 듣고 할 수 있는 대답을 골라야 하므로 잘 먹었다고 한 3번이 정답이다.

2번

남 : 오랜만입니다. 잘 지내셨습니까?

여 : 1　네, 잘 지냈습니다.

　　2　네, 덕분에요.

　　3　아니요, 괜찮습니다.

해설

오랜만에 만나는 상대에게 그동안 잘 지냈는지 묻고 있다. 따라서 정답은 덕분에 잘 지냈다는 2번이다.

3번

남 1 : 이번에는 저에게 맡겨 주실 수 없을까요?

남 2 : 1　자네에게는 기대하고 있겠네.

　　　2　하면 할 수 있잖아.

　　　3　열심히 했구나.

今回 이번 | 任せる 맡기다 | 君 자네, 너 | やる 하다

4番

M：さっき電話したついでに言っときゃよかったよ。

F：1　やっぱり、言っておいてよかったね。

　　2　うん、言わなくてよかったよ。

　　3　そうね、言えばよかったのにね。

電話 전화 | 〜ついでに 〜하는 김에 | 〜ときゃ 〜해 두었으면(〜ておければ의 축약형) | やっぱり 역시

5番

M：彼氏ができてから最近輝いてるな。

F：1　光ってるでしょう？

　　2　きれいになった？

　　3　掃除したからかな？

彼氏 남자 친구 | できる 생기다 | 〜てから 〜하고 나서 | 輝く 빛나다, 반짝이다 | 光る 빛나다 | 掃除 청소

6番

F：この料理、見た目は悪いんだけど味は確かだから食べてみて。

M：1　本当だ、すごくおいしいね。

　　2　そうだね、おいしくないね。

　　3　確かに、変わった味だね。

料理 요리 | 見た目 겉보기, 외관 | 悪い 나쁘다, 별로다 | 味 맛 | 確かだ 확실하다, 분명하다 | 変わった 이상한, 특이한

7番

F：もしもし、いつもお世話になっております。

M：1　いいえ、こちらこそお世話になっております。

　　2　はい、いつもお世話です。

　　3　あ、ありがとうございます。

もしもし 여보세요 | お世話になる 신세 지다 | こちらこそ 저야말로

이번에는 자신에게 맡겨 주실 수 없는지 묻고 있으므로 기대하고 있겠다고 한 1번이 가장 적절한 대답이다.

4 번

남 : 아까 전화한 김에 말해 두면 좋았어.

여 : 1　역시 말해 두어서 다행이야.

　　2　응, 말하지 않아서 다행이야.

　　3　그래, 말했으면 좋았을 텐데.

아까 전화한 김에 말해 뒀으면 좋았을 텐데 하지 않아 유감이라는 것이다. 따라서 정답은 3번이다.

5 번

남 : 남자친구가 생기고 나서 요즘 빛이 나네.

여 : 1　빛나고 있죠?

　　2　예뻐졌어?

　　3　청소해서 그런가?

남자 친구가 생기고 빛이 난다는 것은 예뻐졌다는 의미이므로 정답은 2번이 된다.

6 번

여 : 이 요리 보기에는 별로지만, 맛은 확실하니까 먹어 봐.

남 : 1　정말이야, 굉장히 맛있어.

　　2　그래, 맛있지 않아.

　　3　분명히 이상한 맛이야.

요리가 보기엔 그래도 맛은 괜찮다는 것이다. 따라서 정말 맛있다고 대답한 1번이 정답이 된다.

7 번

여 : 여보세요, 늘 신세 지고 있습니다.

남 : 1　아니요, 저야말로 신세 지고 있습니다.

　　2　네, 늘 보살핍니다.

　　3　아, 감사합니다.

늘 신세 지고 있다는 상대의 말에 대한 대답으로 알맞은 것을 찾아야 하므로 1번, 아니라며 자신이 오히려 신세 지고 있다고 대답한 것이 정답이다.

8番

M : 私の携帯電話どこに行ったか知らない？

F : 1　どこにも行ってないよ。

　　2　あっちに行くと言ってたよ。

　　3　さっきまであったんだけど。

[단어]

携帯電話 휴대전화 | 知る 알다

9番

M : お荷物をおまとめしましょうか。

F : 1　ぜひ、まとめましょう。

　　2　はい、お願いします。

　　3　いえ、簡単ですよ。

[단어]

荷物 짐 | まとめる 정리하다, 한데 모으다 | ぜひ 꼭, 부디 | 簡単だ 간단하다, 쉽다

10番

F : ねえ、聞いた？　田中さん、結婚して仕事を辞めるんだって。

M : 1　おめでとう、お幸せに。

　　2　そうなんです、お世話になりました。

　　3　えっ、それは寂しくなるな。

[단어]

辞める 그만두다 | 寂しい 외롭다, 쓸쓸하다

11番

F : もうこんな時間だから急がなきゃ間に合わないよ。

M : 1　間に合ってよかったね。

　　2　走らなきゃだめだ。

　　3　まだ余裕があるね。

[단어]

急ぐ 서두르다 | 走る 달리다 | 余裕 여유

8번

남 : 내 휴대전화 어디에 갔는지 몰라?

여 : 1　어디에도 안 갔어.

　　2　저쪽으로 간다고 말했어.

　　3　조금 전까지 있었는데.

[해설]

휴대전화 어디에 갔는지 모르냐고 묻고 있다. 따라서 아까까지 있었다고 대답한 3번이 가장 적절하다.

9번

남 : 짐을 정리할까요?

여 : 1　꼭 정리합시다.

　　2　네, 부탁합니다.

　　3　아니요, 간단해요.

[해설]

짐을 정리할지를 묻는 상대의 말에 대한 답으로 알맞은 것을 찾아야 한다. 따라서 2번, 정리를 해 달라고 하며 잘 부탁한다고 하는 것이 가장 알맞다.

10번

여 : 근데, 들었어? 다나카 씨, 결혼하고 일을 그만둔다네.

남 : 1　축하해, 행복하길.

　　2　그렇습니다. 신세 졌습니다.

　　3　어, 그건 쓸쓸해지는데.

[해설]

다나카 씨가 결혼하고 일을 그만둔다는 말을 듣고 다른 사람에게 전하고 있다. 그러므로 3번, 그렇게 되면 서운하다고 하는 것이 정답이다.

11번

여 : 벌써 시간이 이렇게 되어서 서두르지 않으면 시간에 못 맞춰.

남 : 1　시간에 맞춰서 다행이네.

　　2　달려가지 않으면 안 돼.

　　3　아직 여유가 있네.

[해설]

벌써 시간이 이렇게 되어 서둘러야 한다는 말이다. 따라서 알맞은 답은 달려가야 한다고 대답한 2번이다.

M1： ついでにこの話を部長にも伝えてもらえるとあり
　　 がたいんだけど……。
M2： 1　わかりました。話しておきます。
　　 2　わかりました。伝えるかもしれません。
　　 3　わかりました。挨拶しておきます。

단어

ついでに ~(하)는 김에 | 伝える 전하다, 전달하다 | 挨拶
인사

問題5

問題5では長めの話を聞きます。この問題には
練習はありません。メモをとってもかまいません。

1番、2番
問題用紙に何もいんさつされていません。まず
話を聞いてください。それから、質問とせんた
くしを聞いて、1から4の中から、最もよいも
のを一つ選んでください。
では始めます。

1番

おもちゃ屋でお父さんとお母さんが話しています。

M： 今年のクリスマスはどんなプレゼントがいいか
　　 なぁ。この時期はお客さんも多いし品物もたくさ
　　 ん出ていて、どれがいいか迷うんだよな。
F： 去年は動く車のおもちゃをあげたら喜んでたわよね。
M： 男の子は車が好きだからなぁ。サッカーボールと
　　 か野球のグローブはどうだろう。今の子どもは家
　　 の中で遊ぶことが多いから、これだと外で遊べて
　　 体にもいいし、友達と一緒に遊べるからいいと思
　　 うんだけど。
F： そうね、いいかもしれないわね。他に良さそうな
　　 ものはあるかしら。
M： やっぱりテレビゲームは人気があるな。前からほ
　　 しいと言っていたし、大人がやってもおもしろそ
　　 うだ。あと、あそこにある子供用の自転車も気に
　　 なるな。

남1: 가는 김에 이 이야기를 부장님에게도 전해 주면 고맙겠
　　 는데…….
남2: 1　알겠습니다. 이야기해 두겠습니다.
　　 2　알겠습니다. 전할 지도 모릅니다.
　　 3　알겠습니다. 인사해 두겠습니다.

해설

부장님께 가는 김에 이 이야기도 전해 주었으면 고맙겠다
는 말이다. 이에 대한 대답으로는 1번, 알겠다고 하며 이
야기해 두겠다고 대답하는 것이 가장 적절할 것이다.

문제5

문제 5에서는 조금 긴 이야기를 듣습니다. 이 문제에
는 연습은 없습니다. 메모를 해도 상관없습니다.

1번, 2번
문제 용지에 아무것도 인쇄되어 있지 않습니다. 먼저
이야기를 들으세요. 그리고 질문과 선택지를 듣고 1에
서 4 중에서 가장 알맞은 것을 하나 고르세요.
그럼 시작하겠습니다.

1번

장난감 가게에서 아빠와 엄마가 이야기하고 있습니다.

남 : 올해 크리스마스에는 어떤 선물이 좋을까? 이 시기는
　　 손님도 많고 물건도 많이 나와 있어서 어느 것이 좋을
　　 지 고민되네.
여 : 작년에는 움직이는 장난감 차를 주었더니 기뻐했었죠.
남 : 남자아이는 차를 좋아하니까. 축구공이라든가 야구
　　 글러브는 어떨까? 요즘 아이들은 집 안에서 노는 경우
　　 가 많으니까, 이거면 밖에서 놀 수 있어서 몸에도 좋
　　 고 친구와 함께 놀 수 있으니까 좋을 것 같은데.
여 : 그래요, 괜찮겠네요. 그 밖에 좋은 것이 없으려나.
남 : 역시 텔레비전 게임은 인기가 있네. 전부터 갖고 싶다
　　 고 했고 어른이 해도 재미있을 것 같아. 그리고 저기
　　 에 있는 어린이용 자전거도 좋아 보이는데.

F：自転車は今だと30％割引きで売ってるみたい。あれは今テレビで宣伝している新しく発売されたテレビゲームね。本当におもしろそうね。安くないのに買っている人が結構いるわ。

M：でも大人になると外で遊ぶことがなくなるから今年はこれにするか。

F：いいわね。安いし、家族でこれに乗って少し遠くの公園に行って遊ぶこともできるしね。

二人はどのおもちゃをプレゼントに選びましたか。

1　サッカーボール
2　野球のグローブ
3　テレビゲーム
4　子供用の自転車

단어

おもちゃ屋 장난감 가게 | 今年 금년, 올해 | クリスマス 크리스마스 | 時期 시기 | 品物 물건, 상품 | 去年 작년 | 動く 움직이다 | 喜ぶ 기뻐하다 | サッカーボール 축구공 | 野球のグローブ 야구 글러브 | 外 밖 | テレビゲーム 텔레비전 게임 | 人気 인기 | ほしい 원하다, 갖고 싶다 | 大人 어른, 성인 | 子供用 어린이용 | 自転車 자전거 | 気になる 신경 쓰이다 | 割引き 할인 | 宣伝 선전 | 発売 발매 | 結構 제법, 꽤 | 遠く 먼 곳, 멀리

2番

娘と両親が結婚式のドレスについて話しています。

F1：結婚式で着るドレスは3着あるんだけど、白いドレス、水色のドレス、赤い着物の順で着ようと思うんだけど。

M　：初めは着物で入場したほうがいいんじゃないか。

F2：やっぱり結婚式といえば白いドレスでしょう。それが先のほうがいいわ。

F1：私もそう思うんだけど、2番目に着るのを迷ってて。

M　：着物を着たらどうだ？ ドレスが続いて最後に着物よりも間に入れたほうが印象がいいと思う。

F1：でもそうすると着替えるのに時間がかかるのよね。

F2：う～ん、私の結婚式のときは似合ってると思うものを最後に着たわよ。

M　：母さんは着物がすごく似合っていたからなぁ。

F1：そうだったんだ。私もお母さんと同じようにするわ。

M　：母さんとそっくりだし、すごく似合うと思うよ。

여：자전거는 지금이면 30％ 할인으로 팔고 있는 것 같아요. 저건 지금 텔레비전에서 선전하고 있는 새롭게 발매된 텔레비전 게임이네. 정말로 재미있어 보여요. 싸지 않은데도 제법 사는 사람이 많이 있는데요.

남：하지만 어른이 되면 밖에서 노는 일이 없어지니까 올해는 이것으로 할까?

여：좋아요. 싸고 가족끼리 이걸 타고 조금 먼 공원에 가서 놀 수도 있고.

두 사람은 어느 장난감을 선물로 골랐습니까?

1　축구공
2　야구 글러브
3　텔레비전 게임
4　어린이용 자전거

해설

마지막에 남자는 어른이 되면 밖에서 노는 일이 없어지니까 올해는 이것으로 할까 라고 했고 이에 여자는 가격도 싸고 가족끼리 이것을 타고 조금 먼 공원에 가서 놀 수도 있고 좋다고 말하고 있다. 따라서 4번, 지금 30% 할인으로 팔고 있는 자전거를 골랐음을 알 수 있다.

2번

딸과 부모가 결혼식 드레스에 대해 이야기하고 있습니다.

여1：결혼식에서 입을 드레스는 3벌 있는데, 흰 드레스, 푸른색 드레스, 빨간 기모노 순으로 입으려고 해요.

남　：처음에는 기모노로 입장하는 편이 좋지 않아?

여2：역시 결혼식이라고 하면 흰 드레스지요. 그것이 먼저인 게 좋아.

여1：나도 그렇게 생각하는데, 2번째로 입을 것을 고민하고 있어요.

남　：기모노를 입으면 어때? 드레스가 이어지다가 마지막에 기모노인 것보다는 사이에 들어가는 편이 인상이 좋다고 생각해.

여1：하지만 그렇게 하면 갈아입는 데에 시간이 걸려요.

여2：음, 내 결혼식 때는 잘 어울린다고 생각하는 것을 마지막에 입었어.

남　：엄마는 기모노가 굉장히 잘 어울렸으니까.

여1：그랬구나. 나도 엄마랑 똑같이 할게요.

남　：엄마랑 꼭 닮았으니까 굉장히 잘 어울릴 거야.

娘は結婚式のドレスをどの順で着ることにしましたか。

1 赤い着物、白いドレス、水色のドレス
2 白いドレス、水色のドレス、赤い着物
3 水色のドレス、赤い着物、白いドレス
4 水色のドレス、白いドレス、赤い着物

娘 딸 | 両親 양친, 부모 | 着る 입다 | ドレス 드레스 | ～着 옷을 세는 말, ～벌 | 白い 희다, 하얗다 | 水色 하늘 빛, 옅은 푸른 빛 | 赤い 붉다, 빨갛다 | 着物 기모노 | ～順 ～순 | 入場 입장 | ～番目 ～번째 | 間 사이 | 印象 인상 | 着替える 갈아입다 | 似合う 어울리다 | そっくりだ 꼭 닮다

3番

まず話を聞いてください。それから、二つの質問を聞いて、それぞれの問題用紙の1から4の中から、最もよいものを一つ選んでください。では始めます。

ラジオを聞きながら男の人と女の人が話しています。

F1：では、この夏休みに行ってみたいおすすめの観光地をご紹介します。一番のおすすめは「ドリームビーチ」です。夏といえばやっぱり海！砂の上で波の音を聞きながら昼寝するのもいいし、海でおもいきり泳いで遊ぶのは最高です。私泳げない……という方は「もいわ山」で登山がおすすめです。キャンプ場もあり、おいしい空気の中でBBQを楽しむのもいいでしょう。夜の空には数えることのできない無数の輝く星も見ることができます。デートをするのにおすすめなのが「ルスツ遊園地」です。行き帰りの無料バスもありますし、子どもから大人まで楽しめる乗り物が色々あるので満足できること間違いなしです。夜には夏だけの花火大会もあるので二人だけの素敵な時間を過ごせることでしょう。とにかくゆっくり休みたい方は「定山渓温泉」。こちらも行き帰りの無料バスが毎日あるのも便利ですし、大きなプールもあるので泳いだり家族でゆっくり温泉に入っていい思い出を作るのもいいですね。

F2：この夏はどこに行こうかな。遊園地はこの間行ったしな。

M：キャンプ場でBBQもおもしろそうじゃない？

F2：私、虫が多いところは嫌いなのよね。

딸은 결혼식 드레스를 어떤 순서로 입기로 했습니까?

1 빨간 기모노, 흰 드레스, 푸른색 드레스
2 흰 드레스, 푸른색 드레스, 빨간 기모노
3 푸른색 드레스, 빨간 기모노, 흰 드레스
4 푸른색 드레스, 흰 드레스, 빨간 기모노

처음엔 흰 드레스를 입는다고 했고 두 번째로 입을 것을 고민하다가 결국 엄마와 똑같은 순서로 입겠다고 한다. 엄마는 기모노가 잘 어울려 기모노를 마지막으로 입었다고 했으므로 결국 순서는 2번 흰 드레스, 푸른색 드레스, 빨간 기모노이다.

3번

먼저, 이야기를 들어 주세요. 그러고 나서 두 질문을 듣고 각각 문제 용지의 1에서 4 중에서 가장 알맞은 것을 하나 고르세요.
그럼 시작하겠습니다.

라디오를 들으면서 남자와 여자가 이야기하고 있습니다.

여1：그럼, 이번 여름 휴가에 가 보고 싶은 추천 관광지를 소개하겠습니다. 먼저 추천하는 곳은 '드림비치'입니다. 여름이라고 하면 역시 바다! 모래 위에서 파도 소리를 들으면서 낮잠 자는 것도 좋고 바다에서 마음껏 수영하며 노는 것은 최고입니다. 나는 수영을 못한다……고 하는 분은 '모이와산'에서 등산을 추천합니다. 캠프장도 있고 맛있는 공기 속에서 바비큐를 즐기는 것도 좋겠지요. 밤 하늘에는 셀 수 없이 무수히 빛나는 별도 볼 수 있습니다. 데이트를 하는 데에 추천하는 곳이 '루스쓰 유원지'입니다. 왕복 무료 버스도 있고 아이부터 어른까지 즐길 수 있는 놀이기구가 여러 가지 있기 때문에 틀림없이 만족하실 겁니다. 밤에는 여름에만 볼 수 있는 불꽃놀이도 하기 때문에 둘만의 멋진 시간을 보낼 수 있겠지요. 어쨌든 느긋하게 쉬고 싶은 분은 '죠잔케 온천'. 여기도 왕복 무료 버스가 매일 있는 것도 편리하고 큰 수영장도 있기 때문에 수영을 하거나 가족끼리 느긋하게 온천에 들어가 좋은 추억을 만드는 것도 좋지요.

여2：이번 여름은 어디로 갈까? 유원지는 얼마 전에 갔고.

남 ：캠프장에서 바비큐도 재미있을 것 같지 않아?

여2：난 벌레 많은 곳은 싫어.

M ：きっと登山した後のＢＢＱはすごくおいしいよ。星もこのあたりじゃほとんど見られないし、僕はここにするかな。

F2：そうなの？　どうだったか教えてね。私もたくさんの星が見たいから行きたいんだけど、新しい水着も買ったし、この夏はここに行くわ。

M ：泳ぐのが得意だもんね。

F2：ありがとう。車もないから行くのにも便利だしね。

質問1

男の人はどの観光地を選びましたか。

1　ドリームビーチ
2　もいわ山
3　ルスツ遊園地
4　定山渓温泉

質問2

女の人はどの観光地を選びましたか。

1　ドリームビーチ
2　もいわ山
3　ルスツ遊園地
4　定山渓温泉

단어

ラジオ 라디오 | 夏休み 여름 휴가, 여름 방학 | 観光地 관광지 | 海 바다 | 砂 모래 | 波の音 파도 소리 | 昼寝 낮잠 | おもいきり 마음껏, 실컷 | 登山 등산 | キャンプ場 캠프장 | 空気 공기 | 空 하늘 | 数える (수를) 세다 | 無数 무수 | 星 별 | デートをする 데이트를 하다 | 遊園地 유원지 | 行き帰り 오고 감, 왕복 | 無料バス 무료 버스 | 乗り物 탈 것 | 満足 만족 | 間違いなし 틀림없음 | 花火大会 불꽃놀이 | 過ごす 보내다, 지내다 | とにかく 어쨌든 | 温泉 온천 | プール 풀, 수영장 | 思い出 추억 | この間 요전, 지난번 | 虫 벌레, 곤충 | 嫌いだ 싫다 | きっと 꼭, 틀림없이 | このあたり 이 주변 | ほとんど 거의, 대부분 | 得意だ 자신이 있다, 잘한다

남　：틀림없이 등산한 후의 바비큐는 굉장히 맛있을 거야. 별도 이 주변에서는 거의 볼 수 없고, 나는 여기로 할까?

여2：그래? 어땠는지 가르쳐 줘. 나도 많은 별이 보고 싶어서 가고 싶지만, 새 수영복도 샀고 하니 이번 여름은 여기로 갈래.

남　：수영 잘하니까.

여2：고마워. 차도 없는데 가기에도 편리하고.

질문1

남자는 어느 관광지를 선택했습니까?

1　드림비치
2　모이와산
3　루스쓰 유원지
4　죠잔케 온천

해설

남자는 맛있는 바비큐를 먹을 수 있고 많은 별을 볼 수 있는 곳으로 가려고 한다(きっと登山した後のＢＢＱはすごくおいしいよ。星もこのあたりじゃほとんど見られないし、僕はここにするかな)는 것을 알 수 있다. 따라서 남자는 2번 '모이와산'을 선택할 것이다.

질문2

여자는 어느 관광지를 선택했습니까?

1　드림비치
2　모이와산
3　루스쓰 유원지
4　죠잔케 온천

해설

여자는 새 수영복도 샀고 하니까 이번 여름은 수영장이 있는 곳(新しい水着も買ったしこの夏はここに行くわ), 그리고 차가 없어도 가는 데에 편리한 곳(車もないから行くのにも便利だしね)으로 간다고 했으므로, 큰 수영장이 있고 왕복 무료 버스가 있어 편리한 4번 '죠잔케 온천'에 가려는 것을 알 수 있다.

日本語能力試験 解答用紙

N2 실전모의고사 1회

言語知識(文字・語彙・文法)・読解

受 験 番 号
Examinee Registration Number

名 前
Name

〈ちゅうい Notes〉
1. くろいえんぴつ (HB、No.2) でかいてください。
　（ペンやボールペンではかかないでください。）
　Use a black medium soft (HB or No.2) pencil.
　(Do not use any kind of pen.)
2. かきなおすときは、けしゴムできれいにけして
　ください。
　Erase any unintended marks completely.
3. きたなくしたり、おったりしないでください。
　Do not soil or bend this sheet.
4. マークれい Marking examples

よいれい Correct Example	わるいれい Incorrect Examples
●	⊗ ◐ ◑ ⓪ ⊖ ⊘ ◖ ◓

問 題 1

1	①	②	③	④
2	①	②	③	④
3	①	②	③	④
4	①	②	③	④
5	①	②	③	④

問 題 2

6	①	②	③	④
7	①	②	③	④
8	①	②	③	④
9	①	②	③	④
10	①	②	③	④

問 題 3

11	①	②	③	④
12	①	②	③	④
13	①	②	③	④
14	①	②	③	④
15	①	②	③	④

問 題 4

16	①	②	③	④
17	①	②	③	④
18	①	②	③	④
19	①	②	③	④
20	①	②	③	④
21	①	②	③	④
22	①	②	③	④

問 題 5

23	①	②	③	④
24	①	②	③	④
25	①	②	③	④
26	①	②	③	④
27	①	②	③	④

問 題 6

28	①	②	③	④
29	①	②	③	④
30	①	②	③	④
31	①	②	③	④
32	①	②	③	④

問 題 7

33	①	②	③	④
34	①	②	③	④
35	①	②	③	④
36	①	②	③	④
37	①	②	③	④
38	①	②	③	④
39	①	②	③	④
40	①	②	③	④
41	①	②	③	④
42	①	②	③	④
43	①	②	③	④
44	①	②	③	④

問 題 8

45	①	②	③	④
46	①	②	③	④
47	①	②	③	④
48	①	②	③	④
49	①	②	③	④

問 題 9

50	①	②	③	④
51	①	②	③	④
52	①	②	③	④
53	①	②	③	④
54	①	②	③	④

問 題 10

55	①	②	③	④
56	①	②	③	④
57	①	②	③	④
58	①	②	③	④
59	①	②	③	④

問 題 11

60	①	②	③	④
61	①	②	③	④
62	①	②	③	④
63	①	②	③	④
64	①	②	③	④
65	①	②	③	④
66	①	②	③	④
67	①	②	③	④
68	①	②	③	④

問 題 12

69	①	②	③	④
70	①	②	③	④

問 題 13

71	①	②	③	④
72	①	②	③	④
73	①	②	③	④

問 題 14

74	①	②	③	④
75	①	②	③	④

日本語能力試験　解答用紙

N2 실전모의고사 1회

聴　解

受　験　番　号 Examinee Registration Number	

名　前 Name	

〈ちゅうい Notes〉
1. くろいえんぴつ (HB、No.2) でかいてください。
（ペンやボールペンではかかないでください。）
Use a black medium soft (HB or No.2) pencil.
(Do not use any kind of pen.)
2. かきなおすときは、けしゴムできれいにけして
ください。
Erase any unintended marks completely.
3. きたなくしたり、おったりしないでください。
Do not soil or bend this sheet.
4. マークれい Marking examples

よいれい Correct Example	わるいれい Incorrect Examples
●	⊗ ◌ ⊙ ◑ ⊜ ◍ ◐

問　題　1

例	①	②	●	④
1	①	②	③	④
2	①	②	③	④
3	①	②	③	④
4	①	②	③	④
5	①	②	③	④

問　題　2

例	①	●	③	④
1	①	②	③	④
2	①	②	③	④
3	①	②	③	④
4	①	②	③	④
5	①	②	③	④
6	①	②	③	④

問　題　3

例	①	②	③	●
1	①	②	③	④
2	①	②	③	④
3	①	②	③	④
4	①	②	③	④
5	①	②	③	④

問　題　4

例	●	②	③
1	①	②	③
2	①	②	③
3	①	②	③
4	①	②	③
5	①	②	③
6	①	②	③
7	①	②	③
8	①	②	③
9	①	②	③
10	①	②	③
11	①	②	③
12	①	②	③

問　題　5

1		①	②	③	④
2		①	②	③	④
3	(1)	①	②	③	④
	(2)	①	②	③	④

日本語能力試験 解答用紙

N2 실전모의고사 2회

言語知識(文字・語彙・文法)・読解

受 験 番 号 Examinee Registration Number		名 前 Name	

問 題 1

1	①	②	③	④
2	①	②	③	④
3	①	②	③	④
4	①	②	③	④
5	①	②	③	④

問 題 2

6	①	②	③	④
7	①	②	③	④
8	①	②	③	④
9	①	②	③	④
10	①	②	③	④

問 題 3

11	①	②	③	④
12	①	②	③	④
13	①	②	③	④
14	①	②	③	④
15	①	②	③	④

問 題 4

16	①	②	③	④
17	①	②	③	④
18	①	②	③	④
19	①	②	③	④
20	①	②	③	④
21	①	②	③	④
22	①	②	③	④

問 題 5

23	①	②	③	④
24	①	②	③	④
25	①	②	③	④
26	①	②	③	④
27	①	②	③	④

問 題 6

28	①	②	③	④
29	①	②	③	④
30	①	②	③	④
31	①	②	③	④
32	①	②	③	④

問 題 7

33	①	②	③	④
34	①	②	③	④
35	①	②	③	④
36	①	②	③	④
37	①	②	③	④
38	①	②	③	④
39	①	②	③	④
40	①	②	③	④
41	①	②	③	④
42	①	②	③	④
43	①	②	③	④
44	①	②	③	④

問 題 8

45	①	②	③	④
46	①	②	③	④
47	①	②	③	④
48	①	②	③	④
49	①	②	③	④

問 題 9

50	①	②	③	④
51	①	②	③	④
52	①	②	③	④
53	①	②	③	④
54	①	②	③	④

問 題 10

55	①	②	③	④
56	①	②	③	④
57	①	②	③	④
58	①	②	③	④
59	①	②	③	④

問 題 11

60	①	②	③	④
61	①	②	③	④
62	①	②	③	④
63	①	②	③	④
64	①	②	③	④
65	①	②	③	④
66	①	②	③	④
67	①	②	③	④
68	①	②	③	④

問 題 12

69	①	②	③	④
70	①	②	③	④

問 題 13

71	①	②	③	④
72	①	②	③	④
73	①	②	③	④

問 題 14

74	①	②	③	④
75	①	②	③	④

日本語能力試験　解答用紙

N2 실전모의고사 2회
聴　解

<table>
<tr><td>受　験　番　号
Examinee Registration Number</td><td></td></tr>
</table>

<table>
<tr><td>名　前
Name</td><td></td></tr>
</table>

〈ちゅうい Notes〉
1. くろいえんぴつ (HB、No.2) でかいてください。
　(ペンやボールペンではかかないでください。)
　Use a black medium soft (HB or No.2) pencil.
　(Do not use any kind of pen.)
2. かきなおすときは、けしゴムできれいにけしてください。
　Erase any unintended marks completely.
3. きたなくしたり、おったりしないでください。
　Do not soil or bend this sheet.
4. マークれい Marking examples

よいれい Correct Example	わるいれい Incorrect Examples
●	◌ ◍ ◑ ◐ ◒ ◓

問　題　1

例	①	②	●	④
1	①	②	③	④
2	①	②	③	④
3	①	②	③	④
4	①	②	③	④
5	①	②	③	④

問　題　2

例	①	●	③	④
1	①	②	③	④
2	①	②	③	④
3	①	②	③	④
4	①	②	③	④
5	①	②	③	④
6	①	②	③	④

問　題　3

例	①	②	③	●
1	①	②	③	④
2	①	②	③	④
3	①	②	③	④
4	①	②	③	④
5	①	②	③	④

問　題　4

例	●	②	③
1	①	②	③
2	①	②	③
3	①	②	③
4	①	②	③
5	①	②	③
6	①	②	③
7	①	②	③
8	①	②	③
9	①	②	③
10	①	②	③
11	①	②	③
12	①	②	③

問　題　5

1		①	②	③	④
2		①	②	③	④
3	(1)	①	②	③	④
	(2)	①	②	③	④

日本語能力試験　解答用紙

N2 실전모의고사 3회

言語知識(文字・語彙・文法)・読解

受験番号
Examinee Registration Number

名前
Name

〈ちゅうい Notes〉
1. くろいえんぴつ (HB、No.2) でかいてください。
　（ペンやボールペンではかかないでください。）
　Use a black medium soft (HB or No.2) pencil.
　(Do not use any kind of pen.)
2. かきなおすときは、けしゴムできれいにけして
　ください。
　Erase any unintended marks completely.
3. きたなくしたり、おったりしないでください。
　Do not soil or bend this sheet.
4. マークれい Marking examples

よいれい Correct Example	わるいれい Incorrect Examples
●	⊗ ◌ ◑ ⊖ ⊜ ◐ ◖ ◍

問題 1

1	①	②	③	④
2	①	②	③	④
3	①	②	③	④
4	①	②	③	④
5	①	②	③	④

問題 2

6	①	②	③	④
7	①	②	③	④
8	①	②	③	④
9	①	②	③	④
10	①	②	③	④

問題 3

11	①	②	③	④
12	①	②	③	④
13	①	②	③	④
14	①	②	③	④
15	①	②	③	④

問題 4

16	①	②	③	④
17	①	②	③	④
18	①	②	③	④
19	①	②	③	④
20	①	②	③	④
21	①	②	③	④
22	①	②	③	④

問題 5

23	①	②	③	④
24	①	②	③	④
25	①	②	③	④
26	①	②	③	④
27	①	②	③	④

問題 6

28	①	②	③	④
29	①	②	③	④
30	①	②	③	④
31	①	②	③	④
32	①	②	③	④

問題 7

33	①	②	③	④
34	①	②	③	④
35	①	②	③	④
36	①	②	③	④
37	①	②	③	④
38	①	②	③	④
39	①	②	③	④
40	①	②	③	④
41	①	②	③	④
42	①	②	③	④
43	①	②	③	④
44	①	②	③	④

問題 8

45	①	②	③	④
46	①	②	③	④
47	①	②	③	④
48	①	②	③	④
49	①	②	③	④

問題 9

50	①	②	③	④
51	①	②	③	④
52	①	②	③	④
53	①	②	③	④
54	①	②	③	④

問題 10

55	①	②	③	④
56	①	②	③	④
57	①	②	③	④
58	①	②	③	④
59	①	②	③	④

問題 11

60	①	②	③	④
61	①	②	③	④
62	①	②	③	④
63	①	②	③	④
64	①	②	③	④
65	①	②	③	④
66	①	②	③	④
67	①	②	③	④
68	①	②	③	④

問題 12

69	①	②	③	④
70	①	②	③	④

問題 13

71	①	②	③	④
72	①	②	③	④
73	①	②	③	④

問題 14

74	①	②	③	④
75	①	②	③	④

日本語能力試験　解答用紙

N2 실전모의고사 3회
聴　解

受 験 番 号 Examinee Registration Number	
名　前 Name	

〈ちゅうい Notes〉
1. くろいえんぴつ (HB、No.2) でかいてください。
（ペンやボールペンではかかないでください。）
Use a black medium soft (HB or No.2) pencil.
(Do not use any kind of pen.)
2. かきなおすときは、けしゴムできれいにけしてください。
Erase any unintended marks completely.
3. きたなくしたり、おったりしないでください。
Do not soil or bend this sheet.
4. マークれい Marking examples

よいれい Correct Example	わるいれい Incorrect Examples
●	⊗◯◯◉◍⦵◑◖

問　題　1

例	①	②	●	④
1	①	②	③	④
2	①	②	③	④
3	①	②	③	④
4	①	②	③	④
5	①	②	③	④

問　題　2

例	①	●	③	④
1	①	②	③	④
2	①	②	③	④
3	①	②	③	④
4	①	②	③	④
5	①	②	③	④
6	①	②	③	④

問　題　3

例	①	②	③	●
1	①	②	③	④
2	①	②	③	④
3	①	②	③	④
4	①	②	③	④
5	①	②	③	④

問　題　4

例	●	②	③
1	①	②	③
2	①	②	③
3	①	②	③
4	①	②	③
5	①	②	③
6	①	②	③
7	①	②	③
8	①	②	③
9	①	②	③
10	①	②	③
11	①	②	③
12	①	②	③

問　題　5

1		①	②	③	④
2		①	②	③	④
3	(1)	①	②	③	④
	(2)	①	②	③	④